簿記原理

―日商簿記3級―

〔第5版〕

城　冬彦　著

税務経理協会

ま　え　が　き

　本テキストの最大の特色は，多くの教材やテキストが商品売買取引について，初め
に分記法の処理，次に３分法の処理の順で構成されているのに対し，本テキストでは，
初めから３分法により処理し，分記法は商品売買取引の１処理という位置づけで構成
している点です。このことで，多くの時間を分記法に費やさずに済み，一般的会計処
理である３分法の処理に慣れることができるので，３分法の処理を早々に習得できま
す。このように，本テキストは，能率的で，かつ効果的に学習できるよう構成されて
います。よって，一つの教科に多くの授業時間を費やすことのできない大学や短大で
のテキストとして最適です。

　各章とも，説明 → 例題 → 問題という３段階で構成され，簿記を初めて学ぶ方で
も自力で学習できるように分かりやすく具体的に解説しています。

　日商簿記検定３級は，株式会社を前提とし，現代のビジネス社会における新しい取
引など実際の企業活動や会計実務を織り込んだ実践的な内容となっておりますが，本
テキストは，日商簿記検定３級の範囲を網羅しているため，日商簿記検定３級受験用
のテキストとしても適しています。巻末に日商簿記検定３級の模擬試験問題を２回分
収録していますので，こちらも是非ご利用ください。

　最後に，本テキストにより簿記が好きになっていただけることを願い，また，日商
簿記検定３級合格にいささかでもお役に立てれば幸いです。

城　　冬　　彦

1

目　　次

解答・解説編

さ　く　い　ん

第1章　簿記の基礎

1　簿記の意味

「財布の中にはいくら入っていますか？」と聞かれて，1万円札の枚数ならすぐに思い出すことができても，10円玉や1円玉の数まで正確に思い出すのは難しい。また，日々の支払いでも，昨日はいくら使ったかを正確に思い出すのは至難の業である。そもそも人間の記憶はあいまいであり，また限界がある。だから財布の中身や日々の支払いを正確に把握するためには，家計簿やお小遣い帳などに記録することが一番である。その記録により家計の状態や無駄遣いなどを知ることもできる。企業においても同じことがいえる。日々の経営活動を帳簿に記録することで，経営の実態を知ることができ，また，今後の経営方針を立てることができる。だからといって，自分の都合の良いように勝手に記帳することはできないので，一定のルールに従って正確に記帳するシステムが必要となる。この記帳システムが**簿記**である。つまり，簿記とは，企業の日々の経営活動を一定の記帳方法に従って，**記録・計算・整理**することをいう。

2　簿記の目的

簿記の主な目的は，次の二つである。

① 一定期間における企業の**経営成績**を明らかにすること。
② 一定時点における企業の**財政状態**を明らかにすること。

日々の経営活動を記録・計算・整理することで，一定期間における経営成績と一定時点における財政状態を明らかにすることができる。このことにより企業の経営者は，企業の経営状態を判断し，今後の経営方針を立てることができるのである。また，取引先や投資家などに対して有益な会計情報を提供することができるのである。

3　簿記の種類

(1)　単式簿記と複式簿記

単式簿記とは，企業の経営活動について，ある一つの側面，例えば，現金の収入や支出についてだけ記録する簿記である。

複式簿記とは，企業の経営活動によって変動するすべての項目について，一定の記帳方法に従って，記録・計算・整理する簿記である。一般に「簿記」といえば，複式簿記のことである。

(2)　商業簿記と工業簿記

簿記は，利益を目的としている企業で用いられる営利簿記と，利益を目的としない官庁などで用いられる非営利簿記がある。また，営利簿記は，企業の業種の違いにより，商品販売業やサービス業で用いられる**商業簿記**，製品製造業で用いられる**工業簿記**などに分けられる。

これから学習する簿記は，複式簿記による商業簿記である。

4　簿記の基礎的条件

簿記は一定のルールに従って記帳しなければならないが，その記帳の前提として，次の三つの基礎的条件がある。

(1)　会 計 単 位

会計単位とは，簿記における記録・計算・整理の対象となる範囲をいい，出資を受けた企業は出資者（株主）から独立して，企業の経営活動に関するものだけを記録・計算・整理することになる。

(2) 会 計 期 間

　企業は永久に継続することを前提としているが，経営成績や財政状態を明らかにするため，人為的に一定の期間に区切って計算する必要がある。この区切った計算期間を**会計期間**という。通常1年を1会計期間とし，会計期間の初めを**期首**，終わりを**期末**といい，期末日を**決算日**という。

　なお，決算日は，企業の都合で自由に決めることができる。

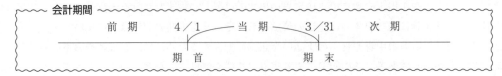

(3) 貨幣的測定

　企業の経営活動によって生じる項目は，すべて**貨幣金額**によって記録される。従って，貨幣金額で測定できないものは，簿記の記録の対象にはならない。

◆問題1◆　（解答 ☞ 1頁）

　次の文の（　）の中にあてはまる用語を下記の語群の中から選び，解答欄に記入しなさい。

(1)　簿記の主な目的は，一定期間における企業の（　①　）と一定時点における企業の（　②　）を明らかにすることである。

(2)　経営活動によって変動する項目のうち，一部の重要な項目についてだけ記録する簿記を（　③　）といい，経営活動によって変動するすべての項目について記録する簿記を（　④　）という。

(3)　商品販売業やサービス業で用いられる簿記を（　⑤　）といい，製造業で用いられる簿記を（　⑥　）という。

```
―― 語　群 ――
工業簿記　　　財政状態　　　複式簿記
商業簿記　　　単式簿記　　　経営成績
```

①		②		③	
④		⑤		⑥	

◆問題2◆　（解答 ☞ 1頁）

　次の文章は，簿記の前提条件について述べたものである。この文章が，正しいと認めるときは〇を，否とするときは×を記入しなさい。

(1)　出資者と企業の経営活動が会計単位となる。

(2)　企業は永久に継続することを前提としているが，経営成績や財政状態を明らかにするため，会計期間を設けている。

(3)　企業の経営活動によって生じる項目は，メートルやリットルなど物量単位をもって記録することができる。

(1)	(2)	(3)

第2章　資産・負債・純資産および貸借対照表

1　簿記の要素

　簿記では，日々の経営活動を**資産・負債・純資産・収益・費用**という五つの要素に分類している。財政状態は，資産・負債・純資産の要素により明らかにされ，経営成績は，収益・費用の要素により明らかにされる。本章では，資産・負債・純資産について述べ，第3章で収益・費用について述べる。

2　資　　産

　資産とは，企業が経営活動を行うために所有している現金，商品を掛けで売り上げたことにより生じる債権や現金を貸し付けたことにより生じる債権，建物，備品などをいう。なお，「**掛け**」とは，**信用取引**のことで，商品の売買において，代金は後日支払うまたは受け取る約束をすることをいう。

　主な資産の項目は，次のとおりである。

　　現　　　金……紙幣や硬貨など
　　売　掛　金……商品を掛けで売り上げたことにより生じる債権
　　貸　付　金……現金を貸し付けたことにより生じる債権
　　未 収 入 金……不要になった備品など，商品以外のものを売却したことにより生じる債権
　　建　　　物……店舗，事務所，倉庫など
　　車両運搬具……自動車やバイクなど
　　備　　　品……机，椅子，商品陳列棚，事務機器，金庫など
　　土　　　地……店舗や事務所などの敷地

3　負　　債

　負債とは，商品を掛けで仕入れたことにより生じる債務や現金を借り入れたことにより生じる債務などをいう。

　主な負債の項目は，次のとおりである。

　　買　掛　金……商品を掛けで仕入れたことにより生じる債務
　　借　入　金……現金を借り入れたことにより生じる債務
　　未　払　金……備品や土地など商品以外のものを購入したことにより生じる債務

4　純　資　産

　純資産とは，資産から負債を差し引いた額をいい，**資本**ともいう。これを等式で示すと，次のとおりである。この等式を**純資産等式**または**資本等式**という。

　　　　資　産－負　債＝純資産（資本）

　主な純資産の項目は，次のとおりである。

　　資　本　金……株主が出資した金額
　　繰越利益剰余金……企業の経営活動により生じた利益（損失）

◆問題1◆　（解答 ☞ 1頁）

次の項目の中から，資産・負債・純資産に属するものを選び，番号を記入しなさい。

① 土　　地　　② 借 入 金　　③ 現　　金　　④ 資 本 金　　⑤ 貸 付 金
⑥ 未 払 金　　⑦ 備　　品　　⑧ 売 掛 金　　⑨ 買 掛 金　　⑩ 繰越利益剰余金

資　　産		負　　債		純　資　産	

5　貸借対照表

　一定時点における財政状態，つまり資産・負債・純資産を明らかにする表を**貸借対照表**（Balance Sheet；B／S）といい，これは企業の財産一覧表である。

(1)　貸借対照表等式

　貸借対照表等式とは，純資産等式の負債を右辺に移項した等式をいい，次のようになる。

資　産＝負　債＋純資産

　この等式にもとづいて貸借対照表が作成される。よって，貸借対照表は，左側に資産の各金額を記入し，右側に負債および純資産の各金額を記入する。従って，貸借対照表は，左側の資産の合計額と右側の負債および純資産の合計額は必ず一致する。

　なお，簿記では，左側を「**借方**」，右側を「**貸方**」という。

◆例題1◆

　大崎商事株式会社の平成Ｘ1年1月1日（期首）の資産，負債および純資産は次のとおりである。よって，貸借対照表を作成しなさい。

現　　　　金	¥300,000	売　掛　金	¥200,000	未　収　入　金	¥100,000
備　　　　品	¥500,000	買　掛　金	¥550,000	資　本　金	¥500,000
繰越利益剰余金	¥ 50,000				

貸 借 対 照 表

平成Ｘ1年1月1日

資　　　産	金　　額	負債および純資産	金　　額
現　　　　　　金	300,000	買　　掛　　金	550,000
売　　掛　　金	200,000	資　　本　　金	500,000
未　収　入　金	100,000	繰 越 利 益 剰 余 金(注)	50,000
備　　　　　品	500,000	← 余白の斜線（赤線）	
合計線（赤線）→　1,100,000　↓←締切線（赤線）			1,100,000

　（注）　期首における繰越利益剰余金は，前期までに生じた利益の繰越金額である。

◆問題2◆　（解答 ☞ 1頁）

　横浜商会株式会社の平成Ｘ4年4月1日（期首）の資産，負債および純資産は次のとおりである。よって，貸借対照表を作成しなさい。

現　　　　金	¥150,000	売　掛　金	¥350,000	備　　　品	¥500,000
買　掛　金	¥400,000	資　本　金	¥500,000	繰越利益剰余金	¥100,000

貸 借 対 照 表

平成Ｘ4年4月1日

資　　　産	金　　額	負債および純資産	金　　額

(2) 財産法

　期首に作成した貸借対照表を**期首貸借対照表**といい，期末に作成した貸借対照表を**期末貸借対照表**というが，一般に貸借対照表といえば，期末貸借対照表のことである。

　期首貸借対照表と期末貸借対照表とを比較すると，純資産の金額が増加・減少していることが分かる。この純資産の増加・減少を把握することで，経営活動により，どれだけの利益を得ることができたかを知ることができる。つまり，期首の純資産より期末の純資産が増加していれば利益となり，逆に減少していれば損失となる。前者を**当期純利益**といい，後者を**当期純損失**という。両方をまとめて**当期純損益**という。このように，期首純資産と期末純資産とを比較して当期純損益を計算する方法を**財産法**といい，これを等式で示すと次のとおりである。

期末純資産－期首純資産＝当期純利益（マイナスの場合は，当期純損失）

　上記の等式の期首純資産を右辺に移項すると次のようになる。

期末純資産＝期首純資産＋当期純利益

　期末純資産＝期末資産－期末負債であるから，上記の等式の期末純資産を「期末資産－期末負債」に組み替えると次のようになる。

期末資産－期末負債＝期首純資産＋当期純利益

　上記の算式の期末負債を右辺に移項すると次のようになる。

期末資産＝期末負債＋期首純資産＋当期純利益

　上記の等式の期首純資産の内訳は，期首における資本金と繰越利益剰余金である。また，当期純利益は貸借対照表では繰越利益剰余金として表示される。結果として，貸借対照表の繰越利益剰余金は，期首の繰越利益剰余金と当期純利益の合計額で計上される。よって，期末貸借対照表は次のように表示される。

期末資産＝期末負債＋資本金＋繰越利益剰余金

◆例題2◆

　◆例題1◆の大崎商事株式会社の平成X1年12月31日（期末）の資産，負債および資本金は次のとおりである。よって，貸借対照表を作成しなさい。なお，期首の繰越利益剰余金は￥50,000であった。

現	金	￥350,000	売 掛 金	￥250,000	未 収 入 金	￥ 50,000
備	品	￥500,000	買 掛 金	￥400,000	借 入 金	￥120,000
資	本 金	￥500,000				

貸 借 対 照 表

平成X1年12月31日

資　　　産	金　　額	負債および純資産	金　　額
現　　　　　　　金	350,000	買　　掛　　金	400,000
売　　掛　　金	250,000	借　　入　　金	120,000
未　収　入　金	50,000	資　　本　　金	500,000
備　　　　　品	500,000	繰 越 利 益 剰 余 金(注)	130,000
	1,150,000		1,150,000

　（注）　貸借対照表では，貸借（貸方と借方）の差額によって繰越利益剰余金を算出する。
　　　　　期末資産￥1,150,000－期末負債￥520,000－資本金￥500,000＝繰越利益剰余金￥130,000
　　　　　期末資産　￥350,000＋￥250,000＋￥50,000＋￥500,000＝￥1,150,000
　　　　　期末負債　￥400,000＋￥120,000＝￥520,000
　　　　　なお，繰越利益剰余金￥130,000から繰越利益剰余金の繰越金額￥50,000を差し引けば，当期純利益￥80,000が算出される。

◆問題3◆ （解答 ☞ 2頁）

杉田商会株式会社の期末（平成X3年3月31日）の資産，負債および資本金は次のとおりである。よって，貸借対照表を作成しなさい。なお，期首の繰越利益剰余金は¥10,000であった。

現 金	¥140,000	売 掛 金	¥210,000	備 品	¥350,000
建 物	¥600,000	買 掛 金	¥360,000	借 入 金	¥400,000
資 本 金	¥500,000				

貸 借 対 照 表

平成X3年3月31日

資　　　産	金　　額	負債および純資産	金　　額

◆問題4◆ （解答 ☞ 2頁）

品川商事株式会社の平成X5年12月31日（期末）の資産，負債および資本金は次のとおりである。よって，貸借対照表を作成しなさい。なお，期首の繰越利益剰余金は¥40,000であった。

現 金	¥300,000	売 掛 金	¥200,000	未 収 入 金	¥100,000
備 品	¥400,000	建 物	¥500,000	土 地	¥800,000
買 掛 金	¥200,000	借 入 金	¥500,000	資 本 金	¥1,500,000

貸 借 対 照 表

平成X5年12月31日

資　　　産	金　　額	負債および純資産	金　　額

第3章　収益・費用および損益計算書

1　収　　益

　期末貸借対照表によって，1会計期間における純資産の増加，つまり当期純利益を明らかにすることができるが，この当期純利益がどのような要因によって生じたかは分からない。その要因となるものが，**収益・費用**である。

　収益とは，企業の経営活動によって，純資産が増加する要因をいう。例えば，商品の売り上げやサービスの提供による対価の受け取りは，その金額だけ純資産が増加する要因となるので，このような活動を収益という。つまり収益は，もうけのことをいう。

　主な収益の項目は，次のとおりである。

　　売　　　　上……商品の売り上げ
　　受取手数料……商品売買の仲介などのサービスの提供によって受け取る手数料
　　受 取 家 賃……所有する建物の貸し付けによって受け取る家賃
　　受 取 地 代……所有する土地の貸し付けによって受け取る地代
　　受 取 利 息……預金や貸付金に対する利息

2　費　　用

　費用とは，企業の経営活動によって，純資産が減少する要因をいう。例えば，商品の仕入れや給料の支払いは，その金額だけ純資産が減少する要因となるので，このような活動を費用という。つまり費用は，もうけを生むために費やしたものをいう。

　主な費用の項目は，次のとおりである。

　　仕　　　　入……商品の仕入れ
　　給　　　　料……従業員などに支払う給与
　　広 　告 　料……テレビや新聞などの広告代金
　　通 　信 　費……電話料金・郵便はがき代・郵便切手代など
　　交 　通 　費……電車賃・バス代・タクシー代など
　　支 払 家 賃……建物の借り入れによって支払う家賃
　　支 払 地 代……土地の借り入れによって支払う地代
　　水 道 光 熱 費……水道料金・電気料金・ガス料金など
　　消 耗 品 費……帳簿・伝票・筆記用具などの事務用品代など
　　雑　　　　費……新聞代やお菓子代など少額の支払いで，特定の項目に分類できないもの
　　支 払 利 息……借入金に対する利息

3　損益計算書

　一定期間における経営成績，つまり収益・費用を明らかにする表を**損益計算書**（Profit and Loss Statement；P／L）という。なお，貸借対照表や損益計算書などの表を**財務諸表**という。

⑴　損　益　法

　1会計期間に生じた収益から費用を差し引いて当期純損益を計算する方法を**損益法**といい，これを等式で示すと次のとおりである。

　　　収　益－費　用＝当期純利益（マイナスの場合は，当期純損失）

　財産法および損益法によって計算される当期純損益は一致する。

⑵　損益計算書等式

損益計算書等式とは，損益法の等式の収益を右辺に移項し，さらに当期純利益を左辺に移項した等式をいい，次のようになる。

費　用＋当期純利益＝収　益

この損益計算書等式にもとづいて損益計算書が作成される。よって，損益計算書は，借方に費用の各金額を記入し，貸方に収益の各金額を記入して，貸借の差額を当期純利益として借方に記入する。なお，当期純損失が生じた場合は，貸方に記入する。

◆例題1◆

大崎商事株式会社の平成Ｘ1年度中の収益と費用は次のとおりである。よって，損益計算書を作成しなさい。なお，当期に仕入れた商品はすべて売れたものとする。

売　　　　上　¥950,000　　受取手数料　¥ 50,000　　仕　　　入　¥720,000

給　　　　料　¥110,000　　支 払 家 賃　¥ 80,000　　支 払 利 息　¥ 10,000

損 益 計 算 書

平成Ｘ1年1月1日から平成Ｘ1年12月31日まで

費　　　用	金　　額	収　　　益	金　　額
売 上 原 価(注1)	720,000	売 上 高(注1)	950,000
給　　　　料	110,000	受 取 手 数 料	50,000
支 払 家 賃	80,000		
支 払 利 息	10,000		
当 期 純 利 益	80,000(注2)		
	1,000,000		1,000,000

（注1）　損益計算書では，仕入は「**売上原価**」，売上は「**売上高**」と表示する。詳細は第10章で述べる。

（注2）　当期純利益は貸借の差額によって算出する。

貸借対照表と損益計算書との関係

	貸 借 対 照 表		損 益 計 算 書

繰越利益剰余金¥130,000から繰越利益剰余金の繰越金額¥50,000（5頁例題2参照）を差し引いて当期純利益¥80,000を算出し，損益計算書の当期純利益¥80,000との一致を確認する。

◆問題1◆　（解答 ☞ 2頁）

次の項目の中から，資産・負債・純資産・収益・費用に属するものを選び，番号を記入しなさい。

①　支払利息　　②　売　　上　　③　建　　物　　④　通 信 費　　⑤　受取利息

⑥　消耗品費　　⑦　資 本 金　　⑧　仕　　入　　⑨　給　　料　　⑩　買 掛 金

資　　　　産		収　　　益	
負　　　　債		費　　　用	
純　資　産			

◆問題2◆　（解答 ☞ 3頁）

次の式の（　　）の中にあてはまる適切な用語を解答欄に記入しなさい。

(1)　資　　産＝（　①　）＋（　②　）

(2)　期末純資産－（　③　）＝当期純利益

(3)　費　　用＋（　④　）＝（　⑤　）

①	
②	
③	
④	
⑤	

◆問題3◆　（解答 ☞ 3頁）

　次の資料によって，損益計算書と貸借対照表を作成しなさい。なお，毎期，仕入れた商品はすべて売れたものとする。また，期首の繰越利益剰余金は¥10,000である。

現　　　　金	¥ 40,000	売　掛　金	¥ 30,000	建　　　　物	¥ 80,000
土　　　　地	¥150,000	買　掛　金	¥ 20,000	借　入　金	¥ 40,000
資　本　金	¥200,000	売　　　　上	¥300,000	受　取　家　賃	¥ 20,000
仕　　　　入	¥200,000	給　　　　料	¥ 70,000	水 道 光 熱 費	¥ 15,000
支　払　利　息	¥ 5,000				

損 益 計 算 書
平成X6年4月1日から平成X7年3月31日まで

費　　　用	金　　額	収　　　益	金　　額
売　上　原　価		売　上　高	

貸 借 対 照 表
平成X7年3月31日

資　　　産	金　　額	負債および純資産	金　　額

第4章　取引と勘定

1　取　　引

　土地の購入，現金の借り入れ，株式を発行し，その払込金の受け取りなどは，資産・負債・純資産の増減をもたらす。簿記では，このように資産・負債・純資産の増減をもたらすことがらを**取引**という。

　また，商品の売り上げや給料の支払いなどによる収益・費用の発生も，資産・負債・純資産の増減をもたらすため，簿記上の取引である。

　従って，例えば，建物や土地を借りる契約は，一般的には取引というが，資産・負債・純資産のいずれも増減しないため，簿記上の取引とはいわない。反対に，商品の盗難や建物の焼失は，一般的には取引とはいわないが，資産を減少させるため，簿記上は取引である。簿記上の取引は，一般的にいう取引とおおむね同じであるが，一致しないものもある。

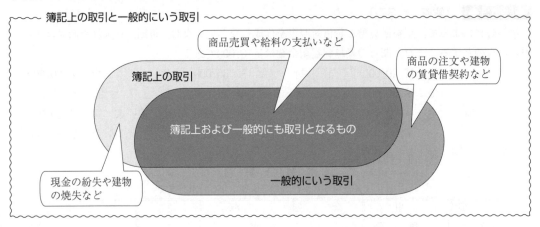

2　勘　　定

　簿記では，取引が発生するつど，資産・負債・純資産のうち増減した項目または収益・費用を発生させた項目について記録・計算するが，この記録・計算を行う単位を**勘定**といい，この勘定につけられた名称を**勘定科目**という。

　勘定は，貸借対照表に属するものと，損益計算書に属するものとに分類される。分類した主な勘定科目は，次のとおりである。

<貸借対照表の勘定>

資　産　の　勘　定	負　債　の　勘　定
現　　　　　　金	買　　掛　　金
売　　掛　　金	借　　入　　金
貸　　付　　金	未　　払　　金
未　収　入　金	**純資産の勘定**
建　　　　　物	資　　本　　金
備　　　　　品	繰越利益剰余金
車　両　運　搬　具	
土　　　　　地	

<損益計算書の勘定>

費　用　の　勘　定	収　益　の　勘　定
仕　　　　　入	売　　　　　上
給　　　　料	受　取　手　数　料
広　　告　　費	受　取　家　賃
通　　信　　費	受　取　地　代
交　　通　　費	受　取　利　息
支　払　家　賃	
支　払　地　代	
水　道　光　熱　費	
消　耗　品　費	
雑　　　　　費	
支　払　利　息	

3　取引の二面性と８要素

(1)　取引の二面性

　複式簿記では，すべての取引は，資産・負債・純資産の増加および減少または収益・費用の発生という八つの取引要素に分類される。さらに取引は，必ず原因とそれに応じた結果という二つの面をもち，これを**取引の二面性**という。例えば，「現金￥100を借り入れた。」という取引は，現金が￥100増加（一方の面）するため**資産の増加**という取引要素に分類され，その現金が増加した原因が借入金（もう一方の面）であり，つまり**負債の増加**という取引要素に分類されることになる。そして，資産の増加という取引要素を借方とすれば，逆に負債の増加という取引要素は貸方となるのである。

(2)　取引の８要素

　資産・負債・純資産の増加および減少または収益・費用の発生という八つの取引要素は，資産の増加を借方にすることで，必然的にそれぞれの取引要素は借方または貸方が決まるのである。すべての取引は，必ず借方と貸方の取引要素から成り立っており，これを**取引の８要素**という。取引の８要素の結合関係を図で示すと次のようになる。

---　取引の8要素の結合関係　---

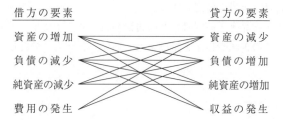

借方の要素	貸方の要素
資産の増加	資産の減少
負債の減少	負債の増加
純資産の減少	純資産の増加
費用の発生	収益の発生

　なお，一つの取引で，借方に二つ以上または貸方に二つ以上の取引要素がある場合もあるが，借方の合計額と貸方の合計額は必ず一致する。

◆問題1◆　（解答 ☞ 3頁）

　次の各取引の結合関係について，例にならって答えなさい。

　(例)　会社の設立にあたって株式を発行し，払込金￥100は現金で受け取った。

　　(注)　株式の発行については第15章で述べる。

　(1)　商品￥200を仕入れ，代金は現金で支払った。

　(2)　銀行から現金￥100を借り入れた。

　(3)　商品￥300を売り上げ，代金は掛けとした。

　(4)　借入金のうち￥80を現金で返済した。

	借　方　の　要　素	貸　方　の　要　素
(例)	現　　金（資　　産）の増加	資 本 金（純 資 産）の増加
(1)	（　　　　）の	（　　　　）の
(2)	（　　　　）の	（　　　　）の
(3)	（　　　　）の	（　　　　）の
(4)	（　　　　）の	（　　　　）の

第5章　仕 訳 と 転 記

1　仕　　　訳

　簿記では，取引が発生すると**仕訳**という簿記独特の形にしてその取引を記録する。逆にいえば，この仕訳を見れば取引の内容を知ることができるのである。

　仕訳は取引の8要素の結合関係を利用して行われる。例えば，「現金￥100を借り入れた。」という取引は，**借方要素**である現金（資産）の増加と**貸方要素**である借入金（負債）の増加との結合関係であり，これを仕訳の形で示せば，次のようになる。

借　　　方	金　額	貸　　　方	金　額
現　　　　　金	100	借　　入　　金	100

　仕訳のやり方は，取引の8要素の結合関係を覚えなければならないが，初めは現金取引によって仕訳のイメージを身につけると良い。つまり，現金を受け取ったら，借方を「現金」とし，その原因となった理由（勘定科目）を貸方に記入する。また，現金を支払ったら，貸方を「現金」とし，その原因となった理由（勘定科目）を借方に記入する。

　なお，取引は，注文書・納品書・領収書などの書類や後述する小切手・手形などの控えによって，その事実が証明される。この書類や控えを**証ひょう**といい，仕訳もこの証ひょうにもとづいて行われる。

◆問題1◆　（解答 ☞ 4頁）

　次の各取引の仕訳を示しなさい。

　4月1日　会社の設立にあたって株式を発行し，払込金￥100,000は現金で受け取った。

　　2日　事務用の机と椅子を￥20,000で購入し，代金は現金で支払った。

　　5日　商品￥50,000を仕入れ，代金は現金で支払った。

　　10日　商品￥70,000を売り上げ，代金は現金で受け取った。

　　15日　銀行から現金￥100,000を借り入れた。

　　25日　給料￥30,000を現金で支払った。

　　29日　商品売買の仲介手数料として￥40,000を現金で受け取った。

　　30日　借入金のうち￥30,000を現金で返済した。

	借　　　方	金　額	貸　　　方	金　額
4／1				
2				
5				
10				
15				
25				
29				
30				

◆問題2◆ （解答 ☞ 4頁）

次の各取引の仕訳を示しなさい。

(1) 会社の設立にさいし，株式を¥100,000発行し，払込金は現金で受け取った。

(2) 商品¥60,000を仕入れ，代金のうち¥10,000は現金で支払い，残額は掛けとした。

(3) テレビ広告を行い，広告料¥20,000を現金で支払った。

(4) 銀行から現金¥200,000を借り入れた。

(5) 商品¥70,000を売り上げ，代金のうち¥40,000は現金で受け取り，残額は掛けとした。

(6) 営業用のトラック¥150,000を購入した。なお，代金は3カ月後払いとした。

(7) 帳簿や伝票などの事務用品¥7,000を購入し，代金は現金で支払った。

(8) 水道料金¥15,000および電気料金¥10,000を現金で支払った。

(9) 商品売買の仲介を行い，その手数料¥40,000を現金で受け取った。

(10) 借入金のうち¥30,000と利息¥1,000を現金で支払った。

(11) 売掛金¥25,000を現金で回収した。

(12) 買掛金¥20,000を現金で支払った。

(13) バス回数券代¥5,000を現金で支払った。

	借　　　方	金　　額	貸　　　方	金　　額
(1)				
(2)				
(3)				
(4)				
(5)				
(6)				
(7)				
(8)				
(9)				
(10)				
(11)				
(12)				
(13)				

第5章

2　転　　記

　日々の取引は仕訳され，記録された仕訳を見れば企業の経営活動を把握することができる。しかし，記録された仕訳で，個々の勘定の増減や残高を確認するのは煩雑である。そのため簿記では，勘定ごとにその増減や残高を記録・計算するための場所を設けており，これを**勘定口座**という。勘定口座は，仕訳にもとづいて記入され，この記入手続きを**転記**という。

　勘定口座には，**標準式**と**残高式**（詳細は第6章で述べる）があるが，学習の便宜上，標準式を簡略したT字形を用いる場合が多い。T字形は，下に示すように，中央を境に借方と貸方に分かれている。

　転記は，まず仕訳の借方の勘定科目の金額を，その勘定口座の借方に記入し，さらに日付を記入する。次に，仕訳の貸方の勘定科目の金額を，その勘定口座の貸方に記入し，さらに日付を記入する。

　（取引）→《仕訳》→（勘定口座への転記）という簿記の手順を示すと次のようになる。

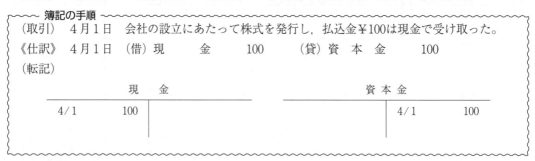

◆**問題3**◆　（解答 ☞ 5頁）

　次に示す仕訳を下記の勘定口座に転記しなさい。なお，転記は日付と金額のみで良い。

4月1日	（借）現	金	500	（貸）資 本	金	500
2日	（借）仕	入	400	（貸）買 掛	金	400
4日	（借）現	金	300	（貸）売	上	300
6日	（借）買 掛	金	100	（貸）現	金	100
7日	（借）売 掛	金	200	（貸）売	上	200

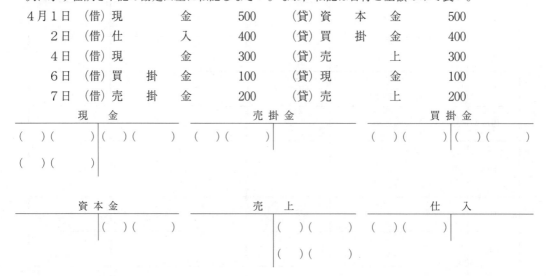

◆問題4◆　（解答 ☞ 5頁）

次に示す各取引の仕訳を行い，勘定口座に転記しなさい。なお，転記は日付と金額のみで良い。

4月1日　会社の設立にあたって株式を発行し，払込金￥200,000は現金で受け取った

　　2日　商品￥70,000を仕入れ，代金は現金で支払った。

　　6日　パソコンを￥40,000で購入し，代金は翌月払いとした。

　　10日　商品￥50,000を売り上げ，代金は現金で受け取った。

　　15日　得意先に現金￥30,000を貸し付けた。

　　18日　商品￥40,000を仕入れ，代金は掛けとした。

　　26日　家賃￥10,000を現金で支払った。

　　28日　商品￥90,000を売り上げ，代金のうち￥40,000は現金で受け取り，残額は掛けとした。

　　30日　買掛金のうち￥30,000を現金で支払った。

	借　　方	金　額	貸　　方	金　額
4／1				
2				
6				
10				
15				
18				
26				
28				
30				

現　金

（　）（　　　）｜（　）（　　　）
（　）（　　　）｜（　）（　　　）
（　）（　　　）｜（　）（　　　）
　　　　　　　｜（　）（　　　）

売　掛　金

（　）（　　　）｜

貸　付　金

（　）（　　　）｜

備　品

（　）（　　　）｜

買　掛　金

（　）（　　　）｜（　）（　　　）

未　払　金

｜（　）（　　　）

資　本　金

｜（　）（　　　）

売　上

｜（　）（　　　）
｜（　）（　　　）

仕　入

（　）（　　　）｜
（　）（　　　）｜

支払家賃

（　）（　　　）｜

第6章　仕訳帳と総勘定元帳

1　仕訳帳と総勘定元帳の意味

　仕訳帳とは，仕訳を記入する帳簿をいい，仕訳帳には，取引の発生順にすべての取引の仕訳が記入される。この仕訳帳から各勘定口座に転記をするが，勘定口座が設けられている帳簿を**総勘定元帳**または**元帳**という。総勘定元帳もすべての取引が記入されることになる。このようにすべての取引が記入される仕訳帳と総勘定元帳を**主要簿**という。

2　仕訳帳の記入方法

　仕訳帳は，日々の取引を記入したあと，期末に締め切らなければならない。仕訳帳の記入は，**日付欄 → 摘要欄 → 借方欄・貸方欄 → 元丁欄**の順で行う。仕訳帳の記入方法は，次のとおりである。

(1)　**日　付　欄**

　　①　取引の月日を記入する。月の記入は各ページの最初だけ記入する。

　　②　日の記入は，同じページに同じ日を書くときは，最初だけ記入し，次の取引からは「〃」（同上）を記入する。

(2)　**摘　要　欄**

　　①　原則として左側に借方の勘定科目，次の行の右側に貸方の勘定科目を記入する。なお，仕訳帳では，各勘定科目に（　）をつけて記入する。

　　②　借方または貸方の勘定科目が二つ以上ある場合は，勘定科目の上に「**諸口**」と記入する。なお，借方の勘定科目が二つ以上で，貸方の勘定科目が一つの場合は，借方の「諸口」と同じ行の右側に貸方の勘定科目を記入する。

　　③　勘定科目を記入した次の行に，取引の内容を簡単に書き入れる。これを**小書き**といい，やや小さめに書く。

　　④　仕訳は，2ページにまたがって記入することはできない。

　　⑤　新たに取引が発生したら，前の取引の仕訳と区別するために赤で単線（区切線）を引く。

(3)　**借方欄・貸方欄**

　摘要欄に記入した勘定科目と同じ行に，借方の勘定科目の金額は借方欄に記入し，貸方の勘定科目の金額は貸方欄に記入する。

(4)　**元　丁　欄**

　仕訳を勘定口座に転記したとき，その勘定口座の番号またはページ数を記入する。

(5)　**次ページへの繰り越し**

　　①　最終の行の借方欄と貸方欄の上部に赤で合計線を引く。なお，摘要欄に余白がある場合は，合計線を摘要欄の3分の2くらいまで延ばして斜線を引く。

　　②　最終の行の摘要欄に「**次ページへ**」と書き，借方欄と貸方欄に合計額を記入する。

　　③　次のページの最初の行の摘要欄に「**前ページから**」と書き，借方欄と貸方欄に前ページの合計額を記入する。

(6)　**期末の締め切り**

　会計期間のすべての取引の記入が終わったら，借方欄と貸方欄に合計線を引き，合計額を記入して，その下に締切線を引く。また，日付欄も締切線を引く。

～～ 仕訳帳の記入例 ～～

《次ページへの繰り越し》

仕　訳　帳　　　　　　　　　　1

平成X8年		摘　　　　　　　　要		元丁	借　　方	貸　　方
4	1	（現　　　　　金）		1	100,000	
			（資　本　金）	10		100,000
		設　　　　立				
	20	諸　　　　口	（売　　上）	11		30,000
		（現　　　　金）		1	10,000	
		（売　掛　金）		2	20,000	
		品川商店に売り上げ				
			次ページへ		320,000	320,000

《仕訳帳の締め切り》

仕　訳　帳　　　　　　　　　　2

平成X8年		摘　　　　　　　　要		元丁	借　　方	貸　　方
			前ページから		320,000	320,000
	30	（現　　　　金）	諸　　　口	1	51,000	
			（貸　付　金）	3		50,000
			（受　取　利　息）	12		1,000
		東京商店から返済				
					560,000	560,000

第6章

～～ 記帳上の注意事項 ～～

(1) 数字の大きさは行間の2分の1程度，文字の大きさは行間の3分の2程度とし，下の罫線に近づけて書く。

(2) 数字は，3桁ごとに「，」（コンマ）をつける。ただし，金額欄に位取りの罫線が入っているときはつけない。

(3) 数字の間違いは，1字の誤りでもその数値全体に赤の複線を引き，その上に正しい数字を書く。

(4) 文字の間違いは，間違った文字だけに赤の複線を引き，その上に正しい文字を書く。

(5) 罫線の間違いは，間違った罫線の両端に赤で×印をつけて，正しい罫線を引く。

(6) 記帳を簡単にするために用いられる記号

　　¥　………　円　　　　　　　　　　@¥　………　単価

　　#　………　番号，ナンバー　　　　　〃　………　同上

　　✓　………　チェックマーク，転記不要や照合済みなどを表すマーク

　　なお，本テキストでは，補助簿（41頁参照）内のゴシックは赤を示す。

17

◆問題1◆　（解答 ☞ 6頁）

次の各取引の仕訳を仕訳帳に記入しなさい。なお，小書きも記入すること。

4月1日　会社の設立にあたって株式を発行し，払込金￥500,000は現金で受け取った。

　3日　パソコン￥90,000を購入し，代金は現金で支払った。

　6日　札幌商店から商品￥100,000を仕入れ，代金のうち￥70,000は現金で支払い，残額は掛けとした。

　10日　函館商店に商品￥150,000を売り上げ，代金のうち￥100,000は現金で受け取り，残額は掛けとした。

　12日　電話料金￥6,000を現金で支払った。

　18日　函館商店から売掛金￥40,000を現金で回収した。

　〃　札幌商店に買掛金￥30,000を現金で支払った。

仕　訳　帳　　　　　　　　1

平成X8年		摘　　　要	元丁	借　方	貸　方
4	1	（　　　　　　）			
		（　　　　　　）			
	3	（　　　　　　）			
		（　　　　　　）			
	6	（　　　　　　）　　諸　　　口			
		（　　　　　　）			
		（　　　　　　）			

3　総勘定元帳の記入方法

　仕訳帳から総勘定元帳への転記は，まず**借方欄 → 日付欄 → 摘要欄 → 仕丁欄**の順で行い，次に**貸方欄 → 日付欄 → 摘要欄 → 仕丁欄**の順で行う。**標準式**の勘定口座の記入方法は，次のとおりである。

(1)　借方欄と貸方欄

　仕訳帳の借方の金額は，勘定口座の借方欄に転記する。仕訳帳の貸方の金額は，勘定口座の貸方欄に転記する。

(2)　日　付　欄

　転記する仕訳の日付を記入する。

(3)　摘　要　欄

　仕訳の相手勘定科目を記入する。相手勘定科目が二つ以上ある場合は「諸口」と記入する。なお，仕訳の相手勘定科目とは，仕訳で，借方の相手勘定科目は貸方の勘定科目をいい，貸方の相手勘定科目は借方の勘定科目をいう。

(4)　仕　丁　欄

　仕訳が記入されている仕訳帳のページ数を記入する。

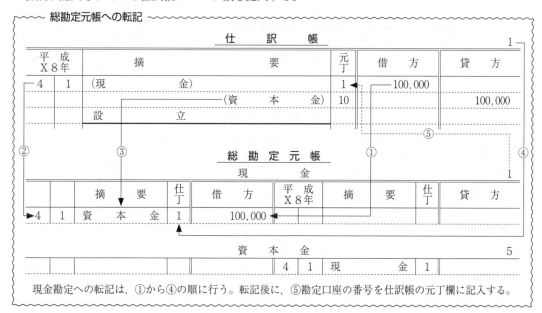

総勘定元帳への転記

　現金勘定への転記は，①から④の順に行う。転記後に，⑤勘定口座の番号を仕訳帳の元丁欄に記入する。

　なお，**残高式**の現金勘定の記入例を示すと，次のとおりである。

残高式の現金勘定

平成 X8年		摘　要	仕丁	借　方	貸　方	借または貸	残　高
現　金							1
4	1	資　本　金	1	100,000		借	100,000
	3	通　信　費	〃		5,000	〃	95,000

　残高欄は転記のつど，借方合計額と貸方合計額との差額，つまり残高を計算して記入する。
　借または貸欄は，勘定の借方合計額と貸方合計額を比べ，借方合計額の方が多い場合（借方残高という）は「借」，貸方合計額の方が多い場合（貸方残高という）は「貸」と記入する。なお，この記入は，仕訳の金額を借方欄に記入したとき「借」，貸方欄に記入したとき「貸」と記入するのではないので注意すること。

◆問題2◆　（解答 ☞ 6頁）

　次の仕訳帳の記入をもとにして，総勘定元帳に転記しなさい。なお，仕訳帳の元丁欄も記入すること。

仕　訳　帳　　　　　　1

平成 X8年		摘　　　　　　　要	元 丁	借　　方	貸　　方
4	1	（現　　　　　金）		400,000	
		（資　本　金）			400,000
	5	（仕　　　　　入）　諸　　口		80,000	
		（現　　　　　金）			50,000
		（買　掛　金）			30,000
	8	諸　　口　（売　　　　　上）			100,000
		（現　　　　　金）		60,000	
		（売　掛　金）		40,000	
	10	（買　掛　金）		20,000	
		（現　　　　　金）			20,000
	15	（現　　　　　金）		30,000	
		（売　掛　金）			30,000

総　勘　定　元　帳

現　　　金　　　　　　1

平成 X8年	摘　要	仕 丁	借　　方	平成 X8年	摘　要	仕 丁	貸　　方

売　　掛　　金　　　　　2

買　　掛　　金　　　　　5

資　　本　　金　　　　　7

売　　　　上　　　　　　8

仕　　　　入　　　　　10

◆問題3◆　（解答 ☞ 7頁）

次の各取引の仕訳を仕訳帳に記入し，総勘定元帳に転記しなさい。なお，小書きは省略する。

8月1日　会社の設立にあたって株式を発行し，払込金￥600,000は現金で受け取った。

　　8日　備品￥70,000を購入し，代金のうち￥30,000は現金で支払い，残額は月末払いとした。

　　20日　家賃￥25,000を現金で受け取った。

　　31日　8月8日に購入した備品の代金￥40,000を現金で支払った。

仕　訳　帳　　　　　1

平成 X8年	摘　　　　　要	元丁	借　　方	貸　　方
	次ページへ			

総　勘　定　元　帳

現　　金　　　　　1

平成 X8年	摘　要	仕丁	借　　方	平成 X8年	摘　要	仕丁	貸　　方

備　　品　　　　　5

平成 X8年	摘　要	仕丁	借　　方	平成 X8年	摘　要	仕丁	貸　　方

未　払　金　　　　　8

資　本　金　　　　　10

受　取　家　賃　　　　　13

第6章

◆問題4◆　（解答 ☞ 8頁）

次の各取引の仕訳を仕訳帳に記入し，総勘定元帳に転記しなさい。なお，小書きは省略する。

12月1日　会社の設立にあたって株式を発行し，払込金￥200,000は現金で受け取った。

　　2日　箱根商店から商品￥60,000を仕入れ，代金のうち￥20,000は現金で支払い，残額は掛けとした。

　　7日　杉田商店に商品￥90,000を売り上げ，代金は現金で受け取った。

　　9日　箱根商店に買掛金￥30,000を現金で支払った。

仕　訳　帳　　　　1

平成 X8年	摘　　　　　要	元丁	借　方	貸　方
	次ページへ			

総　勘　定　元　帳

現　　金　　　　1

平成 X8年	摘　　要	仕丁	借　方	貸　方	借または貸	残　高

買　掛　金　　　　6

資　本　金　　　　9

売　　上　　　　10

仕　　入　　　　12

第7章　簿　記　一　巡

1　簿記一巡

簿記一巡とは，取引から決算手続きまでの流れをいい，簡単な流れを示すと次のとおりである。

┌─**簿　記　一　巡**─────────────────────┐

日々の手続き　→　　　　　　　　決算手続き　→

取　引 → 仕訳帳 → 総勘定元帳 →　試算表 → 決算整理 → 精算表 ＜損益計算書／貸借対照表

なお，決算手続きについては，第8章で述べる。

└────────────────────────────┘

2　試　算　表

(1)　試算表の意味

試算表とは，各勘定口座の合計額や残高を集めて作成する集計表である。試算表は，仕訳帳から総勘定元帳への転記が正しく行われたかを確認するためや決算手続きの基礎資料とするために作成する。

試算表は，期末に作成するが，毎月末（**月計表**）・毎週末（**週計表**）・毎日（**日計表**）作成することもある。

(2)　試算表の種類

試算表には，合計試算表・残高試算表・合計残高試算表の3種類がある。

① **合 計 試 算 表**……各勘定口座の借方合計額と貸方合計額を集めて作成する試算表

② **残 高 試 算 表**……各勘定口座の残高（貸借差額）を集めて作成する試算表

③ **合計残高試算表**……合計試算表と残高試算表を一つにまとめて作成する試算表

取引を仕訳にする段階で借方と貸方の金額は一致しており，この仕訳を各勘定口座に転記するので，すべての勘定口座の借方合計額と貸方合計額は必ず一致することになる。これを**貸借平均の原則**といい，この貸借平均の原則を利用して試算表は作成される。従って，どの試算表においても，借方の合計額と貸方の合計額は，必ず一致する。

◆例題1◆

下記に示した期末（平成X5年12月31日）の各勘定口座によって，(1)合計試算表，(2)残高試算表および(3)合計残高試算表を作成しなさい。

```
  現    金 1        売 掛 金 2        買 掛 金 3        資 本 金 4
32,000 | 35,000   50,000 | 20,000   35,000 | 40,000          | 30,000
20,000 |  4,000

繰越利益剰余金 5        売    上 6        仕    入 7        給    料 8
        | 2,000          | 50,000   40,000 |           4,000 |
```

(1) **合 計 試 算 表**　平成X5年12月31日

借　方	元丁	勘定科目	貸　方
52,000	1	現　　　　金	39,000
50,000	2	売　掛　　金	20,000
35,000	3	買　掛　　金	40,000
	4	資　本　　金	30,000
	5	繰越利益剰余金	2,000
	6	売　　　　上	50,000
40,000	7	仕　　　　入	
4,000	8	給　　　　料	
181,000			181,000

(2) **残 高 試 算 表**　平成X5年12月31日

借　方	元丁	勘定科目	貸　方
13,000	1	現　　　　金	
30,000	2	売　掛　　金	
	3	買　掛　　金	5,000
	4	資　本　　金	30,000
	5	繰越利益剰余金	2,000
	6	売　　　　上	50,000
40,000	7	仕　　　　入	
4,000	8	給　　　　料	
87,000			87,000

(3)

合 計 残 高 試 算 表
平成Ｘ5年12月31日

借　　方		元丁	勘 定 科 目	貸　　方	
残　高	合　計			合　計	残　高
13,000	52,000	1	現　　　　金	39,000	
30,000	50,000	2	売　掛　金	20,000	
	35,000	3	買　掛　金	40,000	5,000
		4	資　本　金	30,000	30,000
		5	繰越利益剰余金	2,000	2,000
		6	売　　　　上	50,000	50,000
40,000	40,000	7	仕　　　　入		
4,000	4,000	8	給　　　　料		
87,000	181,000			181,000	87,000

◆問題1◆　（解答 ☞ 9頁）

　下記に示した期末（平成Ｘ7年12月31日）の各勘定口座によって，⑴合計試算表と⑵残高試算表を作成しなさい。

現　　金　　1		売　掛　金　　2		備　　品　　3	
61,000	22,000	20,000	25,000	22,000	
10,000	40,000	35,000			
25,000	10,000				

買　掛　金　　4		資　本　金　　5		繰越利益剰余金　　6	
40,000	24,000		60,000		1,000
	26,000				

売　　上　　7		仕　　入　　8		給　　料　　9	
	30,000	24,000		10,000	
	35,000	26,000			

(1)

合 計 試 算 表
平成Ｘ7年12月31日

借　　方	元丁	勘 定 科 目	貸　　方
		現　　　　金	
		売　掛　金	
		備　　　　品	
		買　掛　金	
		資　本　金	
		繰越利益剰余金	
		売　　　　上	
		仕　　　　入	
		給　　　　料	

(2)

残 高 試 算 表
平成Ｘ7年12月31日

借　　方	元丁	勘 定 科 目	貸　　方
		現　　　　金	
		売　掛　金	
		備　　　　品	
		買　掛　金	
		資　本　金	
		繰越利益剰余金	
		売　　　　上	
		仕　　　　入	
		給　　　　料	

3 精　算　表

(1)　精算表の意味

　精算表とは，残高試算表から損益計算書および貸借対照表を作成する過程を一覧表にしたものである。本章では，期末の勘定残高を修正する決算整理がないことを前提とした精算表について述べる。この精算表は，残高試算表・損益計算書・貸借対照表の三つで構成され，それぞれ借方金額欄と貸方金額欄を設けているので**6桁精算表**とよばれている。なお，決算整理については，第18章で述べる。

(2)　精算表の作成方法

　6桁精算表の作成方法は，次のとおりである。

① 　精算表の残高試算表欄は，総勘定元帳の各勘定の残高または作成した残高試算表の金額を書き移す。

② 　残高試算表欄のうち，**資産・負債・純資産**の各勘定の金額を**貸借対照表欄**に書き移す。

③ 　残高試算表欄のうち，**収益・費用**の各勘定の金額を**損益計算書欄**に書き移す。

④ 　損益計算書欄の貸借の差額を計算し，合計額の少ない方の欄に記入する。この差額が借方欄に記入される場合は当期純利益，貸方欄に記入される場合は当期純損失を意味する。

⑤ 　貸借対照表欄の貸借の差額を計算し，合計額の少ない方の欄に記入する。この差額が貸方欄に記入される場合は当期純利益，借方欄に記入される場合は当期純損失を意味する。

　　なお，精算表における貸借対照表欄では，当期純利益を繰越利益剰余金に含めない。

◆例題2◆

◆例題1◆ の残高試算表をもとに，精算表を作成しなさい。なお，決算は年1回である。

精　算　表
平成Ｘ5年12月31日

勘 定 科 目	残 高 試 算 表		損 益 計 算 書		貸 借 対 照 表	
	借　　方	貸　　方	借　　方	貸　　方	借　　方	貸　　方
現　　　　　金	13,000				13,000	
売　　掛　　金	30,000				30,000	
買　　掛　　金		5,000				5,000
資　　本　　金		30,000				30,000
繰越利益剰余金		2,000				2,000
売　　　　　上		50,000		50,000		
仕　　　　　入	40,000		40,000			
給　　　　　料	4,000		4,000			
当 期 純 利 益			6,000			6,000
	87,000	87,000	50,000	50,000	43,000	43,000

精算表のしくみ

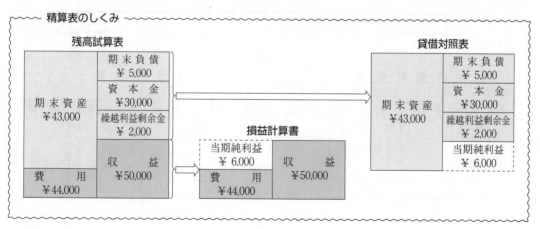

◆例題3◆

◆例題2◆ の精算表をもとにして，損益計算書と貸借対照表を作成しなさい。

損 益 計 算 書
平成Ｘ5年1月1日から平成Ｘ5年12月31日まで

費 目	金 額	収 益	金 額
売 上 原 価	40,000	売 上 高	50,000
給 料	4,000		
当 期 純 利 益	6,000		
	50,000		50,000

貸 借 対 照 表
平成Ｘ5年12月31日

資 産	金 額	負債・純資産	金 額
現 金	13,000	買 掛 金	5,000
売 掛 金	30,000	資 本 金	30,000
		繰越利益剰余金	8,000
	43,000		43,000

なお，ここでの貸借対照表における繰越利益剰余金は，繰越利益剰余金勘定残高¥2,000と当期純利益¥6,000との合計額となる。

◆問題2◆ （解答 ☞ 9頁）

次の(1)精算表を完成させ，併せて(2)損益計算書と(3)貸借対照表を作成しなさい。なお，決算日は平成Ｘ8年12月31日，会計期間は1年である。

(1)

精 算 表
平成Ｘ8年12月31日

勘 定 科 目	残 高 試 算 表 借 方	残 高 試 算 表 貸 方	損 益 計 算 書 借 方	損 益 計 算 書 貸 方	貸 借 対 照 表 借 方	貸 借 対 照 表 貸 方
現 金	150,000				( )	
売 掛 金	60,000				( )	
備 品	180,000				( )	
買 掛 金		60,000				( )
未 払 金		80,000				( )
資 本 金		200,000				( )
繰越利益剰余金		10,000				( )
売 上		300,000		( )		
受 取 手 数 料		20,000		( )		
仕 入	210,000		( )			
給 料	60,000		( )			
水 道 光 熱 費	10,000		( )			
( )			( )		( )	
	670,000	670,000	( )	( )	( )	( )

(2)

損 益 計 算 書
平成Ｘ8年1月1日から平成Ｘ8年12月31日まで

費 目	金 額	収 益	金 額
売 上 原 価		売 上 高	
給 料		受 取 手 数 料	
水 道 光 熱 費			
( )			

(3)

貸 借 対 照 表
平成Ｘ8年12月31日

資 産	金 額	負債・純資産	金 額
現 金		買 掛 金	
売 掛 金		未 払 金	
備 品		資 本 金	
		( )	

◆問題3◆ （解答 ☞ 10頁）

下記に示した決算日（平成Ｘ9年3月31日）の総勘定元帳によって，(1)精算表，(2)損益計算書および(3)貸借対照表を作成しなさい。

総 勘 定 元 帳

現 金		売 掛 金		備 品	買 掛 金	
280,000	226,000	170,000	140,000	180,000	90,000	140,000

借 入 金		資 本 金	繰越利益剰余金	売 上
10,000	65,000	130,000	5,000	250,000

受取手数料	仕 入		給 料	支 払 利 息
10,000	210,000		25,000	1,000

(1)

精 算 表
平成Ｘ9年3月31日

勘 定 科 目	残 高 試 算 表		損 益 計 算 書		貸 借 対 照 表	
	借 方	貸 方	借 方	貸 方	借 方	貸 方
現　　　　金						
売　掛　金						
備　　　品						
買　掛　金						
借　入　金						
資　本　金						
繰越利益剰余金						
売　　　上						
受 取 手 数 料						
仕　　　入						
給　　　料						
支 払 利 息						
（　　　　　）						

(2)

損 益 計 算 書
平成Ｘ8年4月1日から平成Ｘ9年3月31日まで

費　目	金 額	収　益	金 額
売 上 原 価		売 上 高	
給　料		受 取 手 数 料	
支 払 利 息			
（　　　）			

(3)

貸 借 対 照 表
平成Ｘ9年3月31日

資　産	金 額	負債・純資産	金 額
現　金		買 掛 金	
売 掛 金		借 入 金	
備　品		資 本 金	
		（　　　）	

第8章　決　算　I

1　決算の意味

　簿記では，日々の取引を仕訳帳に記入し，総勘定元帳に転記して，各勘定の増減額や発生額を記録・計算する。この日々の手続きの次に簿記では，1会計期間における経営成績と期末の財政状態を明らかにするため，期末に試算表の作成・決算整理・帳簿の締め切りなどを行い，損益計算書と貸借対照表を作成する。この一連の手続きを**決算**といい，年に1回行われる。これを**年次決算**という。

2　決算手続き

　決算手続きは，**決算予備手続き**，**決算本手続き**，そして**決算報告**の順で行われる。各手続きの内容は次のとおりである。なお，決算本手続きのことを**帳簿決算**ともいう。

┌─ 決算手続き ─────────────────────────────────┐

決算予備手続き	決算本手続き	決算報告
(1)　仕訳帳（日々の取引）の締め切り (2)　試算表の作成 (3)　棚卸表の作成と決算整理 (4)　精算表の作成	(1)　総勘定元帳の締め切り 　①　収益・費用の各勘定残高を損益勘定へ振替 　②　当期純損益を繰越利益剰余金勘定へ振替 　③　収益・費用の各勘定と損益勘定の締め切り 　④　資産・負債・純資産の各勘定の締め切り (2)　繰越試算表の作成 (3)　仕訳帳（決算仕訳）の締め切り	(1)　損益計算書の作成 (2)　貸借対照表の作成

└──┘

　なお，決算予備手続きに精算表の作成を含めないこともある。また，棚卸表の作成と決算整理は第18章で述べ，その他の決算予備手続きの内容は既に述べているので，本章では，期末の勘定残高を修正する決算整理がないことを前提とした決算本手続きおよび決算報告について述べる。

3　決算本手続き

(1)　総勘定元帳の締め切り

①　収益・費用の各勘定残高を損益勘定へ振替

　当期純損益を計算するため，1会計期間に発生した収益・費用の各勘定残高を新たに設けた**損益勘定**に移す。このように，ある勘定の借方金額（または貸方金額）を他の勘定の借方（または貸方）に移すことを**振替**といい，その仕訳を**振替仕訳**という。収益・費用の各勘定を損益勘定に振り替える**決算振替仕訳**と第18章で述べる**決算整理仕訳**とを併せて**決算仕訳**という。

　また，損益勘定のように，すべての収益・費用の勘定を集めて記帳する勘定を**集合勘定**という。集合勘定では，仕訳の相手勘定科目が二つ以上ある場合でも，諸口を用いず，その内容を明らかにするため，相手勘定科目とその金額を個別に記入する。

┌─ 振　　替 ──────────────────────────────────┐

　A勘定の貸方残高¥100をB勘定の貸方に振り替えるための振替仕訳と転記は，次のようになる。

《振　替　前》

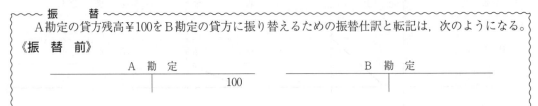

　　A勘定の¥100をB勘定に振り替えれば，A勘定の残高はゼロとなり，逆にB勘定の貸方に¥100が移ることになる。よって，A勘定の貸方残高¥100をゼロにするためA勘定の借方に¥100を記入するとともに，この¥100をB勘定の貸方に記入する。これにより，A勘定からB勘定に振り替えられたことになる。

《振替仕訳》

　　（借）A　　勘　　定　　　　100　　（貸）B　　勘　　定　　　　100

《振　替　後》

A　勘　定			B　勘　定	
B　勘　定　100	100			A　勘　定　100

　　収益の各勘定，例えば，売上勘定の貸方残高¥100を損益勘定の貸方に振り替えるためには，上記と同じように売上勘定の貸方残高をゼロにするため売上勘定の借方に¥100を記入するとともに，この¥100を損益勘定の貸方に記入する。この振替仕訳を示せば，次のようになる。

　　　　（借）売　　　　　上　　　　100　　（貸）損　　　　　益　　　　100

　　費用の各勘定，例えば，仕入勘定の借方残高¥80を損益勘定の借方に振り替えるためには，仕入勘定の借方残高をゼロにするため仕入勘定の貸方に¥80を記入するとともに，この¥80を損益勘定の借方に記入する。この振替仕訳を示せば，次のようになる。

　　　　（借）損　　　　　益　　　　80　　（貸）仕　　　　　入　　　　80

◆例題1◆

　　大崎商事株式会社の収益と費用の各勘定残高を損益勘定へ振り替えるための仕訳を示し，各勘定に転記しなさい。なお，会計期間は便宜上1カ月とし，決算日は4月30日とする。

《振　替　前》

売　　上　　　　7		仕　　入　　　　8	
	4／10 諸　　口 15,000	4／5 買 掛 金 30,000	
	20 現　　金 22,000		

給　　料　　　　9		損　　益　　　　10	
4／25 現　　金 3,000			

《収益を損益勘定に振替》

　　4月30日　（借）売　　　　　上　　　37,000　　（貸）損　　　　　益　　　37,000

《費用を損益勘定に振替》

　　4月30日　（借）損　　　　　益　　　33,000　　（貸）仕　　　　　入　　　30,000
　　　　　　　　　　　　　　　　　　　　　　　　　　給　　　　　料　　　 3,000

《振　替　後》

売　　上　　　　7		仕　　入　　　　8	
4／30 損　　益 37,000	4／10 諸　　口 15,000	4／5 買掛金 30,000	4／30 損　　益 30,000
	20 現　　金 22,000		

給　　料　　　　9		損　　益　　　　10	
4／25 現　　金 3,000	4／30 損　　益 3,000	4／30 仕　　入 30,000	4／30 売　　上 37,000
		〃　給　　料 3,000	

② 当期純損益を繰越利益剰余金勘定へ振替

　損益勘定には，収益・費用の各勘定残高が振り替えられているので，損益勘定の貸借差額は当期純損益を示すことになる。損益勘定が貸方残高，つまり当期純利益の場合は，その金額だけ純資産が増加したことになるので，繰越利益剰余金勘定の貸方に振り替え，逆に損益勘定が借方残高，つまり当期純損失の場合は，その金額だけ純資産が減少したことになるので，繰越利益剰余金勘定の借方に振り替える。

　例えば，損益勘定の貸方残高¥20，つまり当期純利益を繰越利益剰余金勘定の貸方に振り替えるためには，損益勘定の貸方残高をゼロにするため損益勘定の借方に¥20を記入するとともに，この¥20を繰越利益剰余金勘定の貸方に記入する。この振替仕訳を示せば，次のようになる。

　　　（借）損　　　　　益　　20　　　（貸）繰越利益剰余金　　　　20

　当期純損失¥20を繰越利益剰余金勘定に振り替えるための振替仕訳を示せば，次のようになる。

　　　（借）繰越利益剰余金　　20　　　（貸）損　　　　　益　　　　20

　なお，簿記には，当期純利益勘定・当期純損失勘定という勘定はない。また，繰越利益剰余金は，次期以降，株主への配当などに処分される。詳しくは第15章で述べる。

◆例題2◆

　◆例題1◆ の大崎商事株式会社の当期純利益¥4,000を繰越利益剰余金勘定へ振り替えるための仕訳を示し，各勘定に転記しなさい。

《当期純利益を繰越利益剰余金勘定に振替》

　4月30日　（借）損　　　　　益　　　4,000　　　（貸）繰越利益剰余金　　　4,000

《振　替　後》

損	益	10
4／30 仕　　入 30,000	4／30 売　　上 37,000	
〃 給　料 3,000		
〃 繰越利益剰余金 4,000		

繰越利益剰余金		6
	4／30 損　益 4,000	

③ 収益・費用の各勘定および損益勘定の締め切り

　①と②の振替仕訳によって，収益・費用の各勘定および損益勘定は，それぞれ貸借の金額が一致するので，すべての勘定を締め切る。これらの勘定は，勘定残高がゼロであるから，次期においてこれらの勘定は，ゼロからスタートすることになる。つまり，収益と費用は，当期の発生額を次期に繰り越さない。

◆例題3◆

　◆例題1◆ の大崎商事株式会社の収益と費用の各勘定および損益勘定を締め切りなさい。なお，決算仕訳（振替仕訳）は，仕訳帳の3ページに記入したものとする。

総 勘 定 元 帳

売 上 　　7

平　成 X8年		摘　　　要	仕丁	借　方	平　成 X8年		摘　　　要	仕丁	貸　方
4	30	損　　　益	3	37,000	4	10	諸　　口	1	15,000
						20	現　　金	2	22,000
				37,000					37,000

仕			入					8
平成 X8年	摘　　要	仕丁	借　方	平成 X8年	摘　　要	仕丁	貸　方	
4	5	買　掛　金	1	30,000	4	30	損　　益	3	30,000

給			料					9
4	25	現　　　金	2	3,000	4	30	損　　益	3	3,000

損			益					10
4	30	仕　　　入	3	30,000	4	30	売　　上	3	37,000
		〃	給　　料	〃	3,000				
		〃	繰越利益剰余金	〃	4,000				
				37,000					37,000

◆問題1◆　（解答 ☞ 11頁）

　下記の総勘定元帳の記入をもとにして，(1)収益を損益勘定に振り替える仕訳，(2)費用を損益勘定に振り替える仕訳，(3)当期純利益を繰越利益剰余金勘定に振り替える仕訳を示し，総勘定元帳に転記して繰越利益剰余金勘定以外を締め切りなさい。

　なお，決算日は5月31日である。

	借　　　方	金　額	貸　　　方	金　額
(1)				
(2)				
(3)				

総　勘　定　元　帳

売	上		損	益	
	5／15 売 掛 金 11,000				

仕	入				
5／4 買 掛 金 7,000					

給	料		繰越利益剰余金		
5／25 現 金 1,500					

31

④　資産・負債・純資産の各勘定の締め切り

期末に残った手許現金は，次期に繰り越され，次期の経営活動のために使われることになるが，現金勘定上も残高を次期に繰り越すための記入をし，勘定を締め切らなければならない。これは現金勘定だけではなく，資産・負債・純資産の各勘定も同じように締め切らなければならない。資産・負債・純資産の各勘定は，次のように締め切られる。

資産の勘定は借方残高になるので，貸方に赤で，決算日・「**次期繰越**」とその残高を記入し，貸借の合計を一致させて締め切る。さらに，借方に翌期首の日付（決算日の翌日）で，「**前期繰越**」と繰越額を記入する。これを**開始記入**という。また，「次期繰越」と「前期繰越」の記入は，仕訳帳に仕訳を行わないで，直接勘定記入される。そのため，勘定口座の仕丁欄は✔をつけることになる。この締め切り方法を**英米式決算法**という。

負債・純資産の勘定は貸方残高になるので，借方に赤で，決算日・「次期繰越」とその残高を記入し，貸借の合計を一致させて締め切る。さらに，貸方に翌期首の日付で，「前期繰越」と繰越額を記入する。

◆**例題４**◆

　◆**例題１**◆　の大崎商事株式会社の資産・負債・純資産の各勘定を締め切りなさい。

総　勘　定　元　帳

現　　金　　　　　　　　　　　1

平成 X8年		摘　　要	仕丁	借　方	平成 X8年		摘　　要	仕丁	貸　方
4	1	資　本　金	1	50,000	4	8	備　　品	1	30,000
	10	売　　上	〃	10,000		15	買　掛　金	2	25,000
	20	売　　上	2	22,000		25	給　　料	〃	3,000
						30	次　期　繰　越	✓	24,000
				82,000					82,000
5	1	前　期　繰　越	✓	24,000					

売　掛　金　　　　　　　　　　2

4	10	売　　上	1	5,000	4	30	次　期　繰　越	✓	5,000
5	1	前　期　繰　越	✓	5,000					

備　　品　　　　　　　　　　　3

4	8	現　　金	1	30,000	4	30	次　期　繰　越	✓	30,000
5	1	前　期　繰　越	✓	30,000					

買　掛　金　　　　　　　　　　4

4	15	現　　金	2	25,000	4	5	仕　　入	1	30,000
	30	次　期　繰　越	✓	5,000					
				30,000					30,000
					5	1	前　期　繰　越	✓	5,000

資　本　金　　　　　　　　　　5

4	30	次　期　繰　越	✓	50,000	4	1	現　　金	1	50,000
					5	1	前　期　繰　越	✓	50,000

繰越利益剰余金　　　　　　　　6

4	30	次　期　繰　越	✓	4,000	4	30	損　　益	3	4,000
					5	1	前　期　繰　越	✓	4,000

(2)　繰越試算表の作成

　繰越試算表とは，資産・負債・純資産の各勘定を締め切ったあと，各勘定の繰越記入が正しく行われたかを確認するために作成する表である。繰越試算表は，資産の各勘定の次期繰越の金額を繰越試算表の借方に，負債・純資産の各勘定の次期繰越の金額を繰越試算表の貸方に記入して作成する。

◆例題5◆

　◆例題4◆　の大崎商事株式会社の総勘定元帳によって，繰越試算表を作成しなさい。

繰　越　試　算　表
平成X8年4月30日

借　　方	元丁	勘　定　科　目	貸　　方
24,000	1	現　　　　　　金	
5,000	2	売　　掛　　金	
30,000	3	備　　　　　　品	
	4	買　　掛　　金	5,000
	5	資　　本　　金	50,000
	6	繰越利益剰余金	4,000
59,000			59,000

◆問題2◆　（解答 ☞ 11頁）

　下記の総勘定元帳を締め切って，繰越試算表を作成しなさい。なお，決算日は5月31日である。

総　勘　定　元　帳

現　　　　金

5／1 資本金 10,000	5／22 買掛金 5,000
20 売掛金 8,000	25 給　料 1,500

売　掛　金

5／15 売　上 11,000	5／20 現　金 8,000

買　掛　金

5／22 現　金 5,000	5／4 仕　入 7,000

資　本　金

	5／1 現　金 10,000

繰越利益剰余金

	5／31 損　益 2,500

繰　越　試　算　表
平成X8年5月31日

借　　方	勘　定　科　目	貸　　方
	現　　　　　　金	
	売　　掛　　金	
	買　　掛　　金	
	資　　本　　金	
	繰越利益剰余金	

第8章

(3) 仕訳帳（決算仕訳）の締め切り

仕訳帳は，期中の取引の記入が終わったとき，いったん締め切り，そして，決算仕訳の記入が終わったとき，もう一度締め切る。なお，決算仕訳を行う場合は，仕訳帳の最初の行の摘要欄に「**決算仕訳**」と記入する。また，翌期の開始記入として，翌期首の日付で，仕訳帳の最初の行の摘要欄に「**前期繰越高**」，元丁欄に「✓」，借方欄と貸方欄に繰越試算表の合計額を記入する。

◆例題6◆

◆例題1◆ と ◆例題2◆ の大崎商事株式会社の決算仕訳を仕訳帳に記入して締め切りなさい。

仕 訳 帳　　　　　　3

平成X8年		摘 要	元丁	借 方	貸 方
		決 算 仕 訳			
4	30	（売 上）	7	37,000	
		（損 益）	10		37,000
		収益を損益勘定に振替			
	〃	（損 益） 諸 口	10	33,000	
		（仕 入）	8		30,000
		（給 料）	9		3,000
		費用を損益勘定に振替			
	〃	（損 益）	10	4,000	
		（繰越利益剰余金）	6		4,000
		当期純利益を繰越利益剰余金勘定に振替			
				74,000	74,000

4 決 算 報 告

決算本手続きが終わったら，決算の報告として損益計算書と貸借対照表を作成する。損益計算書は，主に損益勘定にもとづいて作成され，貸借対照表は，主に繰越試算表にもとづいて作成される。

◆例題7◆

◆例題3◆ から ◆例題5◆ をもとに，大崎商事株式会社の損益計算書と貸借対照表を作成しなさい。

損 益 計 算 書
平成X8年4月1日から平成X8年4月30日まで

費 用	金 額	収 益	金 額
売 上 原 価	30,000	売 上 高	37,000
給 料	3,000		
当 期 純 利 益(注)	4,000		
	37,000		37,000

(注) 損益勘定の繰越利益剰余金は，当期純利益として表示する。

貸 借 対 照 表
平成X8年4月30日

資 産	金 額	負債および純資産	金 額
現 金	24,000	買 掛 金	5,000
売 掛 金	5,000	資 本 金	50,000
備 品	30,000	繰 越 利 益 剰 余 金	4,000
	59,000		59,000

◆問題3◆　（解答 ☞ 12頁）

　次の損益勘定と繰越試算表によって，損益計算書と貸借対照表を作成しなさい。なお，会計期間は，平成X8年5月1日から5月31日の1カ月とする。

損　　益

平成X8年		摘　　要	借　　方	平成X8年		摘　　要	貸　　方
5	31	仕　　入	7,000	5	31	売　　上	11,000
	〃	給　　料	1,500				
	〃	繰越利益剰余金	2,500				
			11,000				11,000

繰 越 試 算 表
平成X8年5月31日

借　　方	勘 定 科 目	貸　　方
11,500	現　　　　　金	
3,000	売　　掛　　金	
	買　　掛　　金	2,000
	資　　本　　金	10,000
	繰 越 利 益 剰 余 金	2,500
14,500		14,500

損 益 計 算 書
平成X8年5月1日から平成X8年5月31日まで

費　　用	金　　額	収　　益	金　　額

貸 借 対 照 表
平成X8年5月31日

資　　産	金　　額	負債および純資産	金　　額

◆問題4◆　（解答 ☞ 12頁）

　下記の東京商事株式会社の総勘定元帳の記入をもとにして，決算仕訳（振替仕訳）を仕訳帳に行い，総勘定元帳の各勘定を締め切りなさい。また，次の(1)から(3)の設問に答えなさい。なお，会計期間は便宜上1カ月とし，決算日は5月31日とする。

(1)　繰越試算表を作成しなさい。
(2)　損益計算書を作成しなさい。
(3)　貸借対照表を作成しなさい。

仕　訳　帳　　　　　　　　　　3

平成 X8年		摘　　　　　　要	元丁	借　方	貸　方
		決　算　仕　訳			
5	31				
	〃				
	〃				

総　勘　定　元　帳

現　　金　　　　　　　　1

平成 X8年	摘　　要	仕丁	借　方	平成 X8年	摘　　要	仕丁	貸　方
5　1	前　期　繰　越	✓	300	5　6	仕　　　　入	1	100
16	売　掛　金	1	350	21	買　掛　金	2	450
23	売　　　上	2	300	25	給　　　料	〃	40

売　掛　金　　　　　　　2

平成 X8年	摘　　要	仕丁	借　方	平成 X8年	摘　　要	仕丁	貸　方
5　1	前　期　繰　越	✓	200	5　16	現　　　金	1	350
10	売　　　上	1	300				

備　　　品　　　　　　　　　3

平成X8年		摘　要	仕丁	借　方	平成X8年		摘　要	仕丁	貸　方
5	1	前 期 繰 越	✓	500					

買　　掛　　金　　　　　　　4

平成X8年		摘　要	仕丁	借　方	平成X8年		摘　要	仕丁	貸　方
5	21	現　　　　金	2	450	5	1	前 期 繰 越	✓	300
						6	仕　　　　入	1	400

資　　本　　金　　　　　　　5

平成X8年		摘　要	仕丁	借　方	平成X8年		摘　要	仕丁	貸　方
					5	1	前 期 繰 越	✓	670

繰越利益剰余金　　　　　　　6

平成X8年		摘　要	仕丁	借　方	平成X8年		摘　要	仕丁	貸　方
					5	1	前 期 繰 越	✓	30

売　　　　上　　　　　　　7

平成X8年		摘　要	仕丁	借　方	平成X8年		摘　要	仕丁	貸　方
					5	10	売 掛 金	1	300
						23	現　　　　金	2	300

仕　　　　入　　　　　　　8

平成X8年		摘　要	仕丁	借　方	平成X8年		摘　要	仕丁	貸　方
5	6	諸　　　　口	1	500					

給　　　　料　　　　　　　9

平成X8年		摘　要	仕丁	借　方	平成X8年		摘　要	仕丁	貸　方
5	25	現　　　　金	2	40					

第8章

損　　益　　　　　　　　　　　　　10

平成X8年	摘　要	仕丁	借　方	平成X8年	摘　要	仕丁	貸　方

繰 越 試 算 表
平成X8年5月31日

借　方	元丁	勘 定 科 目	貸　方

損 益 計 算 書
平成X8年5月1日から平成X8年5月31日まで

費　　用	金　額	収　　益	金　額

貸 借 対 照 表
平成X8年5月31日

資　産	金　額	負債および純資産	金　額

第9章　現　金・預　金

1　現金勘定

　紙幣や硬貨などの通貨は，現金として処理することを述べたが，簿記上，**現金勘定**で処理するものには，通貨のほか，いつでも現金にかえることができる**通貨代用証券**がある。従って，通貨代用証券を受け取ったら現金勘定で処理する。

　主な通貨代用証券は，次のとおりである。

①　他人振り出しの小切手

　小切手とは，振出人が自己の取引銀行に対して小切手に記載された金額の支払いを委託した証券をいう。小切手の受取人は，この小切手を支払いが委託された銀行に持参すれば現金を受け取ることができる。なお，小切手に必要事項を記入し，発行することを「**振り出し**」といい，振り出した者を**振出人**という。

②　送金小切手

　送金小切手とは，送金人が送金受取人の住所地の銀行に支払いを委託するために，取引銀行に送金額を払い込んで発行される小切手をいう。小切手の受取人は，この小切手を委託された銀行に持参すれば現金を受け取ることができる。

③　普通為替証書

　普通為替証書とは，ゆうちょ銀行や郵便局で作成してもらう証書で，送金手段として用いる。普通為替証書の受取人は，この普通為替証書をゆうちょ銀行などに持参すれば現金を受け取ることができる。

◆例題1◆

次の各取引の仕訳を示しなさい。

(1)　大崎商店に商品￥10,000を売り上げ，代金は同店振り出しの小切手で受け取った。

　　（借）現　　　　　金　　10,000　　　　（貸）売　　　　　上　　10,000

(2)　磯子商店に対する売掛金の回収として，送金小切手￥40,000を受け取った。

　　（借）現　　　　　金　　40,000　　　　（貸）売　　掛　　金　　40,000

(3)　東京商店に対する売掛金の回収として，普通為替証書￥20,000を受け取った。

　　（借）現　　　　　金　　20,000　　　　（貸）売　　掛　　金　　20,000

(4)　杉田商店に対する買掛金を，先に受け取った大崎商店振り出しの小切手￥10,000で支払った。

　　（借）買　　掛　　金　　10,000　　　　（貸）現　　　　　金　　10,000

第9章

◆問題1◆　（解答 ☞ 15頁）

次の各取引の仕訳を示しなさい。

(1)　熊谷商店から売掛金￥20,000の回収として，普通為替証書を受け取った。

(2)　水戸商店に商品￥30,000を売り上げ，代金は同店振り出しの小切手で受け取った。

(3)　杉田商店から商品￥30,000を仕入れ，代金は先に受け取った水戸商店振り出しの小切手￥30,000で支払った。

(4)　神田商店から商品売買の仲介手数料として，送金小切手￥15,000を受け取った。

(5)　川崎商店に対する買掛金の支払いとして，￥10,000は先に受け取った目白商店振り出しの小切手で支払い，￥20,000は現金で支払った。

	借　　　方	金　額	貸　　　方	金　額
(1)				
(2)				
(3)				
(4)				
(5)				

2　現金出納帳

(1)　現金出納帳

　現金出納帳とは，現金の収入と支出についての明細を記録する帳簿である。現金の取引は，現金勘定に記入されるが，取引の内容や取引先などの明細は記録されないので，それを補う帳簿が現金出納帳である。現金出納帳は取引の発生順に記入する。摘要欄は，取引先や取引の明細を記入し，収入欄は現金の受取額を，支出欄は現金の支払額をそれぞれ記入する。また，残高欄は，帳簿残高を算出して記入する。なお，この残高は，現金勘定の残高と一致する。

― 現金出納帳の記入例 ―

現　金　出　納　帳

平成 X6年		摘　　　　　要	収　　　入	支　　　出	残　　　高
4	1	設　立	100,000		100,000
	3	目黒商店から商品仕入		60,000	40,000
	9	神田不動産に本月分家賃支払い		10,000	30,000
	15	新宿商店から売掛金回収　小切手受領	50,000		80,000
	25	本月分給料支払い		20,000	60,000
	30	次月繰越		60,000	
			150,000	150,000	
5	1	前月繰越	60,000		60,000

前月の残高を帳簿上引き継ぐ。

⑵ **主要簿と補助簿**

現金出納帳のように，取引の明細を記録する帳簿を**補助簿**といい，補助簿には，特定の勘定の明細を記録する**補助記入帳**と，特定の勘定の明細を取引先や商品の品種別に記録する**補助元帳**とがある。なお，補助簿は，通常週末または月末ごとに締め切る。主な帳簿を主要簿と補助簿に分類すると次のようになる。

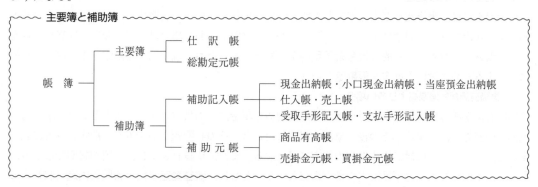

— **主要簿と補助簿** —

帳 簿 ┬ 主 要 簿 ┬ 仕 訳 帳
　　　　└ 総勘定元帳
　　　├ 補助記入帳 ┬ 現金出納帳・小口現金出納帳・当座預金出納帳
　　　│　　　　　　├ 仕入帳・売上帳
　　　└ 補助簿 ┤ 受取手形記入帳・支払手形記入帳
　　　　　　　　└ 補助元帳 ┬ 商品有高帳
　　　　　　　　　　　　　　└ 売掛金元帳・買掛金元帳

◆**問題2**◆ （解答 ☞ 15頁）

次の各取引の仕訳を示し，現金出納帳に記入して，月末に締め切りなさい。なお，前月繰越が¥50,000ある。

6月3日　杉田商店に商品¥10,000を売り上げ，代金は同店振り出しの小切手で受け取った。

　　8日　帳簿と伝票¥2,000を購入し，代金は現金で支払った。

　　17日　南台商店から商品売買の仲介手数料¥8,000を送金小切手で受け取った。

　　25日　従業員に本月分の給料¥5,000を現金で支払った。

	借　　　　方	金　　額	貸　　　　方	金　　額
6／3				
8				
17				
25				

現 金 出 納 帳

平 成 X6年		摘　　　要	収　入	支　出	残　高
6	1	前 月 繰 越			
7	1	前 月 繰 越			

3　現金過不足

(1)　現金過不足の意味

現金過不足とは，現金勘定および現金出納帳の帳簿残高と現金の実際有高との食い違いをいう。現金過不足が生じる原因として，取引の誤記入や記帳もれ，現金の紛失などが考えられる。

(2)　現金過不足の処理

現金過不足は，帳簿残高と実際有高との照合時に一致しない原因が判明すれば，ただちにその原因に対する仕訳を行って現金勘定を修正する。しかし，原因が不明な場合は，現金の帳簿残高を実際有高に一致させるため，一時的に**現金過不足勘定**で処理する。なお，現金過不足勘定のように，一時的に記入するために設けた勘定を**仮勘定**という。

①　実際有高が帳簿残高より多い場合

実際有高が帳簿残高より多い場合は，その過剰額を現金勘定の借方に記入するとともに，現金過不足勘定の貸方に記入する。その後，原因が判明したとき，その判明額を現金過不足勘定の借方に記入するとともに，原因に対応する勘定の貸方に記入する。また，決算日までに，原因が判明しなかった場合は，不明額を現金過不足勘定の借方に記入するとともに，**雑益勘定**または**雑収入勘定**（収益）の貸方に記入する。

◆例題2◆

次の各取引の仕訳を示し，各勘定に転記しなさい。

12月26日　現金の実際有高を調べたところ，帳簿残高￥65,000より￥5,000過剰であった。

　　　　　　（借）現　　　　　金　　　5,000　　　　（貸）現 金 過 不 足　　　5,000

　　29日　現金過剰額のうち￥4,000は，受取家賃の記入もれであった。

　　　　　　（借）現 金 過 不 足　　　4,000　　　　（貸）受 　取 　家 　賃　　　4,000

　　31日　決算にあたり，現金過剰額のうち￥1,000は原因が不明のため，雑益勘定に振り替えた。

　　　　　　（借）現 金 過 不 足　　　1,000　　　　（貸）雑　　　　　益　　　1,000

現　　金	
65,000	
12／26 現金過不足　5,000	

現金過不足	
12／29 受取家賃　4,000	12／26 現　　金　5,000
31 雑　　益　1,000	

受 取 家 賃	
	12／29 現金過不足　4,000

雑　　　益	
	12／31 現金過不足　1,000

◆問題3◆　（解答 ☞ 15頁）

次の各取引の仕訳を示しなさい。

(1)　現金の手元有高を調べたところ，帳簿残高より￥6,000多かった。

(2)　上記の過剰額のうち￥3,000は，受取手数料の記入もれであった。

(3)　上記(1)の過剰額のうち￥2,000は，通信費￥2,000の支払いが二重に仕訳されていることが判明した。

(4)　本日，決算日であるが，上記(1)の過剰額のうち￥1,000は，原因不明であった。

	借　　　方	金　　額	貸　　　方	金　　額
(1)				
(2)				
(3)				
(4)				

② 実際有高が帳簿残高より少ない場合

実際有高が帳簿残高より少ない場合は，その不足額を現金勘定の貸方に記入するとともに，現金過不足勘定の借方に記入する。その後，原因が判明したとき，その判明額を現金過不足勘定の貸方に記入するとともに，原因に対応する勘定の借方に記入する。また，決算日までに，原因が判明しなかった場合は，不明額を現金過不足勘定の貸方に記入するとともに，**雑損勘定**または**雑損失勘定**（費用）の借方に記入する。

なお，決算日に現金の過不足額が生じ，その原因が不明な場合は，現金過不足勘定を用いずに，現金勘定から直接，雑損勘定または雑益勘定に振り替える。この決算日における現金過不足の整理は，第18章で述べる**決算整理事項**の一つで，その仕訳を**決算整理仕訳**という。

◆例題３◆

次の各取引の仕訳を示し，各勘定に転記しなさい。

12月25日　現金の実際有高を調べたところ，¥76,000で帳簿残高より¥4,000不足していた。

（借）現 金 過 不 足　　4,000　　　（貸）現　　　　　金　　4,000

28日　現金不足額のうち¥1,000は，通信費の記入もれであった。

（借）通　信　費　　1,000　　　（貸）現 金 過 不 足　　1,000

31日　決算にあたり，現金不足額のうち¥3,000は原因が不明のため，雑損勘定に振り替えた。

（借）雑　　　損　　3,000　　　（貸）現 金 過 不 足　　3,000

現　　金		
80,000	12／25 現金過不足	4,000

現金過不足		
12／25 現　　金　4,000	12／28 通 信 費	1,000
	31 雑　　損	3,000

通　信　費	
12／28 現金過不足　1,000	

雑　　損	
12／31 現金過不足　3,000	

◆問題４◆ （解答 ☞ 16頁）

次の各取引の仕訳を示しなさい。

(1) 現金の手元有高を調べたところ，帳簿残高より¥3,000少なかった。

(2) 上記の不足額のうち¥2,000は，交通費の記入もれであった。

(3) 本日，決算日であるが，上記(1)の不足額のうち¥1,000は，原因不明であった。

(4) 現金の実際有高と帳簿残高とを照合したさい，¥20,000不足していたため，現金過不足勘定で処理していたが，本日，交通費¥22,000の支払いと家賃¥5,000の受け取りの記入もれであることが判明した。なお，残額については，原因不明のため雑損として処理した。

	借　　　方	金　　額	貸　　　方	金　　額
(1)				
(2)				
(3)				
(4)				

第9章

43

4　当座預金

(1)　当座預金

当座預金は，銀行との当座取引契約によって自由に預け入れまたは引き出しができる無利息の預金である。当座預金は，貯蓄用の預金ではなく，決済用の預金である。

　当座取引を行うためには，まず，銀行に現金を預け入れて当座預金口座を開設しなければならない。引き出しは，通常，小切手を振り出して行われるが，公共料金の自動振替などで預金が引き出されることもある。

(2)　当座預金勘定

　銀行の当座預金に現金などを預け入れたときは，**当座預金勘定**（資産）の借方に記入し，小切手の振り出しなど引き出しが行われたときは，当座預金勘定の貸方に記入する。当座預金勘定の残高は，銀行の当座預金口座の預金残高を示している。

◆例題4◆

　次の各取引の仕訳を，横浜商店と水戸商店のそれぞれについて示しなさい。

　4月1日　横浜商店は，大熊銀行と当座取引契約を結び，現金￥100,000を預け入れた。

　　　　　《横浜商店》

　　　　　（借）当 座 預 金　　100,000　　　（貸）現　　　　　　金　　100,000

　　5日　横浜商店は，水戸商店から商品￥40,000を仕入れ，代金は小切手＃1を振り出して支払った。

　　　　　《横浜商店》

　　　　　（借）仕　　　　　入　　40,000　　　（貸）当 座 預 金　　40,000

　　　　　《水戸商店》

　　　　　（借）現　　　　　金　　40,000　　　（貸）売　　　　　上　　40,000

上記の取引を図解すると次のようになる。

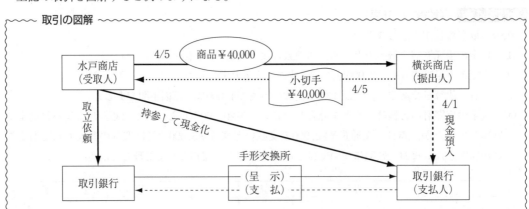

取引の図解

　水戸商店（受取人）は，自己の取引銀行に小切手の取り立てを依頼するか，横浜商店の取引銀行（支払人）に持参して現金を受け取る。なお，取り立てを依頼した場合は，水戸商店（受取人）の当座預金に入金される。

※　小切手や手形（第12章で述べる）の取り立てを依頼された銀行は，小切手や手形を手形交換所に持ち寄り，取立金額と支払金額との差額を精算決済する。

小切手のひな型

◆例題4◆ の4月5日の取引で振り出した小切手は，次のように記載されている。

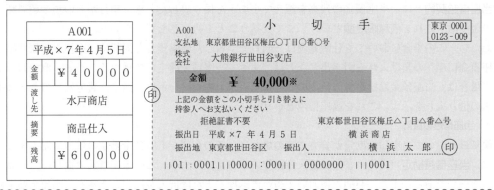

◆例題5◆

次の各取引の仕訳を示しなさい。

(1) 北商店に商品¥30,000を売り上げ，代金は同店振り出しの小切手で受け取り，ただちに当座預金に預け入れた。

（借）当 座 預 金 30,000 （貸）売 上 30,000

(注)「ただちに当座預金に預け入れた。」とあるため，現金勘定の増加は省略して，当座預金勘定を増加する。

(2) 大崎商店に対する売掛金¥50,000を当店振り出しの小切手で受け取った。

（借）当 座 預 金 50,000 （貸）売 掛 金 50,000

(注) 当店が振り出した小切手を自己振出小切手といい，この小切手の受け取りにより，銀行の当座預金口座からの支払いはなくなるので，当座預金勘定の借方に記入する。

◆問題5◆ （解答 ☞ 16頁）

次の各取引の仕訳を示しなさい。

(1) 上野商店に商品¥50,000を売り上げ，代金は同店振り出しの小切手で受け取り，ただちに，当座預金に預け入れた。

(2) 品川商店から商品¥30,000を仕入れ，代金は小切手を振り出して支払った。

(3) 東商店に商品¥40,000を売り上げ，代金は同店振り出しの小切手で受け取り，ただちに当座預金に預け入れた。

(4) 商品陳列棚¥50,000を購入し，代金は先に受け取った上野商店振り出しの小切手で支払った。

(5) 神田商店に商品¥30,000を売り上げ，代金は当店振り出しの小切手で受け取った。

	借 方	金 額	貸 方	金 額
(1)				
(2)				
(3)				
(4)				
(5)				

第9章

(3)　当座借越

①　当座借越契約

当座借越契約とは，当座預金の残高を超えて小切手を振り出したとき，銀行がその預金超過額を一定の限度額（これを**借越限度額**という）まで支払うことを約束した契約をいう。

ただし，この場合においても仕訳処理は，44頁で学習した当座預金と同様に，小切手の振り出し，当座預金口座への預け入れや引き出しなどは，すべて当座預金勘定で処理する。なお，取引銀行が1行の場合は，当座預金勘定が借方残高のときは当座預金の残高を示す。逆に，貸方残高のときは銀行からの借り入れを示す。これを当座借越という。

②　当座借越の振替

決算日において当座預金勘定が貸方残高の場合は，その金額を当座預金勘定の借方に記入するとともに，**当座借越勘定**（負債）または借入金勘定の貸方に記入する。この当座借越の振替は，決算整理事項の一つである。また，翌期首において当座借越勘定または借入金勘定の金額を当座預金勘定の貸方に再び振り替える。この仕訳を**再振替仕訳**という。

◆例題6◆

次の各取引の仕訳を示しなさい。

3月1日　原宿銀行と当座取引契約を結び，現金¥50,000を預け入れた。また，当座借越契約を結び，借越限度額を¥200,000とした。

（借）当 座 預 金　50,000　（貸）現　　　金　50,000

15日　東商店より売掛金¥30,000について，当座預金に振り込みがあった。

（借）当 座 預 金　30,000　（貸）売 掛 金　30,000

25日　大崎商店から商品¥90,000を仕入れ，代金として小切手#1を振り出して支払った。

（借）仕　　　入　90,000　（貸）当 座 預 金　90,000

31日　決算にあたり，当座預金勘定の貸方残高¥10,000を当座借越勘定に振り替えた。

（借）当 座 預 金　10,000　（貸）当 座 借 越　10,000

4月1日　当座借越勘定の残高¥10,000を当座預金勘定に再振替した。

（借）当 座 借 越　10,000　（貸）当 座 預 金　10,000

(4)　当座預金出納帳

当座預金出納帳は，当座預金の預け入れと引き出しについての明細を記録する補助簿である。当座預金出納帳の摘要欄は，取引先や取引の明細を記入するが，小切手を振り出した場合はその小切手番号を必ず記入する。借または貸欄は，預金残高が当座預金の場合は「借」，当座借越の場合は「貸」と記入する。なお，当座預金出納帳は，取引銀行ごとに作成する。

◆例題7◆

◆例題6◆　の取引によって，当座預金出納帳を作成しなさい。

当 座 預 金 出 納 帳

平成X6年		摘　　　要	預　　入	引　　出	借または貸	残　　高
3	1	現金預け入れ　当座取引契約を結ぶ	50,000		借	50,000
	15	東商店から売掛金回収	30,000		〃	80,000
	25	大崎商店から仕入　　小切手#1		90,000	貸	10,000
	31	**次月繰越**	10,000			
			90,000	90,000		
4	1	前月繰越		10,000	貸	10,000

◆問題6◆　（解答 ☞ 16頁）

次の各取引の仕訳を示し，当座預金出納帳を作成しなさい。

3月5日　新宿銀行に当座預金口座を開設するために現金¥100,000を預け入れた。また，同時に当座借越契約を結び，借越限度額を¥250,000とした。

8日　品川商店から商品¥70,000を仕入れ，代金は小切手＃1を振り出して支払った。

12日　横浜商店に商品¥20,000を売り上げ，代金は同店振り出しの小切手で受け取り，ただちに当座預金に預け入れた。

15日　電話料金¥5,000が当座預金より引き落とされた。

20日　関東商店に対する買掛金¥60,000を小切手＃2を振り出して支払った。

25日　新橋商店に対する売掛金の回収として，同店振り出しの小切手¥10,000を受け取り，ただちに当座預金に預け入れた。

31日　決算にあたり，当座預金勘定の貸方残高を適切な勘定に振り替えた。

4月1日　当座借越勘定の残高を適切な勘定へ再振替した。

	借　　　方	金　　額	貸　　　方	金　　額
3／5				
8				
12				
15				
20				
25				
31				
4／1				

当 座 預 金 出 納 帳

平成 X6年		摘　　　　　要	預　入	引　出	借または貸	残　高
4	1	前月繰越				

5　その他の預貯金

　預貯金には，当座預金のほか，**普通預金**，**定期預金**，**通知預金**，**通常貯金**などがあり，それぞれの名称で勘定口座を設けて記帳する。なお，複数の普通預金口座や当座預金口座などを開設している場合は，口座種別と銀行名を組み合わせた勘定科目を使用することもある。

　また，預金の引き出しや振り込みなどの手数料は，**支払手数料勘定**（費用）で処理する。

◆例題8◆

次の各取引の仕訳を示しなさい。

(1)　大熊銀行の定期預金に現金￥70,000を預け入れた。

　　（借）定　期　預　金　　　70,000　　　　（貸）現　　　　　金　　　70,000

(2)　上記(1)の定期預金が満期となり，利息￥1,000とともに現金で受け取った。

　　（借）現　　　　　金　　　71,000　　　　（貸）定　期　預　金　　　70,000
　　　　　　　　　　　　　　　　　　　　　　　　　受　取　利　息　　　　1,000

(3)　大崎銀行の普通預金から熊谷銀行の普通預金へ￥50,000を振り込んだ。そのさい，振込手数料￥100が引き落とされた。なお，銀行口座については，口座種別と銀行名を組み合わせた勘定科目を用いている。

　　（借）普通預金熊谷銀行　　50,000　　　　（貸）普通預金大崎銀行　　50,100
　　　　　支　払　手　数　料　　　 100

◆問題7◆　（解答 ☞ 17頁）

　次の各取引の仕訳を示しなさい。なお，当社は，銀行口座について口座種別と銀行名を組み合わせた勘定科目を使用している。

(1)　上野銀行の普通預金から新宿銀行の当座預金へ￥80,000を振り込んだ。そのさい，振込手数料￥200が引き落とされた。

(2)　原宿銀行の普通預金から現金￥10,000を引き出した。

(3)　品川銀行の定期預金￥80,000が満期となり，利息￥1,000と併せて普通預金に預け入れた。

	借　　　　方	金　　　額	貸　　　　方	金　　　額
(1)				
(2)				
(3)				

6　小口現金出納帳

(1)　小口現金勘定

　仕入代金や備品の購入代金などの支払いについて，すべて小切手を振り出して行えば，多額の現金を持ち運ばずにすむので，現金管理の手間が省け，また，紛失・不正・盗難などを未然に防ぐことができる。しかし，消耗品や交通費など日々の少額（小口）の支払いについても小切手を振り出すのは煩雑であり，現実的ではないので，小口の支払いのための現金を，会計係からその支払いの担当係（用度係または小払係）に前渡しして，小口の支払いを行わせる方法を採ることがある。この前渡しした現金を**小口現金**といい，**小口現金勘定**（資産）で処理する。

(2) **定額資金前渡制度（インプレスト・システム）**

　定額資金前渡制度とは，まず，一定期間に必要な支払見込額（定額資金）を定め，これを用度係に前渡ししておき，その後，用度係からの支払報告を受けて，その支払額と同額を用度係に補給する方法である。このことにより用度係は，一定期間の初めには，常に一定額（定額資金）を保有することになる。定額資金前渡制度のしくみと会計係の仕訳を示すと次のとおりである。

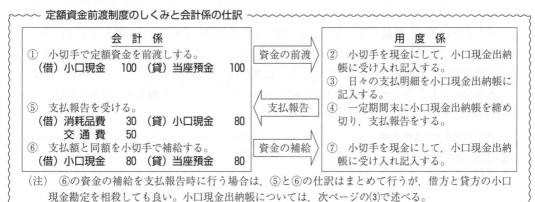

定額資金前渡制度のしくみと会計係の仕訳

会 計 係		用 度 係
① 小切手で定額資金を前渡しする。 　（借）小口現金 100 （貸）当座預金 100	**資金の前渡** ⇒	② 小切手を現金にして，小口現金出納帳に受け入れ記入する。 ③ 日々の支払明細を小口現金出納帳に記入する。
⑤ 支払報告を受ける。 　（借）消耗品費 30 （貸）小口現金 80 　　　交通費 50	⇐ **支払報告**	④ 一定期間末に小口現金出納帳を締め切り，支払報告をする。
⑥ 支払額と同額を小切手で補給する。 　（借）小口現金 80 （貸）当座預金 80	**資金の補給** ⇒	⑦ 小切手を現金にして，小口現金出納帳に受け入れ記入する。

　（注）⑥の資金の補給を支払報告時に行う場合は，⑤と⑥の仕訳はまとめて行うが，借方と貸方の小口現金勘定を相殺しても良い。小口現金出納帳については，次ページの(3)で述べる。

◆例題9◆

次の各取引の仕訳を示しなさい。

(1) 定額資金前渡制度の採用により，小切手¥30,000を振り出して用度係に前渡しした。

　（借）小 口 現 金　　30,000　　　　（貸）当 座 預 金　　30,000

(2) 用度係から小口現金の支払いについて，次のとおり報告を受け，支払額と同額の小切手を振り出して補給した。

　　消耗品費　¥9,000　　通 信 費　¥12,000　　交 通 費　¥6,000

　（借）消 耗 品 費　　　9,000　　　（貸）小 口 現 金　　27,000
　　　通 信 費　　12,000
　　　交 通 費　　　6,000

　（借）小 口 現 金　　27,000　　　（貸）当 座 預 金　　27,000

　（注）小口現金を相殺して，次のように仕訳をしても良い。

　（借）消 耗 品 費　　　9,000　　　（貸）当 座 預 金　　27,000
　　　通 信 費　　12,000
　　　交 通 費　　　6,000

◆問題8◆　（解答 ☞ 17頁）

次の取引の仕訳を示しなさい。

　用度係から，通信費¥5,000，消耗品費¥3,000および雑費¥1,000の小口現金の使用について報告を受け，支払額と同額の小切手を振り出して補給した。なお，定額資金前渡制度を採用している。

借 方	金 額	貸 方	金 額

(3)　小口現金出納帳

小口現金出納帳は，小口現金の補給と支払いについての明細を記録する補助簿である。

小口現金出納帳の記入方法は，次のとおりである。

① 　小切手を受け入れたときは，受入欄・日付欄・摘要欄・残高欄を記入する。

② 　支払いをしたときは，日付欄・摘要欄・支払欄・内訳欄の該当項目・残高欄を記入する。

③ 　月末または週末に支払欄と内訳欄を合計して，内訳欄のみ締め切る。

④ 　月末または週末に補給を受ける場合は，補給額を受入欄に記入し，繰越額を赤で支払欄に記入してから，受入欄と支払欄を合計して締め切る。また，翌月または翌週に補給を受ける場合は，繰越額を赤で支払欄に記入して，受入欄と支払欄を合計して締め切る。そして，翌月または翌週に補給を受けたとき，補給額を受入欄に記入する。よって，資金の補給をいつ行うかによって，小口現金出納帳の締め切り方に違いがでる。

小口現金出納帳の記入例

《週末に補給される場合》

小　口　現　金　出　納　帳

受　　入	平成 X8年		摘　　要	支　払	内　　　訳			残　高
					消耗品費	通信費	交通費	
30,000	5	10	本 日 補 給					30,000
		〃	バ ス 回 数 券	2,000			2,000	28,000
		11	コ ピ ー 用 紙	3,500	3,500			24,500
		12	電 話 料 金	7,000		7,000		17,500
		13	帳 簿・伝 票	5,500	5,500			12,000
		14	郵 便 切 手	5,000		5,000		7,000
		〃	タ ク シ ー 代	4,000			4,000	3,000
			合　　計	27,000	9,000	12,000	6,000	
27,000		14	本 日 補 給					30,000
		〃	次 週 繰 越	30,000				
57,000				57,000				
30,000	5	17	前 週 繰 越					30,000

《翌週に補給される場合》

小　口　現　金　出　納　帳

受　　入	平成 X8年		摘　　要	支　払	内　　　訳			残　高
					消耗品費	通信費	交通費	
30,000	5	10	本 日 補 給					30,000
		〃	バ ス 回 数 券	2,000			2,000	28,000
		〃	タ ク シ ー 代	4,000			4,000	3,000
			合　　計	27,000	9,000	12,000	6,000	
		14	次 週 繰 越	3,000				
30,000				30,000				
3,000	5	17	前 週 繰 越					3,000
27,000		〃	本 日 補 給					30,000

◆問題9◆　（解答 ☞ 18頁）

　次の各取引を小口現金出納帳に記入して締め切りなさい。また，解答欄に示す日付の仕訳を示しなさい。なお，定額資金前渡制度を採用しており，会計係は，用度係から毎週金曜日にその週の支払報告を受け，ただちに同額の小切手を振り出して補給している。

　9月5日（月）　郵 便 切 手　¥2,000　　　9月8日（木）　電 話 料 金　¥3,600

　　　6日（火）　文 房 具 代　¥4,500　　　　　〃　　　　　新 聞 代　¥1,200

　　　7日（水）　バ ス 回 数 券　¥3,000　　　9日（金）　タクシー代　¥3,300

小 口 現 金 出 納 帳

受　入	平成 X8年		摘　　　要	支　払	内　　　訳				残　高
					交 通 費	通 信 費	消耗品費	雑　　　費	
20,000	9	5	前 週 繰 越						20,000
			合　　　計						
			本 日 補 給						
			次 週 繰 越						
	9	12	前 週 繰 越						

	借　　　方	金　　額	貸　　　方	金　　額
9／9				

第9章

◆問題10◆　（解答 ☞ 19頁）

　次の各取引を小口現金出納帳に記入して締め切りなさい。また，解答欄に示す日付の仕訳を示しなさい。なお，定額資金前渡制度を採用しており，会計係は，用度係から毎週金曜日にその週の支払報告を受けるが，資金の補給は翌週月曜日に前週の支払額を，小切手を振り出して行っている。

9月5日（月）　茶 菓 子 代　¥1,500　　　9月7日（水）　タクシー代　¥3,800
　　6日（火）　電 話 料 金　¥5,400　　　　8日（木）　帳 簿 代　¥2,900
　　〃　　　　筆記用具代　¥2,700　　　　9日（金）　郵 便 切 手　¥2,000

小 口 現 金 出 納 帳

受　入	平成X8年		摘　　要	支　払	内　　　　訳				残　高
					交 通 費	通 信 費	消耗品費	雑　　費	
2,000	9	5	前 週 繰 越						2,000
18,000		〃	本 日 補 給						20,000
			合　　　計						
			次 週 繰 越						
	9	12	前 週 繰 越						
		〃	本 日 補 給						

	借　　方	金　　額	貸　　方	金　　額
9／5				
9				
12				

第10章

第10章　商品売買取引

1　返　　品

返品とは，商品の汚損・損傷や商品が注文したものと違っているなどの理由で，商品を返すことをいう。仕入れた側が返品することを**仕入戻し**といい，売り上げた側が返品されることを**売上戻り**という。

仕入戻しは，その金額を仕入勘定の貸方に記入する。また，売上戻りは，その金額を売上勘定の借方に記入する。

◆例題1◆

次の各取引の仕訳を示しなさい。

(1)　渋谷商店から商品¥10,000を掛けで仕入れた。

　　（借）仕　　　　　入　　　10,000　　　（貸）買　掛　金　　　10,000

(2)　上記の商品のうち¥500分が汚損していたため返品した。なお，代金は買掛金から差し引くことにした。

　　（借）買　　掛　　金　　　　500　　　（貸）仕　　　　　入　　　　500

(3)　先に品川商店に掛け売りした商品のうち，品違いのため¥1,000返品された。

　　（借）売　　　　　上　　　1,000　　　（貸）売　掛　金　　　1,000

◆問題1◆　（解答 ☞ 20頁）

次の各取引の仕訳を示しなさい。

(1)　大崎商店から商品¥40,000を仕入れ，代金のうち¥30,000は小切手を振り出して支払い，残額は掛けとした。

(2)　大崎商店から仕入れた商品のうち¥1,000分が汚損していたため返品した。なお，代金は買掛金と相殺した。

(3)　品川商店に商品¥70,000を売り上げ，代金のうち¥50,000は同店振り出しの小切手で受け取り，残額は掛けとした。

(4)　品川商店に売り上げた商品の一部に傷があったため¥2,000分が返品された。なお，代金は売掛金と相殺した。

(5)　港商店から商品¥50,000を仕入れ，代金は品川商店振り出しの小切手で支払った。

(6)　港商店から仕入れた商品のうち¥10,000分が品違いのため返品し，代金は現金で受け取った。

	借　　　方	金　　額	貸　　　方	金　　額
(1)				
(2)				
(3)				
(4)				
(5)				
(6)				

2　商品売買の付随費用

　商品を仕入れるために要した引取運賃や保険料などを**仕入諸掛**といい，商品の仕入原価に含めるため，仕入勘定の借方に記入する。よって，仕入原価は仕入代金と仕入諸掛との合計額である。

　商品を売り上げるために要した荷造費や発送運賃などを**発送諸掛**といい，**発送費勘定**（費用）の借方に記入する。なお，先方（得意先）が負担する発送諸掛を立て替えて支払った場合は，通常は売掛金に含めるが，**立替金勘定**（資産）で処理することもできる。

◆例題2◆

次の各取引の仕訳を示しなさい。

(1)　新橋商店から商品¥30,000を仕入れ，代金は掛けとした。なお，引取運賃¥1,000は現金で支払った。

（借）仕 入	31,000	（貸）買 掛 金	30,000
		現 金	1,000

(2)　赤坂商店に商品¥50,000を売り上げ，代金は掛けとした。なお，発送費¥2,000は現金で支払った。

（借）売 掛 金	50,000	（貸）売 上	50,000
発 送 費	2,000	現 金	2,000

(3)　六本木商店に商品¥50,000を売り上げ，代金は掛けとした。なお，同店が負担する約束の発送費¥2,000を現金で立替払いした。

（借）売 掛 金	52,000	（貸）売 上	50,000
		現 金	2,000

◆問題2◆　（解答 ☞ 20頁）

次の各取引の仕訳を示しなさい。

(1)　愛媛商店から商品¥40,000を掛けで仕入れた。なお，仕入諸掛¥1,000は現金で支払った。

(2)　高松商店に商品¥60,000を掛けで売り上げた。なお，発送費¥1,000は現金で支払った。

(3)　徳島商店に商品¥60,000を掛けで売り上げた。なお，徳島商店が負担する約束の発送費¥1,000を現金で立替払いした。

	借　　　方	金　　額	貸　　　方	金　　額
(1)				
(2)				
(3)				

3　3分法と分記法

⑴　3 分 法

これまで学習してきた商品売買取引の記帳は，商品を仕入れたときは**仕入勘定**で処理し，商品を売り上げたときは**売上勘定**で処理してきた。これに，後述する**繰越商品勘定**（資産）を加えて，商品売買取引の記帳を三つの勘定に分けて行う方法を**3分法**という。3分法は広く一般的に採用されている記帳方法である。

⑵　分 記 法

分記法は，商品を仕入れたときは，その仕入原価を**商品勘定**（資産）の借方に記入する。また，商品を売り上げたときは，その商品の仕入原価を商品勘定の貸方に記入し，売価が仕入原価より高い場合は**商品売買益勘定**（収益）の貸方に記入し，逆に，売価が仕入原価より低い場合は**商品売買損勘定**（費用）の借方に記入する方法である。このように，商品の売価を仕入原価と商品売買損益に分けて記帳するため分記法といわれている。

分記法は，商品の売り上げのつど，その商品の仕入原価を調べて商品売買損益を計算しなければならないので，取扱い品種が多い場合や売上回数が多い場合は煩雑となるため，一般的にはあまり採用されていない。なお，問題に指示がない限り分記法では処理しない。

◆例題3◆

次の各取引の仕訳を示しなさい。なお，商品売買は分記法によること。

⑴　広島商店から商品¥30,000を仕入れ，代金は掛けとした。

（借）商　　　　品　　30,000　　　　（貸）買　掛　金　　30,000

⑵　倉敷商店に原価¥30,000の商品を¥50,000で売り上げ，代金は掛けとした。

（借）売　掛　金　　50,000　　　　（貸）商　　　　品　　30,000
　　　　　　　　　　　　　　　　　　　　商 品 売 買 益　　20,000

◆問題3◆　（解答 ☞ 20頁）

次の各取引の仕訳を示しなさい。なお，商品売買は分記法によること。

⑴　大崎商店から商品¥20,000を仕入れ，代金は掛けとした。

⑵　大崎商店から掛けで仕入れた商品のうち¥3,000分が品違いのため返品した。

⑶　品川商店に売価@¥150（原価@¥100）の商品を100個掛けで売り上げた。

⑷　上記⑶で売り上げた商品のうち10個が不良品のため返品された。

	借　　　方	金　　額	貸　　　方	金　　額
⑴				
⑵				
⑶				
⑷				

4　仕入帳と売上帳

(1)　仕　入　帳

仕入帳は，仕入取引についての明細を記録する補助簿である。

仕入帳の記入方法は，次のとおりである。

① 仕入取引が発生した月日を日付欄に記入し，摘要欄の左側に仕入先の商店名，右側に代金の決済方法を記入する。次の行には，左から商品名・数量・単価の順に記入し，その金額を金額欄に記入する。

また，商品を2種類以上仕入れた場合は，商品別に行を変えて記入し，商品別の金額をいったん内訳欄に記入して，その合計額を金額欄に記入する。

仕入諸掛がある場合は，行を変えて記入し，商品の金額と仕入諸掛の金額はいったん内訳欄に記入して，その合計額を金額欄に記入する。

② 新たに取引が発生したら，前の取引と区別するため，摘要欄に区切線を引く。

③ 仕入戻しはすべて赤で記入する。

④ 帳簿の締め切りは，まず金額欄の黒字金額の合計額を記入し，摘要欄の右側に「**総仕入高**」と記入する。次に金額欄の赤字金額の合計額を赤で記入し，摘要欄の右側に「**仕入戻し高**」などと赤で記入する。最後に総仕入高から仕入戻し高を差し引いた金額を記入し，摘要欄の右側に「**純仕入高**」と記入する。

◆**例題4**◆

次の各取引を仕入帳に記入して締め切りなさい。

6月6日　目黒商店から次のとおり商品を仕入れ，代金のうち¥30,000は小切手を振り出して支払い，残額は掛けとした。なお，引取運賃¥2,000は現金で支払った。

Yシャツ　　50枚　　@¥2,000　　¥100,000

8日　上記商品のうち10枚が品違いのため返品した。なお，代金は買掛金から差し引くことにした。

25日　横浜商店から次のとおり商品を仕入れ，代金は掛けとした。

ネクタイ　　50本　　@¥1,000　　¥ 50,000

ベルト　　30本　　@¥1,500　　¥ 45,000

仕　　入　　帳

平成 X6年		摘　　　　　要		内　　訳	金　　額
6	6	目　黒　商　店　　　　　小切手・掛			
		Yシャツ　　　50枚　　@¥2,000		100,000	
		引取運賃現金払い		2,000	102,000
	8	**目　黒　商　店　　　　　掛　戻　し**			
		Yシャツ　　　10枚　　@¥2,000			20,000
	25	横　浜　商　店　　　　　　掛			
		ネクタイ　　　50本　　@¥1,000		50,000	
		ベルト　　　30本　　@¥1,500		45,000	95,000
	30	総　仕　入　高			197,000
	〃	**仕　入　戻　し　高**			20,000
		純　仕　入　高			177,000

◆問題4◆　（解答 ☞ 21頁）

次の各取引の仕訳を示し，仕入帳に記入して月末に締め切りなさい。

7月7日　大崎商店から次のとおり商品を仕入れ，代金のうち¥40,000は小切手を振り出して支払い，残額は掛けとした。

　　　　A商品　　30個　　@¥3,000　　¥ 90,000

　8日　上記商品に汚損があったため次のとおり返品した。なお，代金は買掛金から差し引くことにした。

　　　　A商品　　 2個　　@¥3,000　　¥　6,000

　15日　上野商店から次のとおり商品を仕入れ，代金は掛けとした。なお，引取運賃¥3,000は現金で支払った。

　　　　B商品　　20個　　@¥5,000　　¥100,000

　25日　横浜商店から次のとおり商品を仕入れ，代金は掛けとした。

　　　　A商品　　40個　　@¥3,000　　¥120,000

　　　　B商品　　10個　　@¥5,000　　¥ 50,000

	借　　方	金　額	貸　　方	金　額
7／7				
8				
15				
25				

仕　入　帳

平成 X6年	摘　　　　　　　要	内　訳	金　額
（　）（　）	（　　　　　）　（　　　　　）		
	（　　　　）（　　）（　　　　　）		（　　　　）
（　）（　）	（　　　　　）　（　　　　　）		
	（　　　　）（　　）（　　　　　）		（　　　　）
（　）（　）	（　　　　　）　（　　　　　）		
	（　　　　）（　　）（　　　　　）	（　　　）	
	（　　　　　　　）	（　　　）	（　　　　）
（　）（　）	（　　　　　）　（　　　　　）		
	（　　　　）（　　）（　　　　　）	（　　　）	
	（　　　　）（　　）（　　　　　）	（　　　）	（　　　　）
（　）	（　　　　　）		（　　　　）
（　）	（　　　　　）		（　　　　）
	（　　　　　）		（　　　　）

(2)　売　上　帳

売上帳とは，売上取引についての明細を記録する補助簿である。

売上帳の記入方法は，次のとおりである。

① 売上取引が発生した月日を日付欄に記入し，摘要欄の左側に売上先の商店名，右側に代金の決済方法を記入する。次の行には，左から商品名・数量・単価の順に記入し，その金額を金額欄に記入する。

　また，商品を2種類以上売り上げた場合は，商品別に行を変えて記入し，商品別の金額をいったん内訳欄に記入して，その合計額を金額欄に記入する。

　なお，発送諸掛を支払っても，売り上げには影響しないので売上帳には記入しない。

② 新たに取引が発生したら，前の取引と区別するため，摘要欄に区分線を引く。

③ 売上戻りはすべて赤で記入する。

④ 帳簿の締め切りは，まず金額欄の黒字金額の合計額を記入し，摘要欄の右側に「**総売上高**」と記入する。次に金額欄の赤字金額の合計額を赤で記入し，摘要欄の右側に「**売上戻り高**」などと赤で記入する。最後に総売上高から売上戻り高を差し引いた金額を記入し，摘要欄の右側に「**純売上高**」と記入する。

◆例題5◆

次の各取引を売上帳に記入して締め切りなさい。

6月8日　目白商店に次のとおり商品を売り上げ，代金のうち¥50,000は同店振り出しの小切手を受け取り，残額は掛けとした。なお，発送運賃¥2,000は現金で支払った。

　　　　　Yシャツ　　40枚　　@¥3,000　　¥120,000

　9日　上記商品のうち10枚が品違いのため返品された。なお，代金は売掛金から差し引くことにした。

　26日　新宿商店に次のとおり商品を売り上げ，代金は掛けとした。

　　　　　ネクタイ　　30本　　@¥1,500　　¥ 45,000

　　　　　ベ ル ト　　20本　　@¥2,000　　¥ 40,000

売　　上　　帳

平成X6年		摘　　　　要			内　訳	金　　額
6	8	目　白　商　店		小 切 手・掛		
		Yシャツ	40枚	@¥3,000		120,000
	9	**目　白　商　店**		**掛　戻　り**		
		Yシャツ	10枚	@¥3,000		**30,000**
	26	新　宿　商　店		掛		
		ネクタイ	30本	@¥1,500	45,000	
		ベ ル ト	20本	@¥2,000	40,000	85,000
	30			総 仕 入 高		205,000
	〃			**売 上 戻 り 高**		**30,000**
				純 売 上 高		175,000

◆問題5◆　（解答 ☞ 21頁）

次の各取引の仕訳を示し，売上帳に記入して月末に締め切りなさい。

7月8日　渋谷商店に次のとおり商品を売り上げ，代金は掛けとした。なお，発送運賃¥1,000は
　　　　現金で支払った。

　　　　　A商品　　25個　　@¥4,000　　¥100,000

　　9日　上記商品に汚損があったため次のとおり返品された。

　　　　　A商品　　3個　　@¥4,000　　¥ 12,000

　12日　神田商店に次のとおり商品を売り上げ，代金は同店振り出しの小切手を受け取った。

　　　　　A商品　　20個　　@¥4,000　　¥ 80,000
　　　　　B商品　　10個　　@¥6,000　　¥ 60,000

　26日　東京商店に次のとおり商品を売り上げ，代金は掛けとした。なお，先方が負担する約束
　　　　の発送運賃¥2,000は現金で立て替えて支払った。

　　　　　A商品　　30個　　@¥4,000　　¥120,000

	借　　　方	金　　額	貸　　　方	金　　額
7／8				
9				
12				
26				

売　上　帳

平成 X6年		摘　　　　要	内　訳	金　額
( )	( )	( )　　　　( )		
		( )　( )　( )		( )
( )	( )	( )　　　　( )		
		( )　( )　( )		( )
( )	( )	( )　　　　( )		
		( )　( )　( )	( )	
		( )　( )　( )	( )	( )
( )	( )	( )　　　　( )		
		( )　( )　( )	( )	( )
( )		( )		( )
( )		( )		( )
		( )		( )

5　売上原価と売上総利益

　日々の商品売買取引は，売上勘定および仕入勘定に記入され，その取引の明細は売上帳および仕入帳に記録される。これらにより一定期間における商品売買の取引高を把握することができる。しかし，商品を売り上げたことによって，どのくらいの利益（これを**売上総利益**または商品売買益という）が生じたかは分からない。売上総利益は，売り上げた商品の原価（これを**売上原価**という）を算出し，それを純売上高から差し引いて求める。これを等式で示すと次のとおりである。

純売上高－売上原価＝売上総利益（マイナスの場合は，売上総損失）

　当期に仕入れた商品がすべて売られているなら，当期の仕入高が売上原価となるが，通常，商品は期末に売れ残っているため，その分売上原価は少なくなる。期末に売れ残った商品を**期末商品棚卸高**といい，翌期首になるとその商品のことを**期首商品棚卸高**という。つまり，期首商品棚卸高とは，期首における手許商品のことである。

　このように，開業初年度を除き，期首には手許商品があり，当期にさらに商品を仕入れ，そして，期末に商品の有高を調べる**棚卸し**を行って，売上原価を算出することになる。売上原価の算出を等式で示すと次のようになる。

期首商品棚卸高＋純仕入高－期末商品棚卸高＝売上原価

　売上原価の算出については，次の商品有高帳でさらに述べる。

6　商品有高帳

(1)　商品有高帳の意味

　商品有高帳は，商品の受入・払出・残高についての明細を記録する補助簿で，商品の種類ごとに作成する。

　商品有高帳は，すべて原価で記入するため，払出金額の合計額は**売上原価**であり，期末日の残高は**期末商品棚卸高**を示している。

(2)　商品有高帳の記入方法

　商品有高帳の記入方法は，次のとおりである。

① 　摘要欄は，取引内容や商店名などを記入する。

② 　受入欄・払出欄・残高欄に数量・単価・金額を記入する。なお，単価と金額は仕入原価で記入する。

③ 　仕入諸掛がある場合は，仕入代金に仕入諸掛を加えた仕入原価を仕入数量で割ったものを単価とする。

④ 　仕入戻しは，払出欄にその商品の仕入れたときの単価で記入する。なお，受入欄に赤で記入する方法もある。

⑤ 　売上戻りは，受入欄にその商品の払出単価で記入する。なお，払出欄に赤で記入する方法もある。

⑥ 　月末，摘要欄に赤で次月繰越と記入し，月末の残高を払出欄に赤で記入する。次に，受入欄の数量と金額の合計が払出欄の数量と金額の合計と一致することを確認して締め切る。

(3)　先入先出法と移動平均法

　同一商品でも，仕入れの時期や取引量などにより仕入単価が異なることがある。この場合，払出単価をいくらにするかを決めなければならないが，ここではその方法として先入先出法と移動平均法について述べる。

①　先入先出法

　先入先出法とは，先に仕入れた商品から先に払い出されるものと仮定して払出単価を決める方法で，買入順法ともいう。なお，払出欄と残高欄に，仕入単価が異なるものを記入する場合は，別々の行に記入してカッコする。

② 移動平均法

移動平均法とは，単価の異なる商品を仕入れたつど，次の算式により平均単価を算出し，この平均単価をその後の払出単価とする方法をいう。

$$平均単価＝\frac{残高欄の金額＋仕入金額}{残高欄の数量＋仕入数量}$$

◆例題6◆

次のA商品の取引にもとづき，商品有高帳を先入先出法と移動平均法によって作成しなさい。また，それぞれの方法にもとづいた6月中の売上高，売上原価および売上総利益を計算しなさい。

```
6月1日　前月繰越　　10個　＠￥200　　￥2,000
    5日　仕　　入　　 5個　＠￥200　　￥1,000
   10日　売　　上　　10個　＠￥300　　￥3,000
   15日　仕　　入　　15個　＠￥210　　￥3,150
            このほかに引取運賃￥150がある。
   23日　売　　上　　13個　＠￥300　　￥3,900
```

商 品 有 高 帳

(先入先出法)　　　　　　　　　　　A商品

平成 X8年		摘　要	受　入			払　出			残　高		
			数量	単価	金額	数量	単価	金額	数量	単価	金額
6	1	前 月 繰 越	10	200	2,000				10	200	2,000
	5	仕　　　入	5	200	1,000				15	200	3,000
	10	売　　　上				10	200	2,000	5	200	1,000
	15	仕　　　入	15	220(注)	3,300				15	220	3,300
	23	売　　　上				5	200	1,000			
						8	220	1,760	7	220	1,540
	30	次 月 繰 越				7	220	1,540			
			30		6,300	30		6,300			
7	1	前 月 繰 越	7	220	1,540				7	220	1,540

(注)　（￥3,150＋￥150）÷15個＝￥220

売 上 高　6/10 ￥3,000＋6/23 ￥3,900＝￥6,900

売 上 原 価　月初商品棚卸高6/1 ￥2,000＋当月商品仕入高￥4,300(注)
　　　　　　　－月末商品棚卸高6/30 ￥1,540＝￥4,760
　　　　　（注）　6/5 ￥1,000＋6/15 ￥3,300＝￥4,300
　　　　　また，売上原価は，払出欄の　**払出合計額￥4,760**　（＝￥2,000＋￥1,000＋￥1,760）
　　　　　である。

売上総利益　売上高￥6,900－売上原価￥4,760＝￥2,140

※　6月15日の残高欄の記入については，次のように直前の残高をもう一度書き直してから15日分を記入する方法もある。

商 品 有 高 帳

(先入先出法)　　　　　　　　　　　A商品

平成 X8年		摘　要	受　入			払　出			残　高		
			数量	単価	金額	数量	単価	金額	数量	単価	金額
6	1	前 月 繰 越	10	200	2,000				10	200	2,000
	5	仕　　　入	5	200	1,000				15	200	3,000
	10	売　　　上				10	200	2,000	5	200	1,000
	15	仕　　　入	15	220	3,300				5	200	1,000
									15	220	3,300

商 品 有 高 帳

（移動平均法）　　　　　　　　　　　　A商品

平成 X8年		摘　　要	受	入		払	出		残	高	
			数量	単価	金額	数量	単価	金　額	数量	単価	金　額
6	1	前 月 繰 越	10	200	2,000				10	200	2,000
	5	仕　　入	5	200	1,000				15	200	3,000
	10	売　　上				10	200	2,000	5	200	1,000
	15	仕　　入	15	220	3,300				20	215(注)	4,300
	23	売　　上				13	215	2,795	7	215	1,505
	30	次 月 繰 越				7	215	1,505			
			30		6,300	30		6,300			
7	1	前 月 繰 越	7	215	1,505				7	215	1,505

（注）　（¥1,000＋¥3,300）÷（5個＋15個）＝¥215

売 上 高　¥6,900

売上原価　月初商品棚卸高6/1 ¥2,000＋当月商品仕入高¥4,300

　　　　　　−月末商品棚卸高6/30 ¥1,505＝¥4,795

　　　　　　また，売上原価は，払出欄の 払出合計額¥4,795 （＝¥2,000＋¥2,795）である。

売上総利益　売上高¥6,900−売上原価¥4,795＝¥2,105

◆問題6◆　（解答 ☞ 22頁）

　次のB商品の取引にもとづき，商品有高帳を先入先出法と移動平均法によって作成しなさい。なお，商品有高帳は締め切らなくて良い。

　　6月8日　仕　　入　　20個　　@¥503　　¥10,060

　　　12日　売　　上　　25個　　@¥700　　¥17,500

　　　16日　仕　　入　　35個　　@¥500　　¥17,500

　　　　　　このほかに引取運賃¥350がある。

　　　25日　売　　上　　30個　　@¥700　　¥21,000

商 品 有 高 帳

（先入先出法）　　　　　　　　　　　　B 商品

平成 X8年		摘　　要	受	入		払	出		残	高	
			数量	単価	金　額	数量	単価	金　額	数量	単価	金　額
6	1	前 月 繰 越	10	500	5,000				10	500	5,000

商 品 有 高 帳

（移動平均法）　　　　　　　　　　　　B 商品

平成 X8年		摘　　要	受	入		払	出		残	高	
			数量	単価	金　額	数量	単価	金　額	数量	単価	金　額
6	1	前 月 繰 越	10	500	5,000				10	500	5,000

◆問題7◆　（解答 ☞ 23頁）

　次の仕入帳と売上帳にもとづいて，Ｔシャツの商品有高帳を先入先出法と移動平均法によって作成しなさい。また，それぞれの方法にもとづいたＴシャツの７月中の売上総利益の計算をしなさい。なお，商品有高帳は締め切らなくて良い。

仕　入　帳

平成 X8年		摘　　　要	内　訳	金　額
7	3	大崎商店　　　　　　掛		
		Ｔシャツ　30枚　@￥305	9,150	
		引取運賃現金払い	150	9,300
	19	品川商店　　　　　　掛		
		Ｔシャツ　20枚　@￥309	6,180	
		ブラウス　10枚　@￥600	6,000	12,180

売　上　帳

平成 X8年		摘　　　要	内　訳	金　額
7	7	横浜商店　　　　　　掛		
		Ｔシャツ　40枚　@￥500		20,000
	22	川崎商店　　　　　　掛		
		Ｔシャツ　15枚　@￥500	7,500	
		ブラウス　10枚　@￥800	8,000	15,500

商　品　有　高　帳
（先入先出法）　　　　　　　　　Ｔシャツ

平成 X8年		摘　　要	受　入			払　出			残　高		
			数量	単価	金額	数量	単価	金額	数量	単価	金額
7	1	前月繰越	20	300	6,000				20	300	6,000

先入先出法によるＴシャツの７月中の売上総利益の計算

売上高（￥　　　　　　　）－売上原価（￥　　　　　　　）＝売上総利益（￥　　　　　　）

商　品　有　高　帳
（移動平均法）　　　　　　　　　Ｔシャツ

平成 X8年		摘　　要	受　入			払　出			残　高		
			数量	単価	金額	数量	単価	金額	数量	単価	金額
7	1	前月繰越	20	300	6,000				20	300	6,000

移動平均法によるＴシャツの７月中の売上総利益の計算

売上高（￥　　　　　　）－売上原価（￥　　　　　　）＝売上総利益（￥　　　　　）

◆例題7◆

　次の仕入帳と売上帳にもとづいて，商品有高帳を先入先出法によって作成しなさい。また，7月中の売上高，売上原価および売上総利益の計算をしなさい。なお，商品有高帳は締め切らなくて良い。

<table>
<tr><th colspan="3">仕　入　帳</th></tr>
<tr><th>平　成
X 8年</th><th>摘　　　　要</th><th>金　　額</th></tr>
<tr><td>7　5</td><td>上野商店　　　　　　　掛</td><td></td></tr>
<tr><td></td><td>　Ｙシャツ　30枚　@¥300</td><td>9,000</td></tr>
<tr><td>　6</td><td>上野商店　　　　　掛返品</td><td></td></tr>
<tr><td></td><td>　Ｙシャツ　5枚　@¥300</td><td>1,500</td></tr>
<tr><td>20</td><td>原宿商店　　　　　　　掛</td><td></td></tr>
<tr><td></td><td>　Ｙシャツ　20枚　@¥315</td><td>6,300</td></tr>
</table>

<table>
<tr><th colspan="3">売　上　帳</th></tr>
<tr><th>平　成
X 8年</th><th>摘　　　　要</th><th>金　　額</th></tr>
<tr><td>7　10</td><td>東北商店　　　　　　　掛</td><td></td></tr>
<tr><td></td><td>　Ｙシャツ　30枚　@¥500</td><td>15,000</td></tr>
<tr><td>25</td><td>四国商店　　　　　　　掛</td><td></td></tr>
<tr><td></td><td>　Ｙシャツ　17枚　@¥520</td><td>8,840</td></tr>
<tr><td>26</td><td>四国商店　　　　　掛返品</td><td></td></tr>
<tr><td></td><td>　Ｙシャツ　2枚　@¥520</td><td>1,040</td></tr>
</table>

商　品　有　高　帳

（先入先出法）　　　　　　　　　　Ｙシャツ

平　成 X 8年	摘　　要	受　　入			払　　出			残　　高		
		数量	単　価	金　額	数量	単　価	金　額	数量	単　価	金　額
7　1	前 月 繰 越	10	290	2,900				10	290	2,900
5	上 野 商 店	30	300	9,000				30	300	9,000
6	上野商店掛返品				5	300	1,500	10	290	2,900
								25	300	7,500
10	東 北 商 店				10	290	2,900			
					20	300	6,000	5	300	1,500
20	原 宿 商 店	20	315	6,300				20	315	6,300
25	四 国 商 店				5	300	1,500			
					12	315	3,780	8	315	2,520
26	四国商店掛返品	2	315(注)	630				10	315	3,150

（注）　2個の返品で，結果として15個の払出数量となるが，この場合でも，先に仕入れた単価¥300の5個は払い出されるので，後から仕入れた分を戻し入れる。

売　上　高　　7/10 ¥15,000＋7/25 ¥8,840－7/26 ¥1,040＝¥22,800

売　上　原　価　　月初商品棚卸高¥2,900＋当月商品仕入高¥13,800(注)－月末商品棚卸高¥3,150

　　　　　　　　＝¥13,550

　　　　　　　　（注）　7/5 ¥9,000－7/6 ¥1,500＋7/20 ¥6,300＝¥13,800

　　　　　　　　また，売上原価は，払出欄の仕入返品を除いた払出合計額¥13,550（＝¥2,900＋¥6,000＋¥1,500＋¥3,780）から売上返品¥630を差し引いた金額である。

売上総利益　　売上高¥22,800－売上原価¥13,550＝¥9,250

◆**問題8**◆　（解答 ☞ 24頁）

　次の仕入帳と売上帳にもとづいて，商品有高帳を先入先出法と移動平均法によって作成しなさい。また，それぞれの方法にもとづいた9月中の売上総利益の計算をしなさい。なお，商品有高帳は締め切らなくて良い。

<table>
<tr><th colspan="4">仕　入　帳</th></tr>
<tr><th colspan="2">平 成
X 8年</th><th>摘　　　　要</th><th>金　　額</th></tr>
<tr><td>9</td><td>5</td><td>南野商店　　　　　　　掛</td><td></td></tr>
<tr><td></td><td></td><td>ブラウス　50枚　@¥7,000</td><td>350,000</td></tr>
<tr><td></td><td>6</td><td>南野商店　　　　　　掛返品</td><td></td></tr>
<tr><td></td><td></td><td>ブラウス　10枚　@¥7,000</td><td>70,000</td></tr>
<tr><td></td><td>22</td><td>北野商店　　　　　　　掛</td><td></td></tr>
<tr><td></td><td></td><td>ブラウス　20枚　@¥7,100</td><td>142,000</td></tr>
</table>

<table>
<tr><th colspan="4">売　上　帳</th></tr>
<tr><th colspan="2">平 成
X 8年</th><th>摘　　　　要</th><th>金　　額</th></tr>
<tr><td>9</td><td>12</td><td>杉田商店　　　　　　　掛</td><td></td></tr>
<tr><td></td><td></td><td>ブラウス　30枚　@¥9,000</td><td>270,000</td></tr>
<tr><td></td><td>27</td><td>磯子商店　　　　　　　掛</td><td></td></tr>
<tr><td></td><td></td><td>ブラウス　25枚　@¥9,100</td><td>227,500</td></tr>
</table>

商 品 有 高 帳

（先入先出法）　ブラウス

平 成 X 8年		摘　要	受　　入			払　　出			残　　高		
			数 量	単 価	金 額	数 量	単 価	金 額	数 量	単 価	金 額
9	1	前 月 繰 越	10	6,880	68,800				10	6,880	68,800

先入先出法によるブラウスの9月中の売上総利益の計算

売上高（¥　　　　　　）－売上原価（¥　　　　　　）＝売上総利益（¥　　　　　　）

商 品 有 高 帳

（移動平均法）　ブラウス

平 成 X 8年		摘　要	受　　入			払　　出			残　　高		
			数 量	単 価	金 額	数 量	単 価	金 額	数 量	単 価	金 額
9	1	前 月 繰 越	10	6,880	68,800				10	6,880	68,800

移動平均法によるブラウスの9月中の売上総利益の計算

売上高（¥　　　　　　）－売上原価（¥　　　　　　）＝売上総利益（¥　　　　　　）

第10章

7　仕入勘定による売上原価の算出

(1)　仕入勘定の役割と繰越商品勘定

　上記5でも述べたとおり，商品売買取引は，売上勘定および仕入勘定に記入されるが，この記帳だけでは，商品を売り上げたことによって，どのくらいの売上総利益が生じたかは分からない。売上総利益は，計算上，純売上高から売上原価を差し引いて算出される。このうち純売上高については売上勘定の残高がそれを示しているが，売上原価については，商品売買取引を記帳する勘定（つまり，3分法の仕入勘定・売上勘定・繰越商品勘定）のいずれにも示されていないのである。そのため，決算日に売上原価を算出するための場所（勘定口座）が必要となるが，3分法には**売上原価勘定**はないので，仕入勘定で売上原価を算出することになる。つまり，仕入勘定には二つの役割があり，一つは，期中における仕入取引を記帳すること。もう一つの役割は，決算日に売上原価を算出する場所になることである。仕入勘定で算出された売上原価は売上勘定の純売上高とともに損益計算書に記入され，それにより売上総利益が損益計算書上で計算されるのである。なお，仕入勘定で売上原価を算出するためには，売上原価に修正する仕訳を行わなければならない。この修正仕訳は次の(2)で述べる。また，この売上原価の算出は，決算整理事項の一つである。

　次に，商品有高帳によって求められた期末商品棚卸高も勘定上，示されていないので，決算日に期末商品棚卸高を**繰越商品勘定**の借方に記帳する。繰越商品勘定は，記帳された期末商品棚卸高を次期に繰り越すために繰越商品勘定の貸方に赤で，決算日・「次期繰越」と期末商品棚卸高を記入し，貸借の合計を一致させて締め切り，さらに，翌期首の日付で，「前期繰越」と繰越額を記入する。その結果，繰越商品勘定は，期末に修正されるまで期首商品棚卸高を示していることになる。なお，売上原価に修正する決算整理仕訳を行うことで，同時に期末の繰越商品勘定は期末商品棚卸高を示すことになるが，その説明は次で述べる。

(2)　3分法における売上原価の算出

　売上原価の算出の等式は，次のとおりである。

> 期首商品棚卸高＋純仕入高－期末商品棚卸高＝売上原価

　この等式と同じことを仕入勘定上でも行えば，仕入勘定で売上原価を算出することができる。まず，繰越商品勘定残高（期首商品棚卸高）を仕入勘定（純仕入高）の借方に振り替える。これで，仕入勘定の借方は，上記等式の「期首商品棚卸高＋純仕入高」と同じことになる。次に期末商品棚卸高を仕入勘定から差し引いて繰越商品勘定の借方に振り替える。これによって，仕入勘定の貸方に期末商品棚卸高が記入され，それは上記等式の「－期末商品棚卸高」と同じことになり，仕入勘定の残高は売上原価を示すことになる。また，同時に繰越商品勘定の残高は期末商品棚卸高を示すことになる。この振替仕訳を示すと次のようになる。

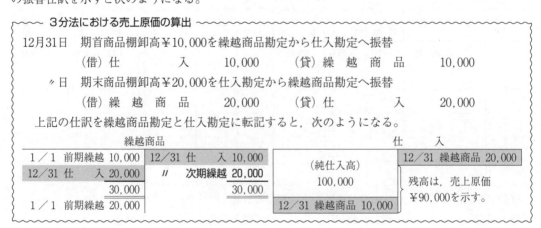

(3)　決算振替仕訳

　売上原価に修正する決算整理仕訳を行ったあと，売上勘定と仕入勘定の各勘定残高を損益勘定に振り替える。この決算振替仕訳と勘定への転記を示すと，次のようになる。

―― **決算振替仕訳と勘定への転記** ――

　次の仕入勘定と売上勘定を損益勘定に振り替えるための決算振替仕訳と転記は，次のようになる。

《**振　替　前**》

仕　　入				売　　上		
（純仕入高）	100,000	12／31 繰越商品	20,000		（純売上高）	120,000
12／31 繰越商品	10,000					

《**決算振替仕訳**》

12月31日　売上勘定を損益勘定に振替

　　　　　　（借）売　　　　　上　　120,000　　　（貸）損　　　　　益　　120,000

　　　〃日　仕入勘定を損益勘定に振替

　　　　　　（借）損　　　　　益　　　90,000　　　（貸）仕　　　　　入　　　90,000

《**振　替　後**》

仕　　入				売　　上		
（純仕入高）	100,000	12／31 繰越商品	20,000	12／31 損　益	120,000	（純売上高）	120,000
12／31 繰越商品	10,000	〃　損　　益	90,000			
	110,000		110,000			

損　　益	
12／31 仕　　入　90,000	
	12／31 売　　上　120,000
売上総利益￥30,000を示す。	

　また，上記の損益勘定をもとに，損益計算書を作成すると次のようになる。

損　益　計　算　書

売　上　原　価	50,000	売　　上　　高	120,000
売　上　原　価	90,000	売　　上　　高	120,000

　なお，損益勘定の仕入と売上を損益計算書に記入する場合は，その内容を示すため，仕入は**売上原価**，売上は**売上高**として表示する。

　また，繰越商品勘定を貸借対照表に記入する場合は，**商品**として表示する。

◆**問題9**◆　（解答 ☞ 25頁）

　次の各勘定記録にもとづいて，(1)決算整理仕訳と(2)売上勘定・仕入勘定を損益勘定に振り替えるための決算振替仕訳を行い，各勘定に転記して締め切りなさい。ただし，損益勘定は締め切らなくて良い。また，売上原価および売上総利益を計算しなさい。なお，期末商品棚卸高は￥5,000である（決算日は12月31日）。

	借　　　方	金　　額	貸　　　方	金　　額
(1)				
(2)				

繰 越 商 品

1／1　前 期 繰 越	3,000	12/31 （	） （	）
12/31 （	） （	）	〃 （	） （	）
		（	）		（	）
1／1 （	） （	）		

仕　　　　入

	50,000		1,000
12/31 （	） （	）	12/31 （	） （	）
			〃 （	） （	）
	（	）		（	）

売　　　　上

	2,000		82,000
12/31 （	） （	）		
	（	）		（	）

損　　　　益

12/31 （	） （	）	12/31 （	） （	）

売上原価の計算

期首商品棚卸高	（	）
当期商品仕入高	（	）
合　　　計	（	）
期末商品棚卸高	（	）
売　上　原　価	（	）

売上総利益の計算

売　　上　　高	（	）
売　上　原　価	（	）
売　上　総　利　益	（	）

◆問題10◆　（解答 ☞ 26頁）

次の各勘定の（　　）の中に適切な用語または金額を記入しなさい。

繰　越　商　品

1／1　前期繰越	5,000	12/31　（　　　　）	（　　　　）
12/31　（　　　　）（　　　　）		〃　（　　　　）	（　　　　）
	（　　　　）		（　　　　）
1／1　前期繰越	7,000		

仕　　　入

	70,000	12/31　（　　　　）	（　　　　）
12/31　（　　　　）（　　　　）		〃　（　　　　）	（　　　　）
	（　　　　）		（　　　　）

売　　　上

12/31　（　　　　）（　　　　）			90,000

損　　　益

12/31　（　　　　）（　　　　）		12/31　（　　　　）（　　　　）	

(4)　8桁精算表

決算整理事項がある場合は，その決算整理仕訳を各勘定に反映させるため，6桁精算表に**修正記入欄**（または**整理記入欄**）を設けた**8桁精算表**を作成することになる。

◆例題8◆

次の決算整理事項にもとづいて，決算整理仕訳を行い，精算表に必要な記入をしなさい。

（決算整理事項）

期末商品棚卸高は¥4,000である。なお，売上原価は，「仕入」の行で計算すること。

精　算　表

勘定科目	残高試算表		修正記入		損益計算書		貸借対照表	
	借　方	貸　方	借　方	貸　方	借　方	貸　方	借　方	貸　方
⋮								
繰　越　商　品	3,000							
売　　　　上		70,000						
仕　　　　入	50,000							

《決算整理仕訳》

　　（借）仕　　　　入　　　3,000　　　（貸）繰　越　商　品　　　3,000
　　　　　繰　越　商　品　　　4,000　　　　　仕　　　　入　　　4,000

《記　入　後》

精　算　表

勘定科目	残高試算表		修正記入		損益計算書		貸借対照表	
	借　方	貸　方	借　方	貸　方	借　方	貸　方	借　方	貸　方
⋮								
繰　越　商　品	3,000		⊕4,000	⊖3,000			4,000(注1)	
売　　　　上		70,000				70,000		
仕　　　　入	50,000		⊕3,000	⊖4,000	49,000(注2)			

（注1）　¥4,000は，期末商品棚卸高を示している。
（注2）　¥49,000は，売上原価を示している。

◆問題11◆　（解答 ☞ 26頁）

次の精算表に必要な記入をしなさい。なお，期末商品棚卸高は￥5,000で，売上原価は「仕入」の行で計算すること。

精　算　表

勘 定 科 目	残高試算表		修 正 記 入		損 益 計 算 書		貸 借 対 照 表	
	借 方	貸 方	借 方	貸 方	借 方	貸 方	借 方	貸 方
⋮								
繰 越 商 品	6,000		（　　　）	（　　　）			（　　　）	
売　　　　　上		80,000				（　　　）		
仕　　　　　入	60,000		（　　　）	（　　　）	（　　　）			

◆問題12◆　（解答 ☞ 27頁）

次の精算表に必要な記入をしなさい。なお，期末商品棚卸高は￥7,000で，売上原価は「仕入」の行で計算すること。

精　算　表

勘 定 科 目	残高試算表		修 正 記 入		損 益 計 算 書		貸 借 対 照 表	
	借 方	貸 方	借 方	貸 方	借 方	貸 方	借 方	貸 方
⋮								
繰 越 商 品	5,000							
売　　　　　上		90,000						
仕　　　　　入	70,000							

◆問題13◆　（解答 ☞ 27頁）

次の決算整理事項にもとづいて，決算整理仕訳を行い，精算表を完成しなさい。

（決算整理事項）

(1)　現金過不足勘定の残高は，原因不明のため雑損として処理する。

(2)　期末商品棚卸高は¥4,000である。なお，売上原価は「仕入」の行で計算すること。

	借　　方	金　額	貸　　方	金　額
(1)				
(2)				

精　算　表

勘定科目	残高試算表 借方	残高試算表 貸方	修正記入 借方	修正記入 貸方	損益計算書 借方	損益計算書 貸方	貸借対照表 借方	貸借対照表 貸方
現　　金	48,750							
現金過不足	50							
売　掛　金	23,000							
繰越商品	3,000							
土　　地	70,000							
買　掛　金		25,000						
未　払　金		35,000						
資　本　金		78,000						
繰越利益剰余金		2,000						
売　　上		100,000						
仕　　入	90,000							
給　　料	5,200							
	240,000	240,000						
雑　　損								
当期純（　）								

◆問題14◆　（解答 ☞ 28頁）

　次の決算整理事項にもとづいて，決算整理仕訳を行い，精算表，損益計算書および貸借対照表を完成しなさい。なお，会計期間は，平成Ｘ７年４月１日から平成Ｘ８年３月31日である。

（決算整理事項）

（1）　決算日における現金の実際有高は¥57,000であったが，不足額の原因は不明のため雑損として処理する。

（2）　期末商品棚卸高は¥8,000である。なお，売上原価は「仕入」の行で計算すること。

	借　　方	金　　額	貸　　方	金　　額
(1)				
(2)				

精　算　表
平成Ｘ８年３月31日

勘定科目	残高試算表 借方	残高試算表 貸方	修正記入 借方	修正記入 貸方	損益計算書 借方	損益計算書 貸方	貸借対照表 借方	貸借対照表 貸方
現　　　　　金	58,000							
売　掛　金	23,000							
繰　越　商　品	6,000							
土　　　　　地	100,000							
買　掛　金		42,000						
借　入　金		50,000						
資　本　金		90,000						
繰越利益剰余金		10,000						
売　　　　　上		200,000						
受　取　手　数　料		8,000						
仕　　　　　入	180,000							
給　　　　　料	32,600							
支　払　利　息	400							
	400,000	400,000						
雑　　　　　損								
当期純（　　）								

損　益　計　算　書
平成Ｘ７年４月１日から平成Ｘ８年３月31日まで

費　用	金　額	収　益	金　額

貸　借　対　照　表
平成Ｘ８年３月31日

資　産	金　額	負債・純資産	金　額

第11章　売掛金・買掛金

1　売掛金元帳

　売掛金元帳（または**得意先元帳**）は，売掛金の明細や増減を得意先ごとに記録する補助簿である。この売掛金元帳には，得意先の商店名などを勘定科目とする**人名勘定**を設け，そこに得意先ごとの売掛金の明細や増減を記録する。

　売掛金元帳に記入することで，**売掛金勘定**による売掛金全体の増減や残高を知るだけではなく，得意先ごとの売掛金の明細・増減・残高を把握することができることになる。

　また，売掛金元帳を設けることで，売掛金に関する取引は，売掛金勘定と売掛金元帳の人名勘定に記入されるので，売掛金勘定の借方合計・貸方合計は，売掛金元帳の各人名勘定の借方合計・貸方合計の総合計と一致することになる。つまり，売掛金勘定は，売掛金元帳の各人名勘定の記入内容をまとめて示す勘定となり，このような勘定を**統制勘定**という。

　なお，得意先ごとの売掛金残高をまとめた明細表を**売掛金明細表**といい，これは，売掛金勘定と人名勘定への記入が正しく行われたかを検証するために作成される。

◆例題1◆

　次の各取引の仕訳をし，売掛金勘定と売掛金元帳に記入して締め切りなさい。また，売掛金明細表を作成しなさい。

　4月1日　売掛金の前期繰越額￥20,000（水戸商店￥12,000，杉並商店￥8,000）

　　10日　水戸商店に￥70,000，杉並商店に￥50,000の商品を掛けで売り上げた。

　　　　　（借）売　　掛　　金　120,000　　　（貸）売　　　　上　120,000

　　13日　水戸商店に掛けで売り上げた商品の一部が損傷していたため￥3,000分返品された。

　　　　　（借）売　　　　上　3,000　　　（貸）売　　掛　　金　3,000

　　28日　売掛金の回収として，水戸商店から￥65,000，杉並商店から￥45,000をそれぞれ現金で受け取った。

　　　　　（借）現　　　　金　110,000　　　（貸）売　　掛　　金　110,000

総 勘 定 元 帳
売　掛　金

4／1	前 期 繰 越		20,000	4／13	売　　　上	3,000
10	売　　　上		120,000	28	現　　　金	110,000
				30	次 期 繰 越	27,000
			140,000			140,000
5／1	前 期 繰 越		27,000			

売 掛 金 元 帳
水 戸 商 店

平成X8年		摘　　要	借　方	貸　方	借または貸	残　高
4	1	前 月 繰 越	12,000		借	12,000
	10	売　　上	70,000		〃	82,000
	13	返　品		3,000	〃	79,000
	28	現 金 受 け 取 り		65,000	〃	14,000
	30	次 月 繰 越		14,000		
			82,000	82,000		
5	1	前 月 繰 越	14,000		借	14,000

杉 並 商 店

平成X8年		摘　　　要	借　方	貸　方	借または貸	残　高
4	1	前 月 繰 越	8,000		借	8,000
	10	売　　　上	50,000		〃	58,000
	28	現 金 受 け 取 り		45,000	〃	13,000
	30	次 月 繰 越		13,000		
			58,000	58,000		
5	1	前 月 繰 越	13,000		借	13,000

※　売掛金勘定残高の¥27,000は，水戸商店の残高¥14,000と杉並商店の残高¥13,000との合計額¥27,000と一致する。

売 掛 金 明 細 表

	4月1日	4月30日
水 戸 商 店	¥　12,000	¥　14,000
杉 並 商 店	8,000	13,000
	¥　20,000	¥　27,000

◆問題1◆　（解答 ☞ 29頁）

　次の各取引を売掛金元帳（杉田商店）に記入して，5月31日付で締め切りなさい。また，売掛金明細表を作成しなさい。

　5月1日　売掛金の前月繰越額¥30,000（杉田商店¥20,000，磯子商店¥10,000）

　　　3日　杉田商店に¥60,000，磯子商店に¥50,000の商品を掛けで売り上げた。

　　　5日　杉田商店に掛けで売り上げた商品のうち¥5,000は，不良品だったため返品された。

　　16日　杉田商店から¥70,000，磯子商店から¥40,000を，それぞれ売掛金の回収として現金で受け取った。

売 掛 金 元 帳
杉 田 商 店

平成X8年		摘　　　要	借　方	貸　方	借または貸	残　高
5	1	前 月 繰 越				

売 掛 金 明 細 表

	5月1日	5月31日
杉 田 商 店	¥　20,000	（¥　　　　）
磯 子 商 店	10,000	（　　　　　）
	¥　30,000	（¥　　　　）

2　買掛金元帳

買掛金元帳（または**仕入先元帳**）は，買掛金の明細や増減を仕入先ごとに記録する補助簿である。この買掛金元帳には，仕入先の商店名などを勘定科目とする人名勘定を設け，そこに仕入先ごとの買掛金の明細や増減を記録する。

買掛金元帳に記入することで，**買掛金勘定**による買掛金全体の増減や残高を知るだけではなく，仕入先ごとの買掛金の明細・増減・残高を把握することができることになる。

また，買掛金元帳を設けることで，買掛金に関する取引は，買掛金勘定と買掛金元帳の人名勘定に記入されるので，買掛金勘定の借方合計・貸方合計は，買掛金元帳の各人名勘定の借方合計・貸方合計の総合計と一致することになる。つまり，売掛金勘定と同様に，買掛金勘定も買掛金元帳の人名勘定を統括する統制勘定である。

なお，仕入先ごとの買掛金残高をまとめた明細表を**買掛金明細表**といい，これは，買掛金勘定と人名勘定への記入が正しく行われたかを検証するために作成される。

◆例題2◆

次の各取引の仕訳をし，買掛金勘定と買掛金元帳に記入して締め切りなさい。また，買掛金明細表を作成しなさい。

4月1日　買掛金の前期繰越額￥25,000（群馬商店￥15,000，高崎商店￥10,000）

11日　群馬商店から￥60,000，高崎商店から￥50,000の商品を掛けで仕入れた。

（借）仕　　　　　入　　110,000　　　（貸）買　　掛　　金　　110,000

13日　群馬商店から掛けで仕入れた商品のうち￥5,000は，不良品だったため返品した。

（借）買　　掛　　金　　5,000　　　（貸）仕　　　　　入　　5,000

26日　買掛金の支払いとして，群馬商店に￥65,000，高崎商店に￥52,000をそれぞれ現金で支払った。

（借）買　　掛　　金　　117,000　　　（貸）現　　　　　金　　117,000

総 勘 定 元 帳
買 　 掛 　 金

4／13	仕　　　　　入	5,000	4／1	前　期　繰　越	25,000
26	現　　　　　金	117,000	11	仕　　　　　入	110,000
30	次　期　繰　越	13,000			
		135,000			135,000
			5／1	前　期　繰　越	13,000

買 　 掛 　 金 　 元 　 帳
群 　 馬 　 商 　 店

平成X8年		摘　　　　　要	借　　　方	貸　　　方	借または貸	残　　　高
4	1	前　月　繰　越		15,000	貸	15,000
	11	売　　　　　上		60,000	〃	75,000
	13	返　　　　　品	5,000		〃	70,000
	26	現　金　で　支　払　い	65,000		〃	5,000
	30	次　月　繰　越	5,000			
			75,000	75,000		
5	1	前　月　繰　越		5,000	貸	5,000

高 崎 商 店

平成 X8年		摘　　　　要	借　　方	貸　　方	借または貸	残　　高
4	1	前 月 繰 越		10,000	貸	10,000
	11	仕　　　入		50,000	〃	60,000
	26	現 金 で 支 払 い	52,000		〃	8,000
	30	次 月 繰 越	8,000			
			60,000	60,000		
5	1	前 月 繰 越		8,000	貸	8,000

※　買掛金勘定残高の¥13,000は，群馬商店の残高¥5,000と高崎商店の残高¥8,000との合計額
　　¥13,000と一致する。

買 掛 金 明 細 表

	4月1日	4月30日
群 馬 商 店	¥　　15,000	¥　　5,000
高 崎 商 店	10,000	8,000
	¥　　25,000	¥　　13,000

◆問題2◆　（解答 ☞ 29頁）

　次の各取引を買掛金元帳（伊豆商店）に記入して，5月31日付で締め切りなさい。また，買掛金明
細表を作成しなさい。

　5月1日　買掛金の前月繰越額¥32,000（伊豆商店¥18,000，静岡商店¥14,000）

　　8日　伊豆商店から¥50,000，静岡商店から¥47,000の商品を掛けで仕入れた。

　　9日　伊豆商店から掛けで仕入れた商品の一部が品質不良だったため，¥4,000分返品した。

　　20日　買掛金の支払いとして，伊豆商店に¥55,000，静岡商店に¥50,000を，それぞれ小切手
　　　　　を振り出して支払った。

買 掛 金 元 帳

伊 豆 商 店

平成 X8年		摘　　　　要	借　　方	貸　　方	借または貸	残　　高
5	1	前 月 繰 越				

買 掛 金 明 細 表

	5月1日	5月31日
伊 豆 商 店	¥　　18,000	（¥　　　　　）
静 岡 商 店	14,000	（　　　　　　）
	¥　　32,000	（¥　　　　　）

76

3 クレジット売掛金

商品を販売したさい，代金がクレジットカードで決済された場合は，取引先に対する売掛金ではなく，信販会社（クレジットカード会社）に対する債権になる。よって，通常の売掛金と区別するため**クレジット売掛金勘定**（資産）を用いて処理する。また，クレジット払いの条件で販売した場合の信販会社に対する手数料は，**支払手数料勘定**（費用）で処理する。

◆例題3◆

次の各取引の仕訳を示しなさい。

(1) 商品￥60,000をクレジット払いの条件で販売した。なお，信販会社へのクレジット手数料（販売代金の2％）は販売時に計上する。

（借）クレジット売掛金　　58,800　　　　（貸）売　　　　　上　　60,000
　　　支 払 手 数 料　　　1,200
（注）　支払手数料　￥60,000×2％＝￥1,200

(2) 上記(1)につき，信販会社から手数料を差し引いた手取金が当社の当座預金に入金された。

（借）当 座 預 金　　58,800　　　　（貸）クレジット売掛金　　58,800

◆問題3◆　（解答 ☞ 30頁）

次の各取引の仕訳を示しなさい。

(1) 商品￥100,000をクレジット払いの条件で販売した。なお，信販会社への手数料（販売代金の3％）は販売時に計上する。

(2) 上記(1)につき，信販会社から手数料を差し引いた手取金が当社の当座預金に入金された。

(3) 商品￥300,000をクレジット払いの条件で販売した。なお，信販会社へのクレジット手数料（販売代金の2％）は入金時に計上する。

	借　　方	金　　額	貸　　方	金　　額
(1)				
(2)				
(3)				

4 人 名 勘 定

通常は，売掛金勘定の明細として売掛金元帳を設けて，得意先ごとの売掛金の増減や残高を把握するが，得意先が少ない場合は，売掛金勘定の代わりに**人名勘定**（商店名など）を用いて仕訳をすることがある。買掛金勘定においても同様であるが，問題に指示がない限り人名勘定では処理しない。

◆例題4◆

次の各取引の仕訳を示しなさい。ただし，売掛金と買掛金については人名勘定を用いること。

(1) 大崎商店から商品￥30,000を仕入れ，代金は掛けとした。

（借）仕　　　　　入　　30,000　　　　（貸）大 崎 商 店　　30,000

(2) 東京商店に対する売掛金の回収として，同店振り出しの小切手￥20,000を受け取った。

（借）現　　　　　金　　20,000　　　　（貸）東 京 商 店　　20,000

第11章

◆問題4◆ （解答 ☞ 30頁）

次の各取引の仕訳を示しなさい。ただし，売掛金と買掛金については人名勘定を用いること。

(1) 群馬商店に商品¥47,000を掛けで売り上げた。

(2) 杉田商店に掛けで売り上げた商品のうち¥3,000が品違いだったため返品された。

(3) 伊豆商店に対する買掛金の支払いとして，小切手¥20,000を振り出して支払った。

	借　　　方	金　　額	貸　　　方	金　　額
(1)				
(2)				
(3)				

5　貸倒損失

　売掛金，受取手形および電子記録債権（第12章で述べる）などの**売上債権**が，得意先の倒産などにより，回収が不能になることを**貸倒れ**という。貸倒れが生じたときは，その回収不能額を売掛金や受取手形から減少させ，その金額を損失として処理する。この損失を貸倒損失といい，**貸倒損失勘定**（費用）で処理する。

◆例題5◆

次の取引の仕訳を示しなさい。

東野商店が倒産したため，同店に対する売掛金¥10,000が貸倒れとなった。

　　　（借）貸 倒 損 失　　　10,000　　　（貸）売 　掛 　金　　　10,000

◆問題5◆ （解答 ☞ 30頁）

次の取引の仕訳を示しなさい。

長岡商店が倒産し，同店に対する売掛金¥20,000が回収不能となったため貸倒れ処理した。

借　　　方	金　　額	貸　　　方	金　　額

6　貸倒引当金

(1)　貸倒引当金

　売掛金や受取手形の期末残高が，次期において貸倒れとなった場合，その損失（費用）は次期における売上収益に対応しているものではなく，当期の売上収益に対応しているので，当期の費用として計上すべきである。そこで，決算日において，売掛金や受取手形の期末残高に貸倒れが予想される場合，その貸倒れを見積もり，これを当期の費用としてあらかじめ計上するために，**貸倒引当金繰入勘定**（費用）の借方に記入する。また，この貸倒見積額は，その分だけ売掛金や受取手形の回収額が少なくなることを意味するが，まだ実際に貸倒れたわけではないので，直接，売掛金や受取手形を減少させることはできないため，**貸倒引当金勘定**（評価勘定）の貸方に記入する。なお，**評価勘定**とは，貸倒引当金勘定のように，ある勘定の残高から差し引いて，その勘定の金額を正しい評価額に修正するための勘定をいう。この貸倒れの見積もりは，決算整理事項の一つである。

　また，貸倒見積額は，過去の貸倒実績率や税法に定められた率を用いて計算する。

◆例題6◆

東野商店の次の取引を仕訳し，貸倒引当金繰入勘定と貸倒引当金勘定に転記しなさい。

12月31日　第1期の決算にあたり，売掛金残高¥300,000に対して2％の貸倒れを見積もった。

（借）貸 倒 引 当 金 繰 入　　6,000　　　（貸）貸 倒 引 当 金　　6,000

（注）　貸倒見積額　¥300,000×2％＝¥6,000

貸倒引当金繰入	貸倒引当金
12／31 貸倒引当金 6,000	12／31 貸倒引当金繰入 6,000

売　　掛　　金
期末残高 ¥300,000

※　売掛金の期末残高から貸倒見積額を差し引いた金額が，次期における売掛金の見積回収可能額となる。

◆問題6◆　（解答 ☞ 30頁）

次の取引を仕訳しなさい。

12月31日　第1期の決算にあたり，売掛金残高¥200,000に対して2％の貸倒れを見積もった。

借　　　　方	金　　額	貸　　　　方	金　　額

(2)　翌期の貸倒れ処理

翌期において，前期末残高の売掛金が実際に貸倒れとなった場合は，貸倒金額を貸倒引当金勘定の借方に記入するとともに，売掛金勘定の貸方に記入する。ただし，貸倒金額が貸倒引当金勘定の残高よりも多い場合は，その超過額を貸倒損失勘定の借方に記入する。

なお，当期の売り上げに対する売掛金が当期に貸倒れとなった場合は，この売掛金については前期末に貸倒引当金を計上していないので，貸倒損失勘定で処理することになる。

◆例題7◆

次の取引を仕訳しなさい。

(1)　得意先の杉田商店が倒産し，同店に対する売掛金¥4,000が回収不能となった。ただし，貸倒引当金勘定の残高は¥6,000である。

（借）貸 倒 引 当 金　　4,000　　　（貸）売　　掛　　金　　4,000

（注）　特に指示がない限り，貸倒れた売掛金は，前期末残高のものと考える。

(2)　得意先の秋元商店が倒産し，前期より繰り越した売掛金¥8,000が貸倒れとなった。ただし，貸倒引当金勘定の残高は¥6,000である。

（借）貸 倒 引 当 金　　6,000　　　（貸）売　　掛　　金　　8,000
　　　貸 倒 損 失　　2,000

(3)　水戸商店に商品¥5,000を当期に掛売りしていたが，同店が倒産し，全額が貸倒れとなった。なお，貸倒引当金勘定の残高は¥10,000である。

（借）貸 倒 損 失　　5,000　　　（貸）売　　掛　　金　　5,000

(3)　償却債権取立益

過年度において貸倒れ処理していた売掛金の一部または全部を，当期に回収することができた場合は，**償却債権取立益勘定**（収益）の貸方に記入する。

第11章

79

◆例題8◆

次の取引の仕訳を示しなさい。

前期に貸倒れ処理していた磯子商店に対する売掛金のうち，¥10,000を現金で回収した。

　　（借）現　　　　　金　　　10,000　　　　（貸）償却債権取立益　　　10,000

◆問題7◆　（解答 ☞ 31頁）

次の各取引の仕訳を示しなさい。

(1)　福岡商店が倒産し，同店に対する売掛金¥20,000が回収不能となったため貸倒れ処理した。ただし，当店は，貸倒引当金の設定をしていなかった。

(2)　第1期の決算にあたり，売掛金残高¥500,000に対して1％の貸倒引当金を見積もった。

(3)　伊豆商店が倒産したため，同店に対する売掛金¥20,000が貸倒れとなった。ただし，貸倒引当金勘定の残高は¥30,000である。

(4)　得意先の群馬商店が倒産し，同店に対する売掛金¥40,000が回収不能となった。ただし，貸倒引当金勘定の残高は¥35,000である。

(5)　当期に商品¥30,000を掛けで販売していた上野商店が倒産し，同店に対する売掛金¥30,000が貸倒れとなった。なお，貸倒引当金の残高は¥50,000である。

(6)　得意先の品川商店が倒産し，同店に対する売掛金¥50,000が貸倒れとなった。なお，このうち¥10,000は当期に売り上げたものである。また，貸倒引当金勘定の残高は¥45,000である。

(7)　前期に倒産した宮崎商店から，前期に貸倒れ処理していた売掛金の一部¥6,000を現金で回収した。

(8)　当期に貸倒れ処理していた鹿児島商店に対する売掛金¥50,000のうち，¥20,000を現金で回収した。なお，貸倒れたときは，貸倒引当金を¥50,000減少させて処理していた。

(9)　2年前に貸倒れ処理していた原宿商店に対する売掛金¥60,000のうち，¥10,000を現金で回収した。

	借　　方	金　　額	貸　　方	金　　額
(1)				
(2)				
(3)				
(4)				
(5)				
(6)				
(7)				
(8)				
(9)				

(4) 差額補充法

差額補充法とは，決算にあたり，貸倒引当金を設定するとき，期末における貸倒見積額が貸倒引当金勘定残高より多い場合は，その差額を貸倒引当金繰入勘定の借方に記入するとともに，貸倒引当金勘定の貸方に記入する処理方法をいう。逆に，決算における貸倒見積額が貸倒引当金勘定残高より少ない場合は，その差額を貸倒引当金勘定の借方に記入するとともに，**貸倒引当金戻入勘定**（収益）の貸方に記入する。

◆例題9◆

東野商店の次の各取引を仕訳し，貸倒引当金繰入勘定と貸倒引当金勘定に転記して締め切りなさい。

12月31日　第2期の決算にあたり，売掛金残高￥500,000に対して2％の貸倒れを見積もる。貸倒引当金の設定は差額補充法による。ただし，貸倒引当金勘定の残高は￥2,000である。

（借）貸倒引当金繰入　　　8,000　　　（貸）貸 倒 引 当 金　　　8,000

（注）貸倒見積額　￥500,000×2％＝￥10,000
　　　貸倒引当金繰入額　￥10,000－￥2,000＝￥8,000

〃日　貸倒引当金繰入勘定の残高￥8,000を損益勘定に振り替えた。

（借）損　　　　　　益　　　8,000　　　（貸）貸倒引当金繰入　　　8,000

貸倒引当金繰入

12／31	貸 倒 引 当 金		8,000	12／31	損　　　　　　益	8,000

貸倒引当金

5／5	売　　　掛　　　金		4,000	1／1	前 期 繰 越	6,000
12／31	次 期 繰 越		**10,000**	12／31	貸倒引当金繰入	8,000
			14,000			14,000
				1／1	前 期 繰 越	10,000

◆例題10◆

次の取引の仕訳を示しなさい。

決算にあたり，売掛金残高￥400,000に対して3％の貸倒れを見積もる。貸倒引当金の設定は差額補充法による。ただし，貸倒引当金勘定の残高は￥15,000である。

（借）貸 倒 引 当 金　　　3,000　　　（貸）貸倒引当金戻入　　　3,000

（注）貸倒見積額　￥400,000×3％＝￥12,000
　　　貸倒引当金戻入額　￥15,000－￥12,000＝￥3,000

■問題8■　（解答 ☞ 31頁）

次の各取引の仕訳を示しなさい。

(1) 決算にあたり，売掛金残高￥200,000に対して3％の貸倒れを見積もる。貸倒引当金の設定は差額補充法による。ただし，貸倒引当金勘定の残高は￥2,000である。

(2) 決算にあたり，売掛金残高￥300,000に対して3％の貸倒れを見積もる。貸倒引当金の設定は差額補充法による。ただし，貸倒引当金勘定の残高は￥10,000である。

	借　　　方	金　　額	貸　　　方	金　　額
(1)				
(2)				

第11章

◆**例題11**◆

次の決算整理事項にもとづいて，決算整理仕訳を行い，精算表に必要な記入をしなさい。

（決算整理事項）

　売掛金の期末残高に対して２％の貸倒引当金を設定する。なお，差額補充法によること。

　　（借）貸倒引当金繰入　　　　700　　　　（貸）貸 倒 引 当 金　　　　700

　　（注）　貸倒見積額　¥50,000×２％＝¥1,000

　　　　　　貸倒引当金繰入額　¥1,000－¥300＝¥700

精　算　表

勘 定 科 目	残高試算表		修 正 記 入		損 益 計 算 書		貸借対照表	
	借　方	貸　方	借　方	貸　方	借　方	貸　方	借　方	貸　方
⋮								
売　　掛　　金	50,000						50,000	
貸 倒 引 当 金		300		⊕ 700				1,000
貸倒引当金繰入			700		700			

◆**問題9**◆　（解答 ☞ 31頁）

次の決算整理事項にもとづいて，精算表に必要な記入をしなさい。

（決算整理事項）

　売掛金の期末残高に対して２％の貸倒引当金を設定する。なお，差額補充法によること。

精　算　表

勘 定 科 目	残高試算表		修 正 記 入		損 益 計 算 書		貸借対照表	
	借　方	貸　方	借　方	貸　方	借　方	貸　方	借　方	貸　方
⋮								
売　　掛　　金	60,000						(　　)	
貸 倒 引 当 金		500		(　　)				(　　)
貸倒引当金繰入			(　　)		(　　)			

◆**問題10**◆　（解答 ☞ 32頁）

次の決算整理事項にもとづいて，精算表に必要な記入をしなさい。

（決算整理事項）

　売掛金の期末残高に対して３％の貸倒引当金を設定する。なお，差額補充法によること。

精　算　表

勘 定 科 目	残高試算表		修 正 記 入		損 益 計 算 書		貸借対照表	
	借　方	貸　方	借　方	貸　方	借　方	貸　方	借　方	貸　方
⋮								
売　　掛　　金	70,000							
貸 倒 引 当 金		600						
貸倒引当金繰入								

◆**問題11**◆ （解答 ☞ **32頁**）

次の決算整理事項にもとづいて，決算整理仕訳を行い，精算表を完成しなさい。なお，会計期間は，平成Ｘ7年4月1日から平成Ｘ8年3月31日である。

（決算整理事項）

(1) 現金不足額¥100は，交通費の支払いが記入もれであることが判明した。

(2) 売掛金の期末残高に対して2％の貸倒れを見積もる。貸倒引当金の設定は差額補充法による。

(3) 期末商品棚卸高は¥6,000である。なお，売上原価は「仕入」の行で計算すること。

	借　　　方	金　　額	貸　　　方	金　　額
(1)				
(2)				
(3)				

精　算　表

勘 定 科 目	残高試算表		修 正 記 入		損益計算書		貸借対照表	
	借 方	貸 方	借 方	貸 方	借 方	貸 方	借 方	貸 方
現　　　　　金	38,800							
現 金 過 不 足	100							
売　　掛　　金	50,000							
繰 越 商 品	4,000							
土　　　　　地	80,000							
買　　掛　　金		25,000						
借　　入　　金		50,000						
貸 倒 引 当 金		400						
資　　本　　金		70,000						
繰越利益剰余金		10,000						
売　　　　　上		150,000						
仕　　　　　入	120,000							
給　　　　　料	10,000							
交　　通　　費	2,300							
支 払 利 息	200							
	305,400	305,400						
貸倒引当金繰入								
当 期 純（　　）								

第12章　手　形　取　引

1　手形の種類と役割

　手形とは，一定の金額を，一定の期日に一定の場所で支払うことを示した証券で，**約束手形**（略称で「約手」という）と為替手形（略称で「為手」という）の2種類がある。ここでは，約束手形について述べる。

　手形は，商品の仕入代金や売上代金を決済するために用いられるほか，商品以外の支払いにも用いられる。また，資金を調達する手段として用いることもできる。

　手形と小切手は，信用取引の中でも信用性が高いものである。しかし，それは，6カ月間に2回不渡りとした場合，銀行との取引が停止という厳しい制裁があるためである。

2　約 束 手 形

(1)　約束手形の意味

　約束手形は，手形の作成者である**振出人**（支払人）が**名宛人**（受取人）に，手形に記載した金額（手形金額）を**満期日**（支払期日）に支払うことを約束する証券である。

(2)　約束手形の処理

①　約束手形の振出人

　約束手形の**振出人**は，約束手形の振り出しにより手形債務が発生するため**支払手形勘定**（負債）の貸方に記入する。また，手形金額の支払いにより手形債務が消滅するため支払手形勘定の借方に記入する。

　なお，手形金額の支払いは，通常，当座預金によって決済される。

②　約束手形の名宛人

　約束手形の**名宛人**は，約束手形の受け取りにより手形債権が発生するため**受取手形勘定**（資産）の借方に記入する。また，手形金額の入金により手形債権が消滅するため受取手形勘定の貸方に記入する。

　なお，手形金額の入金は，取引銀行に手形金額の取り立てを依頼すると，満期日に当座預金に入金される。

```
┌───── 約束手形の仕訳処理 ─────────────────────────┐
│ 《振出人》                                          │
│　(1)　約束手形の振り出し（商品仕入）                │
│　　　（借）仕　　　　入　×××　　（貸）支 払 手 形　×××│
│　(2)　約束手形の支払い（満期日）                    │
│　　　（借）支 払 手 形　×××　　（貸）当 座 預 金　×××│
│ 《名宛人》                                          │
│　(1)　約束手形の受け取り（商品売上）                │
│　　　（借）受 取 手 形　×××　　（貸）売　　　　上　×××│
│　(2)　約束手形の入金（満期日）                      │
│　　　（借）当 座 預 金　×××　　（貸）受 取 手 形　×××│
└────────────────────────────────────────────────┘
```

第
12
章

◆例題1◆

次の各取引の仕訳を，横浜商店と杉田商店のそれぞれについて示しなさい。

8月5日　横浜商店は，杉田商店から商品¥30,000を仕入れ，代金として杉田商店宛の約束手形
　　　　＃6¥30,000（振出日8月5日，満期日9月5日，支払場所　大熊銀行世田谷支店）を振
　　　　り出して支払った。

《横浜商店》

（借）仕　　　　　入　　30,000　　（貸）支　払　手　形　　30,000

《杉田商店》

（借）受　取　手　形　　30,000　　（貸）売　　　　　上　　30,000

9月5日　横浜商店は，先に振り出した杉田商店宛の約束手形＃6¥30,000が満期となり，当座預
　　　　金から支払った旨，取引銀行から通知を受けた。

《横浜商店》

（借）支　払　手　形　　30,000　　（貸）当　座　預　金　　30,000

《杉田商店》

（借）当　座　預　金　　30,000　　（貸）受　取　手　形　　30,000

上記の取引を図解すると次のようになる。

─ 取引の図解 ─

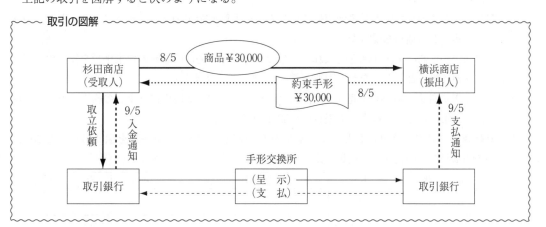

─ 約束手形のひな型 ─

◆例題1◆ の8月5日の取引で振り出した約束手形は，次のように記載されている。

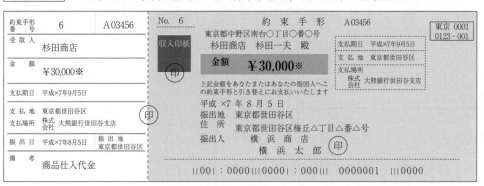

◆**例題2**◆

次の各取引の仕訳を示しなさい。

(1) 杉田商店は，横浜商店に商品¥30,000を売り上げ，代金は同店振出しの約束手形¥30,000を受け取った。

（借）受　取　手　形　　30,000　　　（貸）売　　　　　上　　30,000

(2) 杉田商店は，取り立てを依頼していた横浜商店振り出しの約束手形¥30,000を当座預金に入金した旨，満期日に取引銀行から通知を受けた。

（借）当　座　預　金　　30,000　　　（貸）受　取　手　形　　30,000

◆**問題1**◆　（解答 ☞ 33頁）

次の各取引の仕訳を示しなさい。

(1) 目黒商店から商品¥10,000を仕入れ，代金は同店宛の約束手形を振り出して支払った。

(2) 品川商店に商品¥30,000を売り上げ，代金として同店振り出し，当店宛の約束手形を受け取った。

(3) 目黒商店宛に振り出した約束手形¥10,000が本日満期となり，当座預金から支払った旨，取引銀行から通知を受けた。

(4) 取り立てを依頼していた品川商店振り出しの約束手形¥30,000を当座預金に入金した旨，満期日に取引銀行から通知を受けた。

(5) 九州商店から商品¥50,000を仕入れ，代金のうち¥40,000は同店宛の約束手形を振り出して支払い，残額は掛けとした。なお，引取運賃¥1,000は現金で支払った。

(6) 上野商店に商品¥90,000を売り上げ，代金のうち¥40,000は同店振り出しの約束手形を受け取り，残額は掛けとした。なお，発送費¥1,500は現金で支払った。

(7) 原宿商店に対する買掛代金として，¥20,000は原宿商店宛の約束手形を振り出して支払い，¥40,000は手持ちの代々木商店振り出しの小切手で支払った。

	借　　　方	金　　額	貸　　　方	金　　額
(1)				
(2)				
(3)				
(4)				
(5)				
(6)				
(7)				

3　受取手形記入帳

受取手形記入帳は，手形債権の発生と消滅についての明細を記録する補助簿である。

◆例題３◆

箱根商店の次の各取引を仕訳し，受取手形記入帳に記入しなさい。

4月5日　東商店に対する売掛金￥50,000を，同店振り出し，当店宛の約束手形＃9（振出日4月
　　　　　5日，満期日5月5日，支払場所　横倉銀行大船支店）で受け取った。

　　　　　（借）受　取　手　形　　50,000　　（貸）売　　掛　　金　　50,000

　　7日　熊本商店に商品￥60,000を売り上げ，代金は同店振り出しの約束手形＃6（振出日4月
　　　　　7日，満期日6月2日，支払場所　関南銀行神戸支店）を受け取った。

　　　　　（借）受　取　手　形　　60,000　　（貸）売　　　　　上　　60,000

5月5日　取り立てを依頼した東商店振り出しの約束手形＃9￥50,000が，本日決済され当座預金
　　　　　に入金された。

　　　　　（借）当　座　預　金　　50,000　　（貸）受　取　手　形　　50,000

受 取 手 形 記 入 帳

平成X8年		摘　要	金　額	手形種類	手形番号	支払人	振出人または裏書人	振出日		満期日		支払場所	てん　末		
													日付		摘　要
4	5	売掛金	50,000	約手	9	東商店	東商店	4	5	5	5	横倉銀行	5	5	入　金
	7	売　上	60,000	約手	6	熊本商店	熊本商店	4	7	6	2	関南銀行			

（注）　手形債権が発生したとき，日付欄からてん末欄の前まで記入し，手形債権が消滅したとき，てん末
　　　に記入する。

　　　　支払人欄は振出人を記入し，振出人または裏書人欄は取引相手を記入する。

◆問題２◆　（解答 ☞ 33頁）

大宮商店の次の各取引を仕訳し，受取手形記入帳に記入しなさい。

5月2日　東海商店から売掛代金として，同店振り出しの約束手形＃8￥70,000（振出日5月2日，
　　　　　満期日6月1日，支払場所　近畿銀行品川支店）を受け取った。

　　15日　南台商店に商品￥50,000を売り上げ，代金は同店振り出しの約束手形＃5￥50,000（振
　　　　　出日5月15日，満期日6月30日，支払場所　東国銀行渋谷支店）を受け取った。

6月1日　取り立てを依頼した東海商店振り出しの約束手形＃8￥70,000が，本日決済され当座預
　　　　　金に入金された。

	借　　　　方	金　　額	貸　　　　方	金　　額
5／2				
15				
6／1				

受 取 手 形 記 入 帳

平成X8年		摘　要	金　額	手形種類	手形番号	支払人	振出人または裏書人	振出日	満期日	支払場所	てん　末	
											日付	摘　要

4 支払手形記入帳

支払手形記入帳は，手形債務の発生と消滅についての明細を記録する補助簿である。

◆例題4◆

東洋商店の次の各取引を仕訳し，支払手形記入帳に記入しなさい。

4月6日 成城商店に対する買掛金の返済として，同店宛の約束手形＃4￥70,000（振出日4月6日，満期日5月6日，支払場所 山浜銀行川崎支店）を振り出して支払った。

$\qquad$（借）買 掛 金 70,000 （貸）支 払 手 形 70,000

8日 原宿商店から商品￥30,000を仕入れ，代金は同店宛の約束手形＃5（振出日4月8日，満期日5月31日，支払場所 山浜銀行川崎支店）を振り出して支払った。

$\qquad$（借）仕 入 30,000 （貸）支 払 手 形 30,000

5月6日 成城商店宛に振り出した約束手形＃4￥70,000が満期となり，当座預金から支払った旨，取引銀行から通知を受けた。

$\qquad$（借）支 払 手 形 70,000 （貸）当 座 預 金 70,000

支 払 手 形 記 入 帳

平成 X8年		摘 要	金 額	手形種類	手形番号	受取人	振出人	振出日	満期日	支払場所	て ん 末	
											日付	摘 要
4	6	買掛金	70,000	約手	4	成城商店	当 店	4 6	5 6	山浜銀行	5 6	支 払
	8	仕 入	30,000	約手	5	原宿商店	当 店	4 8	5 31	〃		

（注） 手形債務が発生したとき，日付欄からてん末欄の前まで記入し，手形債務が消滅したとき，てん末に記入する。

$\qquad$ 振出人欄は，当店が手形を振り出したので「当店」と記入する。

◆問題3◆ （解答 ☞ 34頁）

仙台商店の次の各取引を仕訳し，支払手形記入帳に記入しなさい。

6月5日 山形商店から商品￥60,000を仕入れ，代金は同店宛の約束手形＃5￥60,000（振出日6月5日，満期日7月5日，支払場所 東西銀行宮城支店）を振り出して支払った。

7月5日 山形商店宛に振り出した約束手形＃5￥60,000が満期となり，当座預金から支払った旨，取引銀行から通知を受けた。

8日 青森商店に対する買掛金の支払いとして，同店宛の約束手形＃6￥20,000（振出日7月8日，満期日8月8日，支払場所 東西銀行宮城支店）を振り出した。

	借 方	金 額	貸 方	金 額
6／5				
7／5				
8				

支 払 手 形 記 入 帳

平成 X8年		摘 要	金 額	手形種類	手形番号	受取人	振出人	振出日	満期日	支払場所	て ん 末	
											日付	摘 要

◆問題4◆　（解答 ☞ 34頁）

次の帳簿の名称を（　　）の中に記入しなさい。また，この帳簿に記録されている各取引の仕訳を示しなさい。ただし，売掛金については人名勘定を用いること。

（　　　　　　　　　　）

平成X8年		摘　要	金　額	手形種類	手形番号	支払人	振出人または裏書人	振出日		満期日		支払場所	てん　末	
													日付	摘　要
8	7	売掛金	40,000	約手	8	甲府商店	甲府商店	8	7	9	7	信長銀行	9 7	当座預金に入金
	19	売　上	50,000	約手	22	高知商店	高知商店	8	19	10	19	東国銀行		
	20	売掛金	80,000	約手	10	仙台商店	仙台商店	8	20	9	16	北青銀行		

	借　　　方	金　　額	貸　　　方	金　　額
8／7				
19				
20				
9／7				

◆問題5◆　（解答 ☞ 34頁）

次の帳簿の名称を（　　）の中に記入しなさい。また，この帳簿に記録されている各取引の仕訳を示しなさい。ただし，買掛金については人名勘定を用いること。

（　　　　　　　　　　）

平成X8年		摘　要	金　額	手形種類	手形番号	受取人	振出人	振出日		満期日		支払場所	てん　末	
													日付	摘　要
6	2	買掛金	30,000	約手	7	岡山商店	当　店	6	2	7	2	山浜銀行	7 2	当座預金から支払
	8	買掛金	80,000	約手	8	山口商店	当　店	6	8	7	31	〃		

	借　　　方	金　　額	貸　　　方	金　　額
6／2				
8				
7／2				

5　電子記録債権・債務

　電子記録債権は，代金の決済手段としてインターネットを活用した金銭債権で，手形と比較すると，作成や保管コストの削減，紛失や盗難リスクの回避などができる。電子記録債権の発生は，電子債権記録機関の記録原簿に電子記録されることで，その効力が発生する。また，このシステムを活用するには，取引銀行に利用申込みをして，電子債権記録機関に登録されなければならない。なお，電子記録債権の発生記録が行われた場合，債権者は**電子記録債権勘定**（資産）で処理し，債務者は**電子記録債務勘定**（負債）で処理する。発生記録の請求には，(1)債務者請求方式と(2)債権者請求方式があり，発生記録には，債務者情報，債権者情報，支払金額，支払期日，決済方法などの事項が記録される。

(1)　債務者請求方式

　債務者が代金の決済をするために，取引銀行を通じて電子債権記録機関に①発生記録の請求をする。電子債権記録機関は②発生記録の成立をする。債権者には電子債権記録機関から取引銀行を通じて③発生記録が通知される。その後，それぞれの取引銀行の④口座間で決済される。

◆例題5◆

　次の各取引の仕訳を，横浜商店と杉田商店のそれぞれについて示しなさい。

(1)　横浜商店は杉田商店に対する買掛金¥30,000の支払いのため，取引銀行を通じて電子債権記録機関に債務の発生記録の請求を行った。また，杉田商店は取引銀行よりその通知を受けた。

　　《横浜商店》

　　　（借）買　掛　金　　　30,000　　　（貸）電子記録債務　　　30,000

　　《杉田商店》

　　　（借）電 子 記 録 債 権　　30,000　　　（貸）売　掛　金　　　30,000

(2)　上記(1)につき，支払期日が到来し，当座預金で決済された。

　　《横浜商店》

　　　（借）電子記録債務　　　30,000　　　（貸）当 座 預 金　　　30,000

　　《杉田商店》

　　　（借）当 座 預 金　　　30,000　　　（貸）電子記録債権　　　30,000

　　上記の取引を図解すると次のようになる。

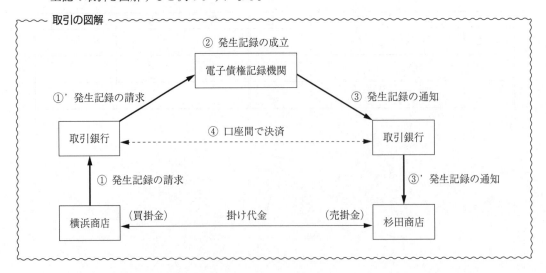

(2)　債権者請求方式

　債権者が代金を回収するために，取引銀行を通じて電子債権記録機関に①発生記録の請求をする。債務者には電子債権記録機関から取引銀行を通じて②承諾依頼が通知され，債務者は③承諾したことを取引銀行を通じて電子債権記録機関に通知する。電子債権記録機関はその承諾を受けて④発生記録の成立をする。その後，それぞれの取引銀行の⑤口座間で決済される。

◆例題6◆

　次の各取引の仕訳を，杉田商店と横浜商店のそれぞれについて示しなさい。

(1) 杉田商店は横浜商店に対する売掛金￥30,000の回収にあたり，取引銀行を通じて電子債権記録機関に債権の発生記録を請求した。また，横浜商店は電子債権記録機関から取引銀行を通じてその発生記録の承諾依頼が通知され，承諾した。

　　《杉田商店》

　　　（借）電 子 記 録 債 権　　　30,000　　　（貸）売 　 掛 　 金　　30,000

　　《横浜商店》

　　　（借）買 　 掛 　 金　　　30,000　　　（貸）電 子 記 録 債 務　　30,000

(2) 上記(1)につき，支払期日が到来し，当座預金で決済された。

　　《杉田商店》

　　　（借）当 　 座 　 預 　 金　　30,000　　　（貸）電 子 記 録 債 権　　30,000

　　《横浜商店》

　　　（借）電 子 記 録 債 務　　30,000　　　（貸）当 　 座 　 預 　 金　　30,000

　上記の取引を図解すると次のようになる。

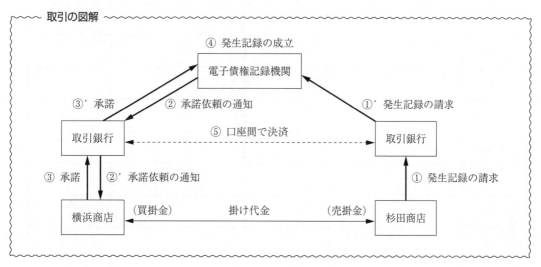

── 取引の図解 ──

◆**問題6**◆　（解答 ☞ 35頁）

次の各取引の仕訳を示しなさい。

(1)　秋元商店に対する買掛金￥100,000の支払いのため，取引銀行を通じて電子債権記録機関に債務の発生記録の請求を行った。

(2)　上記(1)の債務の支払期日が到来し，当座預金口座から引き落とされた。

(3)　大崎商店に対する売掛金￥50,000について，電子債権記録機関から取引銀行を通じて債権の発生記録の通知を受けた。

(4)　上記(3)の債権の支払期日が到来し，普通預金口座に振り込まれた。

(5)　品川商店に対する売掛金￥80,000の回収のため，取引銀行を通じて電子債権記録機関に債権の発生記録の請求を行い，品川商店の承諾を得た。

(6)　大阪商店に対する買掛金￥70,000に関して，電子債権記録機関から取引銀行を通じて債務の発生記録の承諾依頼の通知があり，承諾した。

(7)　電子記録債権￥30,000の支払期日が到来し，当座預金口座に振り込まれた。

(8)　中村家具店から前月購入した備品の代金200,000について，取引銀行を通じて電子債権記録機関に債務の発生記録を請求した。

(9)　川崎商店に商品￥60,000を販売し，代金は同店振り出しの約束手形を受け取った。

(10)　取引銀行に取り立てを依頼していた川崎商店振り出しの約束手形￥60,000が本日満期となり，当座預金口座に入金された。

(11)　静岡商店から商品￥50,000を仕入れ，代金は約束手形を振り出して支払った。

(12)　静岡商店に振り出した約束手形￥50,000が本日満期となり，当座預金口座から引き落とされた。

	借　　方	金　額	貸　　方	金　額
(1)				
(2)				
(3)				
(4)				
(5)				
(6)				
(7)				
(8)				
(9)				
(10)				
(11)				
(12)				

第13章　その他の債権・債務

1　貸付金・借入金

　取引先などから借用証書を受け取って金銭を貸し付けたときは，**貸付金勘定**（資産）の借方に記入し，その返済を受けたときは，貸付金勘定の貸方に記入する。なお，従業員・役員に対する貸し付けは，従業員貸付金勘定・役員貸付金勘定で処理する。

　逆に，取引先などに借用証書を渡して金銭を借り入れたときは，**借入金勘定**（負債）の貸方に記入し，それを返済したときは，借入金勘定の借方に記入する。なお，役員からの借り入れは，役員借入金勘定で処理する。

◆例題1◆

　次の各取引の仕訳を，水戸商店と日立商店のそれぞれについて示しなさい。

(1)　水戸商店は，日立商店に現金¥100,000を貸し付け，借用証書を受け取った。

《水戸商店》

（借）貸　　付　　金　　100,000　　　（貸）現　　　　　　金　　100,000

《日立商店》

（借）現　　　　　　金　　100,000　　　（貸）借　　入　　金　　100,000

(2)　水戸商店は，日立商店から貸付金¥100,000を利息¥1,000とともに現金で返済された。

《水戸商店》

（借）現　　　　　　金　　101,000　　　（貸）貸　　付　　金　　100,000
　　　　　　　　　　　　　　　　　　　　　　受　取　利　息　　　　1,000

《日立商店》

（借）借　　入　　金　　100,000　　　（貸）現　　　　　　金　　101,000
　　　支　払　利　息　　　　1,000

◆問題1◆　（解答 ☞ 36頁）

次の各取引の仕訳を示しなさい。

(1)　品川商店に現金¥200,000を貸付期間1年，利率年3％の条件で貸し付けた。

(2)　品川商店から上記(2)の貸付金を満期日に利息とともに同店振り出しの小切手で返済を受けた。

(3)　大崎商店から借入期間100日，利率年7.3％の条件で現金¥400,000を借り入れた。

(4)　上記(3)の借入金が満期日となり，大崎商店に利息とともに現金で支払った。

	借　　　　方	金　　額	貸　　　　方	金　　額
(1)				
(2)				
(3)				
(4)				

2　手形貸付金・手形借入金

　借用証書の代わりに，振り出された約束手形を受け取って金銭を貸し付けたときは，**手形貸付金勘定（資産）**の借方に記入し，その返済を受けたときは，手形貸付金勘定の貸方に記入する。

　逆に，約束手形を振り出して金銭を借り入れたときは，**手形借入金勘定（負債）**の貸方に記入し，それを返済したときは，手形借入金勘定の借方に記入する。

　このように資金調達を目的として振り出された手形を**金融手形**といい，商品代金の決済のために振り出されたものではないので，受取手形勘定や支払手形勘定を用いることはできない。

◆例題2◆

　次の各取引の仕訳を，神戸商店と大阪商店のそれぞれについて示しなさい。

(1)　神戸商店は，大阪商店に￥100,000を貸し付け，同店振り出しの約束手形￥100,000を受け取った。なお，利息￥1,500を差し引いた手取金は現金で渡した。

《神戸商店》

　　（借）手 形 貸 付 金　　100,000　　　（貸）現　　　　　金　　98,500
　　　　　　　　　　　　　　　　　　　　　　　受 取 利 息　　　1,500

《大阪商店》

　　（借）現　　　　　金　　98,500　　　（貸）手 形 借 入 金　　100,000
　　　　　支 払 利 息　　　1,500

(2)　神戸商店は，取り立てを依頼しておいた上記の大阪商店振り出しの約束手形￥100,000を当座預金に入金した旨，満期日に取引銀行より通知を受けた。

《神戸商店》

　　（借）当 座 預 金　　100,000　　　（貸）手 形 貸 付 金　　100,000

《大阪商店》

　　（借）手 形 借 入 金　　100,000　　　（貸）当 座 預 金　　100,000

◆問題2◆　(解答 ☞ 36頁)

　次の各取引の仕訳を示しなさい。

(1)　国債を担保として取引銀行から￥300,000を約束手形を振り出して借り入れ，利息を差し引かれた手取金は当座預金に入金された。なお，借入期間は80日，利率は年7.3％である。

(2)　上記の約束手形￥300,000が満期日となり，当座預金より引き落した旨，取引銀行から通知を受けた。

(3)　南商店に￥200,000を貸付期間4カ月，利率年6％の条件で貸し付け，同店振り出しの約束手形￥200,000を受け取った。なお，利息を差し引いた手取金は小切手を振り出して渡した。

	借　　　方	金　　額	貸　　　方	金　　額
(1)				
(2)				
(3)				

3　未収入金・未払金

　建物や備品の売却など商品売買取引以外の取引によって生じる代金で，その代金が未回収のときは，**未収入金勘定**（資産）の借方に記入し，代金を回収したときは，未収入金勘定の貸方に記入する。

　また，建物や備品の購入など商品売買取引以外の取引によって生じる代金で，その代金が未払いのときは，**未払金勘定**（負債）の貸方に記入し，代金を支払ったときは，未払金勘定の借方に記入する。

　なお，同じ未回収・未払いでも，商品売買取引によって生じる売掛金勘定・買掛金勘定とは区別して処理すること。

◆例題3◆

　次の各取引の仕訳を示しなさい。

(1)　不要になった商品の梱包用段ボールを売却し，代金¥1,600は月末に受け取ることにした。

　　　(借) 未 収 入 金　　1,600　　　　(貸) 雑　　　　益　　1,600

(2)　月末となり，上記の代金を現金で受け取った。

　　　(借) 現　　　　金　　1,600　　　　(貸) 未 収 入 金　　1,600

(3)　備品¥200,000を購入し，代金は10日後払いとした。

　　　(借) 備　　　　品　　200,000　　　(貸) 未 払 金　　200,000

(4)　上記(3)の備品代金¥200,000を現金で支払った。

　　　(借) 未 払 金　　200,000　　　(貸) 現　　　　金　　200,000

◆問題3◆　（解答 ☞ 36頁）

　次の各取引の仕訳を示しなさい。

(1)　建物¥4,000,000を購入し，代金のうち¥1,000,000は現金で支払い，残額は，来月末払いとした。

(2)　上記の建物の残金¥3,000,000を小切手を振り出して支払った。

(3)　不要になった雑誌を売却し，代金¥1,000は月末に受け取ることにした。

(4)　前月，リサイクル店に売却した備品の代金¥150,000を，本日現金で受け取った。

(5)　杉田商店は，関東家具店から事務用机¥80,000を購入し，代金は月末払いとした。

(6)　上記(5)の関東家具店の仕訳。

	借　　　方	金　　額	貸　　　方	金　　額
(1)				
(2)				
(3)				
(4)				
(5)				
(6)				

4　前払金・前受金

　商品を注文したとき，商品代金の一部を**内金**として前払いした場合は，**前払金勘定**（資産）の借方に記入し，注文した商品を仕入れたときは，前払金勘定の貸方に記入する。

　反対に，商品の注文を受けたとき，商品代金の一部を**内金**として前受けした場合は，**前受金勘定**（負債）の貸方に記入し，注文を受けた商品を売り上げたときは，前受金勘定の借方に記入する。

　なお，商品売買契約を確実にするため，商品代金の一部を**手付金**（解約時に違約金として支払われる）として支払った場合は，**支払手付金勘定**（資産）で処理し，**手付金**として受け取った場合は，**受取手付金勘定**（負債）で処理する。しかし，検定試験では内金の処理と同様に行うこと。

◆例題4◆

　次の各取引の仕訳を，伊豆商店と静岡商店のそれぞれについて示しなさい。
⑴　伊豆商店は，静岡商店に商品￥100,000を注文し，内金として￥20,000を現金で支払った。

《伊豆商店》

（借）前　　払　　金　　　20,000　　　　（貸）現　　　　　　金　　　20,000

《静岡商店》

（借）現　　　　　　金　　　20,000　　　　（貸）前　　受　　金　　　20,000

⑵　伊豆商店は，静岡商店から上記の商品￥100,000を仕入れ，内金￥20,000を差し引いた残額は掛けとした。

《伊豆商店》

（借）仕　　　　　　入　　100,000　　　　（貸）前　　払　　金　　　20,000
　　　　　　　　　　　　　　　　　　　　　　　買　　掛　　金　　　80,000

《静岡商店》

（借）前　　受　　金　　　20,000　　　　（貸）売　　　　　上　　100,000
　　　売　　掛　　金　　　80,000

◆問題4◆　（解答 ☞ 37頁）

　次の各取引の仕訳を示しなさい。
⑴　新宿商店から商品￥150,000の注文を受け，内金として￥50,000を同店振り出しの小切手で受け取った。
⑵　新宿商店に上記の商品￥150,000を売り上げ，内金￥50,000を差し引いた残額は，同店振り出しの約束手形￥100,000を受け取った。
⑶　箱根商店から商品￥200,000の注文を受け，手付金として￥80,000を現金で受け取った。
⑷　横浜商店から先に注文してあった商品￥320,000を仕入れ，代金は注文時に支払った手付金￥70,000を差し引き，残額を掛けとした。

	借　　　　方	金　　額	貸　　　　方	金　　額
⑴				
⑵				
⑶				
⑷				

5　立替金・預り金

(1)　立　替　金

取引先が負担すべき金銭を一時的に立替払いしたときは，**立替金勘定**（資産）の借方に記入し，その返済を受けたときは，立替金勘定の貸方に記入する。

なお，従業員が負担すべき金銭を一時的に立替払いしたときは，取引先に対する立替金と区別するため，**従業員立替金勘定**（資産）の借方に記入し，その返済を受けたときまたは給料を支払うときに精算した場合は，従業員立替金勘定の貸方に記入する。

◆例題5◆

次の取引の仕訳を示しなさい。

従業員の日用品代¥10,000を現金で立替払いした。

　　（借）従業員立替金　　　　10,000　　　　（貸）現　　　　　金　　　10,000

(2)　預　り　金

①　預り金勘定

取引先から金銭を一時的に預かったときは，**預り金勘定**（負債）の貸方に記入し，その返還をしたときは，預り金勘定の借方に記入する。この預り金も従業員に対するものは，取引先に対する預り金と区別するため，**従業員預り金勘定**（負債）で処理する。

②　所得税預り金勘定と社会保険料預り金勘定

企業は，従業員に給料を支払うとき，従業員の給料に課税される**所得税**を給料から差し引いて預かり，これを翌月の10日までに国に納付しなければならない。これを**源泉徴収**という。所得税を給料から差し引いたときは，**所得税預り金勘定**（負債）の貸方に記入し，所得税を税務署に納付したときは，所得税預り金勘定の借方に記入する。

また，従業員に給料を支払うとき，従業員が負担する健康保険料および厚生年金保険料も給料から差し引いて預かり，後日これを健康保険組合などに納めなければならない。健康保険料および厚生年金保険料を給料から差し引いたときは，**社会保険料預り金勘定**（負債）の貸方に記入し，健康保険料および厚生年金保険料を健康保険組合などに納めたときは，社会保険料預り金勘定の借方に記入する。なお，健康保険料および厚生年金保険料は，従業員と会社が半分ずつ負担し，会社負担分は**法定福利費勘定**（費用）で処理する。

◆例題6◆

次の各取引の仕訳を示しなさい。

(1)　従業員の給料¥680,000から，所得税の源泉徴収額¥32,000と健康保険料¥20,000および厚生年金保険料¥23,000を差し引き，手取金を現金で支払った。

　　（借）給　　　　　料　　680,000　　　　（貸）所 得 税 預 り 金　　　32,000
　　　　　　　　　　　　　　　　　　　　　　　　　社会保険料預り金　　　43,000
　　　　　　　　　　　　　　　　　　　　　　　　　現　　　　　金　　　605,000

　　（注）　社会保険料預り金　健康保険料¥20,000＋厚生年金保険料¥23,000＝¥43,000

(2)　上記の所得税の源泉徴収額¥32,000を税務署に現金で納付した。

　　（借）所 得 税 預 り 金　　　32,000　　　　（貸）現　　　　　金　　　32,000

(3)　上記(1)の健康保険料と厚生年金保険料および会社負担額を現金で納付した。

　　（借）社会保険料預り金　　　43,000　　　　（貸）現　　　　　金　　　86,000
　　　　　法 定 福 利 費　　　43,000

◆問題5◆　（解答 ☞ 37頁）

次の各取引の仕訳を示しなさい。

(1) 従業員が負担する生命保険料¥17,000を現金で立替払いした。なお，この生命保険料は今月の給料から差し引くことになっている。

(2) 本月分の従業員の給料¥300,000を支払うにあたり，所得税の源泉徴収額¥27,000，健康保険料¥13,000，厚生年金保険料¥11,000および立替払いをしていた¥17,000を差し引き，手取金は現金で支払った。

(3) 上記(2)の所得税の源泉徴収額¥27,000を税務署に現金で納付した。

(4) 上記(2)の健康保険料と厚生年金保険料および会社負担額を現金で納付した。

(5) 横浜商店から掛けで仕入れた商品¥150,000がすべて品違いのため返品した。なお，横浜商店が負担する約束の支払運賃¥2,000は現金で立替払いした。

(6) 従業員に本月分の給料の前貸しとして，現金¥20,000を渡した。

(7) 本月分の従業員の給料¥450,000から，所得税の源泉徴収額¥33,000，健康保険料¥14,000，厚生年金保険料¥15,000および前貸ししてあった¥20,000を差し引き，手取金は現金で支払った。

(8) 従業員の所得税の源泉徴収額¥33,000を税務署に現金で納付した。

(9) 従業員の給料から天引きした健康保険料¥14,000と厚生年金保険料¥15,000および会社負担分の¥29,000を現金で納付した。

	借　　方	金　　額	貸　　方	金　　額
(1)				
(2)				
(3)				
(4)				
(5)				
(6)				
(7)				
(8)				
(9)				

6　仮払金・仮受金

　金銭の支出はあったが，その相手勘定または金額が確定していない場合は，一時的に**仮払金勘定**（資産）の借方に記入し，後日その内容または金額が確定した場合は，仮払金勘定の貸方に記入するとともに，該当する勘定の借方に記入する。

　また，金銭の収入はあったが，その相手勘定または金額が確定していない場合は，一時的に**仮受金勘定**（負債）の貸方に記入し，後日その内容または金額が確定した場合は，仮受金勘定の借方に記入するとともに，該当する勘定の貸方に記入する。

◆例題7◆

次の各取引の仕訳を示しなさい。

(1)　従業員の出張にあたり，旅費の概算額￥30,000を現金で渡した。

（借）仮　払　金　　30,000　　　　（貸）現　　　　金　　30,000

(2)　上記の従業員が出張から帰り，旅費の精算を行い，残金￥2,000を現金で受け取った。

（借）旅　　　費　　28,000　　　　（貸）仮　払　金　　30,000
　　　現　　　金　　 2,000

(3)　出張中の従業員から現金￥40,000の送金を受けたが，その内容は不明である。

（借）現　　　金　　40,000　　　　（貸）仮　受　金　　40,000

(4)　出張中の従業員から上記(3)の送金￥40,000は，杉田商店に対する売掛金の回収である旨の連絡を受けた。

（借）仮　受　金　　40,000　　　　（貸）売　掛　金　　40,000

◆問題6◆　（解答 ☞ 38頁）

次の各取引の仕訳を示しなさい。

(1)　従業員の出張にあたり，旅費の概算額￥40,000を現金で渡した。

(2)　上記(1)の従業員が出張から帰り，旅費の精算を行い，残金￥5,000を現金で受け取った。

(3)　出張していた従業員が帰り，出張にあたり渡していた旅費概算額￥70,000の精算を行い，従業員が立替払いしてあった￥3,000を現金で支払った。

(4)　本日，伊豆商店から当座預金口座に￥60,000が振り込まれ，同店に問い合わせをしたが，担当者不在のため，その内容は不明であった。

(5)　伊豆商店の担当者から上記(4)の振込額￥60,000は，掛代金の支払いである旨の連絡を受けた。

	借　　方	金　　額	貸　　方	金　　額
(1)				
(2)				
(3)				
(4)				
(5)				

7　受取商品券

商品券には，ギフトカード，おこめ券，自治体・商店街などが発行する商品券などがある。

商品の売上代金として，他社発行の商品券を受け取ったときは，**受取商品券勘定**（資産）の借方に記入し，商品券を発行元に引き渡して換金請求したときは，受取商品券勘定の貸方に記入する。

◆例題8◆

次の各取引の仕訳を示しなさい。

(1) 商品¥50,000を売り上げ，代金は自治体発行の商品券¥50,000を受け取った。

　　（借）受 取 商 品 券　　　50,000　　　（貸）売　　　　　上　　　50,000

(2) 保有する自治体発行の商品券¥50,000を引き渡して換金請求を行い，現金を受け取った。

　　（借）現　　　　　金　　　50,000　　　（貸）受 取 商 品 券　　　50,000

◆問題7◆　（解答 ☞ 38頁）

次の各取引の仕訳を示しなさい。

(1) 商品¥30,000を売り上げ，代金は自治体発行の商品券を同額受け取った。

(2) 商品¥31,500を売り上げ，代金は世田谷区商店街振興組合連合会が発行した商品券¥32,000を受け取り，おつりは現金で支払った。

(3) 保有している自治体発行の商品券¥80,000を自治体に引き渡して換金請求を行い，ただちに同額が普通預金口座に振り込まれた。

	借　　方	金　額	貸　　方	金　額
(1)				
(2)				
(3)				

8　差入保証金

土地，建物など不動産の賃貸借にさいして，賃料などの担保にする目的で，賃借人が賃貸人に差し入れる保証金を敷金といい，敷金を支払ったときは，**差入保証金勘定**（資産）で処理する。

◆例題9◆

次の各取引の仕訳を示しなさい。

店舗の賃借にあたり，敷金¥40,000を現金で支払った

　　（借）差 入 保 証 金　　　40,000　　　（貸）現　　　　　金　　　40,000

◆問題8◆　（解答 ☞ 38頁）

次の取引の仕訳を示しなさい。

店舗の賃借にあたり，1ヶ月分の家賃¥30,000，敷金¥40,000，不動産会社への手数料¥20,000を現金で支払った。

借　　方	金　額	貸　　方	金　額

◆問題9◆　（解答 ☞ 39頁）

　次の未処理事項および決算整理事項にもとづいて，精算表を完成しなさい。なお，会計期間は，平成Ｘ7年1月1日から平成Ｘ7年12月31日である。

（未処理事項および決算整理事項）

(1) 出張中の従業員から送金があったが，内容不明のため仮受金で処理していた¥8,000について，従業員が帰店し，¥5,000は得意先箱根商店に対する売掛金を回収したものであり，¥3,000は得意先強羅商店から受け取った手付金であることが判明したが未処理であった。

(2) 現金不足額¥300について調査した結果，手数料¥1,200の受け取りと利息¥500の支払いが記入もれであることが判明したが，残額については不明であった。

(3) 売掛金の期末残高に対して3％の貸倒れを見積もる。貸倒引当金の設定は差額補充法による。

(4) 期末商品棚卸高は¥8,000である。なお，売上原価は「仕入」の行で計算すること。

精　算　表

勘定科目	残高試算表 借方	残高試算表 貸方	修正記入 借方	修正記入 貸方	損益計算書 借方	損益計算書 貸方	貸借対照表 借方	貸借対照表 貸方
現　　金	56,000							
現金過不足	300							
売　掛　金	30,000							
繰越商品	6,000							
土　　地	70,000							
買　掛　金		17,500						
借　入　金		40,000						
未　払　金		9,500						
仮　受　金		8,000						
貸倒引当金		300						
資　本　金		70,000						
繰越利益剰余金		3,000						
売　　上		180,000						
受取手数料		6,000						
仕　　入	145,000							
給　　料	16,000							
広告宣伝費	2,000							
交　通　費	900							
支払家賃	8,000							
支払利息	100							
	334,300	334,300						
雑　　損								
前　受　金								
貸倒引当金繰入								
当期純（　　）								

第14章　固　定　資　産

1　固定資産の意味

　固定資産は，有形固定資産，無形固定資産および投資その他の資産の三つに分類されるが，ここでは有形固定資産について述べる。

　有形固定資産とは，企業が営業活動において１年を超えて長期にわたり使用または利用する建物・車両運搬具・備品・土地など，具体的な形態をもっているものをいう。

　なお，これに対して，現金，企業の主目的たる営業取引によって発生した受取手形や売掛金，１年以内に回収期限が到来する貸付金などを流動資産という。

　主な有形固定資産は，次のとおりである。

　　建　　　物……店舗，事務所，倉庫など

　　車両運搬具……自動車やバイクなど

　　備　　　品……机，椅子，商品陳列棚，事務機器，金庫など

　　土　　　地……店舗や事務所などの敷地

2　有形固定資産の取得

　有形固定資産を購入したときは，購入代金に仲介手数料・引取運賃・据付費・整地費用など，その固定資産を使用するまでに要した付随費用を加算した金額を取得原価とし，この取得原価をそれぞれの勘定（建物勘定・車両運搬具勘定・備品勘定・土地勘定）の借方に記入する。

◆例題１◆

　次の各取引の仕訳を示しなさい。

(1)　店舗として建物¥5,000,000を購入し，代金は小切手を振り出して支払った。なお，仲介手数料¥200,000は現金で支払った。

　　　（借）建　　　　物　5,200,000　　　（貸）当 座 預 金　5,000,000
　　　　　　　　　　　　　　　　　　　　　　　現　　　　金　　200,000

(2)　営業用のトラック¥1,000,000を買い入れ，代金と登録手数料¥50,000は現金で支払った。

　　　（借）車 両 運 搬 具　1,050,000　　　（貸）現　　　　金　1,050,000

(3)　事務用の机と椅子を¥100,000で購入し，代金は据付費¥3,000とともに月末払いとした。

　　　（借）備　　　　品　　103,000　　　（貸）未 払 金　　103,000

(4)　店舗用の土地¥7,000,000を購入し，整地費用¥500,000と仲介手数料¥200,000とともに現金で支払った。

　　　（借）土　　　　地　7,700,000　　　（貸）現　　　　金　7,700,000

3　有形固定資産の修繕

　建物・車両運搬具・備品などの修理や部品の交換に要した費用は，修繕費勘定（費用）の借方に記入する。

◆例題２◆

　次の取引の仕訳を示しなさい。

　建物の雨漏りを修繕し，代金¥40,000は現金で支払った。

　　　（借）修 繕 費　　40,000　　　（貸）現　　　　金　　40,000

◆問題1◆　（解答 ☞ 40頁）

次の各取引の仕訳を示しなさい。

(1)　営業用の乗用車￥500,000を購入し，代金は月末払いとした。なお，登録手数料などの付随費用￥30,000は現金で支払った。

(2)　事務所用の土地500㎡を1㎡当たり￥60,000で購入し，代金は整地費用・仲介手数料などの付随費用￥900,000とともに小切手を振り出して支払った。

(3)　事務用のパソコン3台を1台当たり￥100,000で買い入れ，代金は小切手を振り出して支払った。なお，引取運賃￥4,000は現金で支払った。

(4)　所有のトラックのタイヤが破損したため交換し，その取り替え費用￥10,000を現金で支払った。

(5)　営業用の倉庫￥4,000,000を購入し，代金は小切手を振り出して支払った。なお，仲介手数料￥180,000は現金で支払った。

(6)　商品陳列棚￥250,000を買い入れ，据付費￥10,000とともに小切手を振り出して支払った。

(7)　中古の店舗￥7,000,000を購入し，代金は来月末の一括払いとした。なお，仲介手数料などの付随費用￥230,000は小切手を振り出して支払った。

(8)　上記(7)の建物を使用するにあたり，外装および内装を修繕し，その費用￥250,000を現金で支払った。

(9)　所有する車両運搬具の定期点検を実施し，その費用￥13,000を現金で支払った。

(10)　中古で営業用のトラック￥700,000を購入し，代金は来月から毎月￥100,000ずつの分割払いとした。なお，登録手数料などの付随費用￥40,000と新しいタイヤと交換するための費用￥60,000は現金で支払った。

	借　　　方	金　　額	貸　　　方	金　　額
(1)				
(2)				
(3)				
(4)				
(5)				
(6)				
(7)				
(8)				
(9)				
(10)				

4　減価償却

(1)　減価償却の意味

　土地を除く建物・車両運搬具・備品などの有形固定資産は，使用または時の経過などにともなって徐々にその価値が減少（これを**減価**という）し，最終的には使用できなくなり廃棄処分することになる。しかし，簿記では，廃棄処分したときにその取得原価の全額を費用として計上せず，使用期間中の各決算にあたり，当期における価値の減少額を計算して，これを当期の費用として計上し，その価値の減少額だけ当該有形固定資産の取得原価を減少させる。この手続きを**減価償却**といい，減価償却により計上される費用を**減価償却費**という。この減価償却の手続きは，決算整理事項の一つである。

(2)　減価償却費の計算方法

　減価償却費の計算方法には，定額法・定率法などがあるが，ここでは，定額法について述べる。

　定額法とは，毎期一定額の減価償却費を計上する方法であり，次のように算出する。

$$減価償却費 = \frac{取得原価 - 残存価額}{耐用年数}$$

　耐用年数とは，固定資産が使用できる見積もり年数をいう。

　残存価額とは，耐用年数が経過した後の固定資産の見積処分価額をいう。通常，取得原価の10％である。なお，税法では，平成19年4月1日以後に取得したものについては，残存価額が廃止され，備忘価額1円まで減価償却できる。この場合は，残存価額0（ゼロ）円として計算する。

　ただし，月単位による決算を実施している場合（これを**月次決算**という）は，減価償却費の見積額を月割りで計算する。

　また，期中に取得したときは，取得して使用した月から期末までの減価償却費を月割りで計算する。

(3)　減価償却の記帳方法

　減価償却の記帳方法には，直接法と間接法があるが，ここでは，間接法について述べる。

　間接法は，当期の減価償却額を**減価償却費勘定**（費用）の借方に記入するとともに，有形固定資産ごとに設けた**減価償却累計額勘定**（評価勘定）の貸方に記入する方法である。間接法は，減価償却額を有形固定資産の勘定から直接減額（直接法）しない。そのため，有形固定資産の勘定は取得原価のままとなり，毎期の減価償却額は減価償却累計額勘定に加算される。なお，各有形固定資産勘定の金額（取得原価）と当該有形固定資産の減価償却累計額勘定の金額との差額を**帳簿価額**といい，計算上の価値を示している。

◆例題3◆

　次の各取引を仕訳し，建物減価償却累計額勘定および減価償却費勘定に転記して，各勘定を締め切りなさい。

　3月31日　決算にあたり，当期首に購入した建物（取得原価¥60,000，耐用年数6年，残存価額は取得原価の10％）について，定額法で減価償却費を計上した。なお，間接法で記帳する。

　　　　（借）減 価 償 却 費　　　　9,000　　　（貸）建物減価償却累計額　　　9,000

　〃日　減価償却費勘定の残高¥9,000を損益勘定に振り替えた。

　　　　（借）損　　　　　　益　　　　9,000　　　（貸）減 価 償 却 費　　　9,000

　　　　（注）　減価償却　$\dfrac{¥60,000 - (¥60,000 × 0.1)}{6年} = ¥9,000$

	建		物	
4／1 現　　　　　　金	60,000	3／31 次　期　繰　越	60,000
4／1 前　期　繰　越	60,000		

	建物減価償却累計額			
3／31 次　期　繰　越	9,000	3／31 減　価　償　却　費	9,000
		4／1 前　期　繰　越	9,000

	減　価　償　却　費			
3／31 建物減価償却累計額	9,000	3／31 損　　　　　益	9,000

※　翌期末における建物勘定と建物減価償却累計額勘定を示すと次のとおりである。

	建		物	
4／1 前　期　繰　越	60,000	3／31 次　期　繰　越	60,000
4／1 前　期　繰　越	60,000		

	建物減価償却累計額			
3／31 次　期　繰　越	18,000	4／1 前　期　繰　越	9,000
		3／31 減　価　償　却　費	9,000
	18,000		18,000
		4／1 前　期　繰　越	18,000

◆問題2◆　（解答 ☞ 40頁）

次の取引を間接法によって仕訳し，各勘定に転記しなさい。なお，勘定の締め切りは不要である。

3月31日　決算にあたり，前期首に購入した備品（取得原価￥80,000，耐用年数5年，残存価額は取得原価の10％）について，定額法で減価償却を行った。なお，会計期間は1年である。

借　　　方	金　　額	貸　　　方	金　　額

	備		品	
4／1 前　期　繰　越	80,000		

	備品減価償却累計額			
		4／1 前　期　繰　越	14,400

	減　価　償　却　費			

◆問題3◆　（解答 ☞ 41頁）

次の各取引の仕訳を示しなさい。なお，(1)～(3)の決算日は平成Ｘ8年3月31日で，会計期間は1年とする。

(1)　決算にあたり，平成Ｘ7年4月1日に購入した建物（取得原価¥20,000,000，耐用年数20年，残存価額は取得原価の10％）について，定額法で減価償却を行った。なお，間接法で記録する。

(2)　決算にあたり，平成Ｘ7年6月1日に購入した備品（取得原価¥800,000，耐用年数12年，残存価額は取得原価の10％）について，定額法で減価償却を行った。なお，間接法で記帳する。

(3)　決算にあたり，平成Ｘ7年8月1日に購入した備品（取得原価¥600,000，耐用年数10年，残存価額は¥0）について，定額法で減価償却を行った。なお，記帳方法は間接法とする。

(4)　月次決算にあたり，建物の減価償却を行った。建物の減価償却費の年間見積額は¥600,000である。なお，間接法で記帳する。

	借　　　方	金　　額	貸　　　方	金　　額
(1)				
(2)				
(3)				
(4)				

◆問題4◆　（解答 ☞ 41頁）

次の決算整理事項にもとづいて，精算表に必要な記入をしなさい。なお，会計期間は1年である。

（決算整理事項）

備品（取得原価¥600,000，耐用年数20年，残存価額¥0）について，定額法で減価償却を行った。

精　算　表

勘 定 科 目	残高試算表		修 正 記 入		損 益 計 算 書		貸 借 対 照 表	
	借　方	貸　方	借　方	貸　方	借　方	貸　方	借　方	貸　方
⋮								
備　　　　　品	600,000						(　　　　)	
備品減価償却累計額		90,000	(　　　)					(　　　)
減 価 償 却 費			(　　　)		(　　　)			

◆問題5◆　（解答 ☞ 42頁）

次の決算整理事項にもとづいて，精算表に必要な記入をしなさい。なお，会計期間は1年である。

（決算整理事項）

建物（耐用年数20年，残存価額¥60,000）について，定額法で減価償却を行った。

精　算　表

勘 定 科 目	残高試算表		修 正 記 入		損 益 計 算 書		貸 借 対 照 表	
	借　方	貸　方	借　方	貸　方	借　方	貸　方	借　方	貸　方
⋮								
建　　　　　物	600,000							
建物減価償却累計額		270,000						
減 価 償 却 費								

5　固定資産台帳

固定資産台帳は，建物や備品などの種類別に明細を記録し管理する補助簿である。固定資産台帳には，建物台帳・備品台帳などの口座を設けて，取得資産ごとに，その取得年月日・取得原価・減価償却費，現在高などを記入する。

例題3の資料をもとに固定資産台帳を作成すると次のようになる。

固定資産台帳

建 物 台 帳

所在地	品川区大崎1－2－3				耐用年数	6年
構　造	木　造				残存価額	取得原価の10%
用　途	店　舗				償却方法	定額法

年月日			摘　　　　要	取 得 原 価	減価償却費	減価償却累計額	現 在 高	備 考
X1	4	1	購　　　　入	60,000			60,000	
X2	3	31	減 価 償 却 費		9,000	9,000	51,000	
X3	3	31	減 価 償 却 費		9,000	18,000	42,000	

現在高は，取得原価から減価償却累計額を差し引いた金額で，帳簿価額を示している。

また，保有している建物や土地などの取得年月日や取得原価などの情報を一覧にまとめた台帳（固定資産台帳または固定資産管理台帳）もある。

固定資産管理台帳　　　　　　　平成31年3月31日現在

取得年月日	用途	数量面積	耐用年数	期首(期中取得)取 得 原 価	期首減価償却累 計 額	差引期首(期中取得)帳簿価額	当　　期減価償却額
建物							
平成21.4.1	店　舗	1	30年	3,000,000	900,000	2,100,000	10,000
平成30.7.1	倉　庫	1	10年	1,000,000	0	1,000,000	75,000
小　計				4,000,000	900,000	3,100,000	85,000
土地							
平成20.9.5	店舗用	90㎡	－	10,000,000	－	－	－

◆問題6◆　（解答 ☞ 42頁）

次の固定資産台帳に必要な記入をしなさい。

建 物 台 帳

所在地	品川区大崎3－2－1				耐用年数	20年
構　造	木　造				残存価額	取得原価の10%
用　途	店　舗				償却方法	定額法

年月日			摘　　　　要	取 得 原 価	減価償却費	減価償却累計額	現 在 高	備 考
X1	4	1	購　　　　入	400,000				
X2	3	31	減 価 償 却 費					
X3	3	31	減 価 償 却 費					

6　有形固定資産の売却

　所有する有形固定資産を売却したとき，間接法によって記帳している場合は，その取得原価を有形固定資産の勘定の貸方に記入し，当該有形固定資産の減価償却累計額を減価償却累計額勘定の借方に記入する。売却価額が帳簿価額より高い場合は，その差額を**固定資産売却益勘定**（収益）の貸方に記入し，逆に，売却価額が帳簿価額より低い場合は，その差額を**固定資産売却損勘定**（費用）の借方に記入する。

　なお，期中に売却したときは，期首から売却した月までの減価償却費を月割りで計算し，この計上も併せて記入する。

◆例題４◆

　次の取引の仕訳を示しなさい。

　平成Ｘ７年４月１日に，不要となった商品陳列棚（購入日：平成Ｘ５年４月１日，取得原価¥300,000，減価償却方法：定額法，記帳方法：間接法，耐用年数５年，残存価額：取得原価の10％）を¥150,000で売却し，代金は月末に受け取る約束をした。なお，決算日は３月31日で，会計期間は１年である。

（借）備品減価償却累計額	108,000	（貸）備　　　　品	300,000
未 収 入 金	150,000		
固定資産売却損	42,000		

　（注）　減価償却累計額　$\dfrac{¥300,000-（¥300,000×0.1）}{5年}×2年（X5.4/1～X7.3/31）=¥108,000$

　　　　帳簿価額　¥300,000-¥108,000=¥192,000

　　　　売却価額が帳簿価額より低いので，固定資産売却損¥42,000（=¥192,000-¥150,000）となる。

◆問題７◆　（解答 ☞ 42頁）

　次の各取引の仕訳を示しなさい。

(1)　不要となった建物（取得原価¥3,000,000，減価償却累計額¥2,600,000，記帳方法：間接法）を¥420,000で売却し，代金は月末に受け取ることにした。

(2)　平成Ｘ９年10月１日に，不要となった備品（購入日：平成Ｘ６年10月１日，取得原価¥700,000，減価償却方法：定額法，記帳方法：間接法，耐用年数５年，残存価額：取得原価の10％）を¥300,000で売却し，代金は現金で受け取った。なお，決算日は９月30日（年１回）である。

(3)　不要となった備品（取得原価¥800,000，期首減価償却累計額¥650,000，記帳方法：間接法）を¥160,000で売却し，代金は小切手で受け取った。なお，期首から売却した月までの減価償却費は¥15,000である。

	借　　　方	金　　額	貸　　　方	金　　額
(1)				
(2)				
(3)				

◆**問題8**◆　（解答 ☞ **43頁**）

　次の決算整理事項にもとづいて，精算表を完成しなさい。なお，会計期間は，平成Ｘ７年４月１日から平成Ｘ８年３月31日である。

（決算整理事項）

⑴　現金の実際有高は¥82,000であった。帳簿残高¥78,000との差額のうち¥3,000は売掛金回収の記入もれであったが，残高については不明であった。

⑵　受取手形と売掛金の期末残高に対して２％の貸倒れを見積もる。貸倒引当金の設定は差額補充法による。

⑶　期末商品棚卸高は¥10,000である。なお，売上原価は「仕入」の行で計算すること。

⑷　備品（耐用年数６年，残存価額：取得原価の10％）について，定額法により減価償却を行う。

精　算　表

勘定科目	残高試算表 借方	残高試算表 貸方	修正記入 借方	修正記入 貸方	損益計算書 借方	損益計算書 貸方	貸借対照表 借方	貸借対照表 貸方
現　　　　金	78,000							
受　取　手　形	25,000							
売　　掛　　金	38,000							
繰　越　商　品	12,000							
備　　　　品	200,000							
支　払　手　形		33,000						
買　　掛　　金		26,000						
未　　払　　金		10,000						
貸　倒　引　当　金		400						
備品減価償却累計額		60,000						
資　　本　　金		180,000						
繰越利益剰余金		20,000						
売　　　　上		300,000						
受　取　手　数　料		14,000						
仕　　　　入	240,000							
給　　　　料	32,000							
通　　信　　費	6,600							
支　払　家　賃	11,800							
	643,400	643,400						
（　　　　　　）								
（　　　　　　）								
（　　　　　　）								
当　期　純（　　）								

第15章　株式会社会計

1　株式会社の剰余金

　資産から負債を差し引いたものを純資産といい，純資産には資本金や繰越利益剰余金などがある。

　株式会社は，設立やその後の増資にあたり，株式を発行して，投資家（株主）の引受けを得て，資金を払い込んでもらう。株主から払い込まれた資産は資本金として計上され，それを活用した成果である利益は繰越利益剰余金として計上される。

2　株式の発行

　株式を発行したときは，設立・増資に関係なく，原則として払込金の全額を資本金に組み入れるため，**資本金勘定**（純資産）で処理する。

◆例題1◆

　次の各取引の仕訳を示しなさい。

(1)　会社の設立にあたり，株式1,000株を1株当たり￥300の価額で発行し，その全額の引受けと払込みを受け，払込金は当座預金とした。なお，払込金の全額を資本金に組み入れることにした。

　　（借）当　座　預　金　　300,000　　　　（貸）資　　本　　金　　300,000

　　（注）資　　本　　金　￥300×1,000株＝￥300,000

(2)　増資にあたり，新株2,000株を￥500,000で発行し，その全額の引受けと払込みを受け，払込金は当座預金とした。

　　（借）当　座　預　金　　500,000　　　　（貸）資　　本　　金　　500,000

◆問題1◆　（解答 ☞ 44頁）

　次の各取引の仕訳を示しなさい。

(1)　会社の設立にあたり，株式2,000株を1株当たり￥500の価額で発行し，その全額の引受けと払込みを受け，払込金は当座預金とした。なお，払込金の全額を資本金に組み入れることにした。

(2)　会社の設立にあたり，株式1,000株を￥600,000の価額で発行し，その全額の引受けと払込みを受け，払込金は当座預金とした。

(3)　事業規模拡大のための増資を行うにあたり，新たに株式3,000株を1株当たり￥400の価額で発行し，その全額の引受けと払込みを受け，払込金は当座預金とした。なお，払込金の全額を資本金に組み入れることにした。

	借　　　方	金　　額	貸　　　方	金　　額
(1)				
(2)				
(3)				

3　剰余金の処分

(1)　繰越利益剰余金

　株式会社では，損益勘定で算出した当期純利益または当期純損失は，**繰越利益剰余金勘定**（純資産）の貸方または借方に振り替えて，次期に繰り越す。繰り越された利益は，株主総会の決議によって株主への配当金や利益準備金などに処分される。

◆例題2◆

　次の取引の仕訳を示しなさい。

　3月31日　大崎商事株式会社は，第1期の決算の結果，当期純利益￥50,000を計上した。

　　（借）損　　　　益　　50,000　　　　（貸）繰越利益剰余金　　50,000

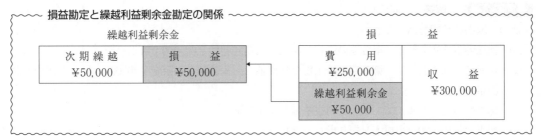

◆問題2◆　（解答 ☞ 44頁）

　次の取引の仕訳を示しなさい。

　品川商事株式会社は，第7期の決算の結果，当期純利益￥60,000を計上した。

借　　　　方	金　　額	貸　　　　方	金　　額

(2)　剰余金の配当

　剰余金の配当は，株主に対して金銭などを支払うことをいう。繰越利益剰余金の処分として，配当金の支払いが決定したときは，その支払額を繰越利益剰余金勘定の借方と**未払配当金勘定**（負債）の貸方に記入する。

(3)　利益準備金

　利益準備金とは，繰越利益剰余金の配当に伴い，強制的に積み立てられた利益の留保額である。積み立てが決定されたときは，その積立額を繰越利益剰余金勘定の借方と**利益準備金勘定**（純資産）の貸方に記入する。

◆例題3◆

　次の各取引の仕訳を示しなさい。

　6月25日　大崎商事株式会社は，第1期の株主総会を開催し，繰越利益剰余金￥50,000の処分を次のとおり決定した。

　　　　　株主配当金：￥30,000　　　　利益準備金：￥3,000

　　　　（借）繰越利益剰余金　　33,000　　（貸）未 払 配 当 金　　30,000
　　　　　　　　　　　　　　　　　　　　　　　利 益 準 備 金　　 3,000

　7月2日　配当金￥30,000を小切手を振り出して支払った。

　　　　（借）未 払 配 当 金　　30,000　　（貸）当 座 預 金　　30,000

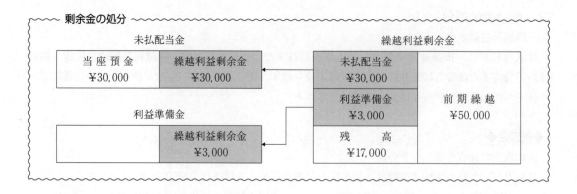

◆**問題3**◆　（解答 ☞ **44頁**）

次の各取引の仕訳を示しなさい。

(1)　秋元商事株式会社は，第5期の決算の結果，当期純利益￥60,000を計上した。

(2)　秋元商事株式会社は，第5期の株主総会を開催し，繰越利益剰余金￥70,000の処分を次のとおり決定した。

　　株主配当金：￥50,000　　　　利益準備金：￥5,000

(3)　配当金￥50,000を小切手を振り出して支払った。

(4)　横浜商事株式会社は，第10期の株主総会を開催し，繰越利益剰余金￥90,000の処分を次のとおり決定した。なお，発行済株式数は1,000株である。

　　配当金：1株につき￥70　　　利益準備金：￥7,000

(5)　会社の設立にあたり，株式2,000株を1株当たり￥800の価額で発行し，その全額の引受けと払込みを受け，払込金は当座預金とした。

(6)　事業規模拡大のための増資を行うにあたり，新たに株式を￥1,000,000の価額で発行し，その全額の引受けと払込みを受け，払込金は当座預金とした。なお，払込金の全額を資本金に組み入れることにした。

	借　　方	金　額	貸　　方	金　額
(1)				
(2)				
(3)				
(4)				
(5)				
(6)				

第16章　税　　　　金

1　株式会社の税金

　株式会社が納付しなければならない税金には，法人税・印紙税など国が課す税金（**国税**）と住民税・事業税・固定資産税など地方公共団体が課す税金（**地方税**）がある。

2　租　税　公　課

(1)　固定資産税

　固定資産税は，毎年1月1日現在に所有する土地・建物などの固定資産に対して課せられる税金で，一括納付または4期に分けて納付する。

　固定資産税を納付したときは，**租税公課勘定**（費用）または固定資産税勘定の借方に記入する。

(2)　印　紙　税

　印紙税は，領収書・売買契約書などの作成や手形を振り出すときなどに課せられる税金で，収入印紙を領収書や売買契約書などに貼付・消印することにより納付とされる。

　収入印紙を購入したときは，**租税公課勘定**または印紙税勘定の借方に記入する。

◆例題1◆

　次の各取引の仕訳を示しなさい。

(1)　固定資産税の第1期分¥17,000を現金で納付した。

（借）租　税　公　課　　17,000　　（貸）現　　　　　金　　17,000

(2)　収入印紙¥30,000を現金で購入した。

（借）租　税　公　課　　30,000　　（貸）現　　　　　金　　30,000

◆問題1◆　（解答 ☞ 45頁）

　次の各取引の仕訳を示しなさい。

(1)　固定資産税の第3期分¥25,000を現金で納付した。

(2)　1枚¥200の収入印紙を30枚購入し，代金は現金で支払った。

(3)　土地と建物に対する固定資産税¥80,000の納付通知書を受け取り，全額を現金で納付した。

	借　　　方	金　　額	貸　　　方	金　　額
(1)				
(2)				
(3)				

3　法人税・住民税・事業税

　法人税は，株式会社などの法人の当期純利益をもとに，税法の規定によって税額を確定して国に納める税金である。また，住民税は，道府県民税と市町村民税をあわせた税金で，事業税は，事業活動を行っている法人に課せられ，都道府県に納める税金である。

　法人税・住民税・事業税は，基本的に会社の利益に対して課せられ，申告や納付の方法が同じであるため，これらの税金はまとめて**法人税，住民税及び事業税勘定**または**法人税等勘定**で処理する。

(1)　中間申告

　株式会社は，期首から6カ月を経過した日から2カ月以内に中間申告を行う。中間申告では，前年度の法人税額の2分の1か，中間決算を行って計算した法人税額のいずれかを納付する。中間申告によって中間納付税額を納めたときは，**仮払法人税等勘定**（資産）の借方に記入する。

(2)　決算日の処理

　会計上は，収益と費用との差額である税引前当期純利益を算出して，この税引前当期純利益に税率を乗じて法人税額を算定する。この法人税額を法人税，住民税及び事業税勘定または法人税等勘定の借方に記入するとともに，中間納付税額を仮払法人税等勘定の貸方に記入し，また，法人税額と中間納付税額との差額を**未払法人税等勘定**（負債）の貸方に記入する。

(3)　確定申告・納付の処理

　決算日の翌日から，原則として2カ月以内に確定申告を行い，未払法人税等を納付する。

◆**例題2**◆

　次の一連の取引の仕訳を示しなさい。

(1)　法人税等の中間申告を行い，前年度の法人税額の50%に相当する¥40,000を現金で支払った。

（借）仮払法人税等　　40,000　　（貸）現　　　　金　　40,000

(2)　決算にあたり，税引前当期純利益¥300,000の30%を法人税，住民税及び事業税に計上した。

（借）法人税，住民税及び事業税　　90,000　　（貸）仮払法人税等　　40,000
　　　　　　　　　　　　　　　　　　　　　　　未払法人税等　　50,000

　　（注）　法人税，住民税及び事業税　税引前当期純利益¥300,000×30% = ¥90,000
　　　　　　未払法人税等　法人税等¥90,000－仮払法人税等¥40,000 = ¥50,000

(3)　法人税等の確定申告を行って，未払法人税等¥50,000を現金で納付した。

（借）未払法人税等　　50,000　　（貸）現　　　　金　　50,000

◆**問題2**◆　（解答 ☞ 45頁）

　次の各取引の仕訳を示しなさい。

(1)　法人税等の中間申告を行い，中間決算を行って計算した法人税額¥50,000を現金で支払った。

(2)　決算にあたり，税引前当期純利益¥480,000の25%を法人税，住民税及び事業税に計上した。
　　　なお，法人税等の中間納付税額¥50,000は納付している。

(3)　法人税等の確定申告を行って，未納額¥70,000を現金で納付した。

	借　　　方	金　　額	貸　　　方	金　　額
(1)				
(2)				
(3)				

4　消　費　税

　消費税は，商品の販売やサービスの提供をした場合に課せられる税金である。消費税は，商品の流通過程の各段階で課税され，事業者（企業）が納税義務者となるが，最終的には消費者が税の負担者となる。よって，消費税は企業の損益に影響しない税金といえる。なお，消費税の記帳方法には，税抜方式と税込方式とがあるが，ここでは税抜方式について述べる。

　税抜方式では，商品を仕入れたときに，消費税額を**仮払消費税勘定**（資産）の借方に記入し，商品を売り上げたときに，消費税額を**仮受消費税勘定**（負債）の貸方に記入する。そして，決算日に仮払消費税勘定残高と仮受消費税勘定残高との差額を**未払消費税勘定**（負債）の貸方に記入する。

◆例題3◆

　次の各取引の仕訳を示しなさい。なお，消費税率は10%とし，消費税の記帳は税抜方式とする。

(1)　商品￥10,000（本体価格）を仕入れ，代金は消費税を含めて掛けとした。

　　（借）仕　　　　　入　　　10,000　　　（貸）買　掛　金　　　11,000
　　　　　仮 払 消 費 税　　　 1,000

　　（注）仮払消費税　￥10,000×10% = ￥1,000

(2)　商品￥16,500（消費税込み）を売り上げ，代金は現金で受け取った。

　　（借）現　　　　　金　　　16,500　　　（貸）売　　　　　上　　　15,000
　　　　　　　　　　　　　　　　　　　　　　　仮 受 消 費 税　　　 1,500

　　（注）売上　￥16,500÷(1 + 0.1) = ￥15,000
　　　　　仮受消費税　売上￥15,000×0.1 = ￥1,500

(3)　決算にあたり，納付する消費税額を計上した。なお，仮払消費税勘定残高は￥50,000で，仮受消費税勘定残高は￥60,000であった。

　　（借）仮 受 消 費 税　　　60,000　　　（貸）仮 払 消 費 税　　　50,000
　　　　　　　　　　　　　　　　　　　　　　　未 払 消 費 税　　　10,000

◆問題3◆　（解答 ☞ 45頁）

　次の各取引の仕訳を示しなさい。なお，消費税率は10%とし，消費税の記帳は税抜方式とする。

(1)　商品￥22,000（消費税込み）を仕入れ，代金は掛けとした。

(2)　商品￥30,000（本体価格）を売り上げ，代金は消費税を含めて掛けとした。

(3)　備品￥5,500（消費税込み）を購入し，代金は来月末払いとした。

(4)　決算にあたり，納付する消費税額を計上した。なお，仮払消費税勘定残高は￥75,000で，仮受消費税勘定残高は￥86,000であった。

	借　　　方	金　　額	貸　　　方	金　　額
(1)				
(2)				
(3)				
(4)				

第17章　費用・収益の前払・前受と未収・未払の計上

1　経過勘定項目

　期中において，費用・収益は，現金の支出および収入にもとづいて計上される。しかし，費用・収益の中には，次期以降の費用・収益として計上すべきものが含まれていることがある。また，当期の費用・収益として既に発生しているにもかかわらず，現金の支出および収入がないため計上されていないものもある。

　そこで決算にあたり，当期に属する損益を正しく計上するために，既に計上した費用・収益から次期以降に属する費用・収益，つまり費用の前払分・収益の前受分を差し引かなければならない。

　また，当期の費用・収益として発生しているにもかかわらず，いまだ計上されていない費用・収益，つまり費用の未払分・収益の未収分を計上しなければならない。

　費用の前払分・収益の前受分は，経過的に**前払費用・前受収益**として計上し，費用の未払分・収益の未収分は，経過的に**未払費用・未収収益**として計上する。このような項目を**経過勘定項目**という。この費用・収益の前払・前受と未収・未払の計上は，決算整理事項の一つである。

2　費用の前払い

　一定の契約に従い，継続して役務の提供を受ける場合，例えば，保険契約の場合で，この保険料の支払額のうち次期以降に属する費用，つまり費用の前払分については，当該金額を**支払保険料勘定**または**保険料勘定**から差し引くため，その貸方に記入するとともに，**前払保険料勘定**（資産）の借方に記入する。このような資産を**前払費用**という。

　前払費用は，次期の費用となるので，翌期に前払保険料勘定から支払保険料勘定または保険料勘定の借方に再び振り替える。この仕訳を**再振替仕訳**という。

◆例題1◆

　次の各取引を仕訳し，支払保険料勘定と前払保険料勘定に転記して締め切りなさい。

　4月1日　　1年分の保険料¥12,000を現金で支払った。

　　　　　　（借）支 払 保 険 料　　　12,000　　　（貸）現　　　　　金　　　12,000

12月31日　　決算にあたり，保険料のうち¥3,000は前払分であった。

　　　　　　（借）前 払 保 険 料　　　 3,000　　　（貸）支 払 保 険 料　　　 3,000

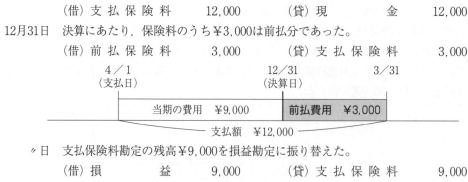

　　〃日　　支払保険料勘定の残高¥9,000を損益勘定に振り替えた。

　　　　　　（借）損　　　　　益　　　 9,000　　　（貸）支 払 保 険 料　　　 9,000

　1月1日　　前払保険料¥3,000を支払保険料勘定に再振替した。

　　　　　　（借）支 払 保 険 料　　　 3,000　　　（貸）前 払 保 険 料　　　 3,000

支払保険料					前払保険料			
4／1 現　金	12,000	12/31 前払保険料	3,000		12/31 支払保険料	3,000	12/31 次期繰越	3,000
		〃 損　益	9,000		1／1 前期繰越	3,000	1／1 支払保険料	3,000
	12,000		12,000					
1／1 前払保険料	3,000							

◆問題1◆　（解答 ☞ 46頁）

次の一連の取引を仕訳しなさい。

3月1日　火災保険に加入し，1年分の保険料￥24,000を現金で支払った。

12月31日　決算にあたり，保険料の前払分を差し引いた。

　〃日　支払保険料勘定の残高を損益勘定に振り替えた。

1月1日　再振替仕訳を行った。

	借　　　　方	金　　額	貸　　　　方	金　　額
3／1				
12／31				
〃				
1／1				

3　保険料の資産処理

　保険料を支払ったとき，前払保険料勘定の借方に記入する**資産処理**を行う方法がある。この場合は，決算にあたり，当期に計上すべき費用を**前払保険料勘定**の貸方に記入するとともに，**支払保険料勘定**の借方に記入する。なお，支払時に資産処理する場合は，翌期において再振替仕訳を行う必要はない。

◆例題2◆

次の各取引を仕訳し，前払保険料勘定と支払保険料勘定に転記して締め切りなさい。

4月1日　1年分の保険料￥12,000を現金で支払い，前払保険料として処理した。

　　　　（借）前 払 保 険 料　　12,000　　　（貸）現　　　　　金　　12,000

12月31日　決算にあたり，保険料の当期発生額は￥9,000であった。

　　　　（借）支 払 保 険 料　　　9,000　　　（貸）前 払 保 険 料　　　9,000

　〃日　支払保険料勘定の残高￥9,000を損益勘定に振り替えた。

　　　　（借）損　　　　　益　　　9,000　　　（貸）支 払 保 険 料　　　9,000

```
              前払保険料                              支払保険料
4／1 現   金 12,000 │12/31 支払保険料 9,000    12/31 前払保険料 9,000 │12/31 損   益 9,000
                   │ 〃   次期繰越  3,000
            12,000 │         12,000
1／1 前期繰越 3,000 │
```

◆問題2◆　（解答 ☞ 46頁）

次の一連の取引を仕訳しなさい。

8月1日　火災保険に加入し，1年分の保険料￥18,000を現金で支払い，前払保険料として処理した。

3月31日　決算にあたり，当期分の保険料を計上した。

	借　　　　方	金　　額	貸　　　　方	金　　額
8／1				
3／31				

第17章

4　収益の前受け

　一定の契約に従い，継続して役務の提供を行う場合，例えば，建物の賃貸契約の場合で，この家賃の受取額のうち次期以降に属する収益，つまり収益の前受分については，当該金額を**受取家賃勘定**から差し引くため，その借方に記入するとともに，**前受家賃勘定**（負債）の貸方に記入する。このような負債を**前受収益**という。

　前受収益は，次期の収益となるので，翌期に前受家賃勘定から受取家賃勘定の貸方に再び振り替える。

◆例題3◆

次の各取引を仕訳し，受取家賃勘定と前受家賃勘定に転記して締め切りなさい。

　5月1日　1年分の家賃￥12,000を現金で受け取った。

　　　　　（借）現　　　　金　　12,000　　　　（貸）受　取　家　賃　　12,000

12月31日　決算にあたり，家賃のうち￥4,000は前受分であった。

　　　　　（借）受　取　家　賃　　4,000　　　　（貸）前　受　家　賃　　4,000

```
      5／1              12／31          4／30
     （受取日）          （決算日）

          当期の収益  ￥8,000    前受収益  ￥4,000
            ──────── 受取額  ￥12,000 ────────
```

　〃日　受取家賃勘定の残高￥8,000を損益勘定に振り替えた。

　　　　　（借）受　取　家　賃　　8,000　　　　（貸）損　　　　益　　8,000

　1月1日　前受家賃￥4,000を受取家賃勘定に再振替した。

　　　　　（借）前　受　家　賃　　4,000　　　　（貸）受　取　家　賃　　4,000

受　取　家　賃				前　受　家　賃			
12/31 前受家賃	4,000	5／1 現　金	12,000	12/31 次期繰越	4,000	12/31 受取家賃	4,000
〃　損　益	8,000			1／1 受取家賃	4,000	1／1 前期繰越	4,000
	12,000		12,000				
		1／1 前受家賃	4,000				

◆問題3◆　（解答 ☞ 46頁）

次の一連の取引を仕訳しなさい。

　4月1日　建物を貸し付け，1年分の家賃￥36,000を現金で受け取った。

12月31日　決算にあたり，家賃の前受分を差し引いた。

　〃日　受取家賃勘定の残高を損益勘定に振り替えた。

　1月1日　再振替仕訳を行った。

	借　　　方	金　　額	貸　　　方	金　　額
4／1				
12／31				
〃				
1／1				

◆問題4◆ （解答 ☞ 47頁）

次の決算整理事項にもとづいて，精算表に必要な記入をしなさい。なお，決算日は3月31日で，会計期間は1年である。

（決算整理事項）

(1) 受取地代¥24,000は，当期の7月1日に向こう1年分を受け取ったものである。

(2) 保険料のうち，¥30,000は，当期の9月1日に向こう1年分を支払ったものである。

精　算　表

勘 定 科 目	残高試算表 借　方	残高試算表 貸　方	修 正 記 入 借　方	修 正 記 入 貸　方	損益計算書 借　方	損益計算書 貸　方	貸借対照表 借　方	貸借対照表 貸　方
：								
受 取 地 代		24,000	（　　　）			（　　　）		
保 　険 　料	45,000			（　　　）	（　　　）			
前 受 地 代			（　　　）					（　　　）
前 払 保 険 料			（　　　）				（　　　）	

◆問題5◆ （解答 ☞ 47頁）

次の精算表に必要な記入をしなさい。なお，保険料の未経過分は¥2,600である。

精　算　表

勘 定 科 目	残高試算表 借　方	残高試算表 貸　方	修 正 記 入 借　方	修 正 記 入 貸　方	損益計算書 借　方	損益計算書 貸　方	貸借対照表 借　方	貸借対照表 貸　方
：								
前 払 保 険 料	15,600			（　　　）			（　　　）	
支 払 保 険 料			（　　　）		（　　　）			

◆問題6◆ （解答 ☞ 47頁）

次の決算整理事項にもとづいて，精算表に必要な記入をしなさい。なお，決算日は12月31日で，会計期間は1年である。

（決算整理事項）

(1) 貸付金¥200,000は，当期の8月1日に得意先箱根商店に対して貸付期間1年の条件で貸し付けたもので，1年分の利息¥6,000を差し引いた手取金を現金で渡している。なお，利息は月割り計算とする。

(2) 保険料は，毎年3月1日に向こう1年分を支払っている。なお，1カ月分の保険料は¥2,600である。

精　算　表

勘 定 科 目	残高試算表 借　方	残高試算表 貸　方	修 正 記 入 借　方	修 正 記 入 貸　方	損益計算書 借　方	損益計算書 貸　方	貸借対照表 借　方	貸借対照表 貸　方
：								
貸 　付 　金	200,000							
受 取 利 息		6,000						
保 　険 　料	36,400							
（　　　） 利 息								
（　　　） 保 険 料								

5　費用の未払い

　一定の契約に従い，継続して役務の提供を受ける場合，例えば，金銭の借り入れの場合で，この利息について，時の経過により当期の費用として発生しているにもかかわらず，利払日が到来していない理由で，まだ支払っていないものについては，当該金額を**支払利息勘定**に計上するため，その借方に記入するとともに，**未払利息勘定**（負債）の貸方に記入する。このような負債を**未払費用**という。

　未払費用は当期の費用で，次期から見れば前期の費用であるため，次期に未払利息勘定から支払利息勘定の貸方に振り替える再振替仕訳をする。次期の利払日に未払利息の金額を含んだものを支払利息勘定の借方に計上するが，再振替仕訳をしたことで，支払利息勘定の残高は次期の発生額を示すことになる。

◆例題4◆

　次の各取引を仕訳し，支払利息勘定と未払利息勘定に転記して締め切りなさい。

　5月1日　借入期間1年，利率年3％，利息は返済時に支払う条件で，現金¥100,000を借り入れた。

　　　　　（借）現　　　　　金　　100,000　　　（貸）借　　入　　金　　100,000

12月31日　決算にあたり，利息の未払分¥2,000を計上した。

　　　　　（借）支　払　利　息　　　2,000　　　（貸）未　払　利　息　　　2,000

5／1 （借入日）		12／31 （決算日）	4／30 （返済日）
	未払費用　¥2,000	次期の費用　¥1,000	
	当期の費用　¥2,000		

　　〃日　支払利息勘定の残高¥2,000を損益勘定に振り替えた。

　　　　　（借）損　　　　　益　　　2,000　　　（貸）支　払　利　息　　　2,000

　1月1日　未払利息¥2,000を支払利息勘定に再振替した。

　　　　　（借）未　払　利　息　　　2,000　　　（貸）支　払　利　息　　　2,000

　4月30日　借入金¥100,000を利息¥3,000とともに現金で支払った。

　　　　　（借）借　　入　　金　　100,000　　　（貸）現　　　　　金　　103,000
　　　　　　　　支　払　利　息　　　3,000

支払利息			
12／31 未払利息 2,000	12／31 損　　益 2,000
4／30 現　　金 3,000	1／1 未払利息 2,000

未払利息			
12／31 次期繰越 2,000	12／31 支払利息 2,000
1／1 支払利息 2,000	1／1 前期繰越 2,000

◆問題7◆　（解答 ☞ 48頁）

　次の一連の取引を仕訳しなさい。

12月31日　決算にあたり，地代の未払分¥5,000を計上した。

　　〃日　支払地代勘定の残高¥12,000を損益勘定に振り替えた。

　1月1日　再振替仕訳を行った。

	借　　　方	金　　額	貸　　　方	金　　額
12／31				
〃				
1／1				

6　収益の未収

　一定の契約に従い，継続して役務の提供を行う場合，例えば，金銭の貸し付けの場合で，この利息について，時の経過により当期の収益として発生しているにもかかわらず，利払日が到来していない理由で，まだ受け取っていないものについては，当該金額を受取利息勘定に計上するため，その貸方に記入するとともに，**未収利息勘定**（資産）の借方に記入する。このような資産を**未収収益**という。

　未収収益は当期の収益で，次期から見れば前期の収益であるため，次期に未収利息勘定から受取利息勘定の借方に振り替える再振替仕訳をする。次期の利払日に未収利息の金額を含んだものを受取利息勘定の貸方に計上するが，再振替仕訳をしたことで，受取利息勘定の残高は次期の発生額を示すことになる。

◆**例題5**◆

次の各取引を仕訳し，受取利息勘定と未収利息勘定に転記して締め切りなさい。

　4月1日　貸付期間1年，利率年4％，利払日：9月と3月の末日の条件で，現金¥100,000を貸し付けた。

　　　　　（借）貸　付　金　　100,000　　　（貸）現　　　　金　　100,000

　9月30日　貸付金の利息として¥2,000を現金で受け取った。

　　　　　（借）現　　　金　　　2,000　　　（貸）受　取　利　息　　2,000

　12月31日　決算にあたり，利息の未収分¥1,000を計上した。

　　　　　（借）未　収　利　息　　1,000　　　（貸）受　取　利　息　　1,000

4／1 （貸付日）		9／30 （利払日）	12／31 （決算日）	3／31 （返済日）
	受取額　¥2,000		未収収益　¥1,000	次期の収益　¥1,000

　　　　　　　　　　　　　　─ 当期の収益　¥3,000 ─

　〃日　受取利息勘定の残高¥3,000を損益勘定に振り替えた。

　　　　　（借）受　取　利　息　　3,000　　　（貸）損　　　　益　　3,000

　1月1日　未収利息¥1,000を受取利息勘定に再振替した。

　　　　　（借）受　取　利　息　　1,000　　　（貸）未　収　利　息　　1,000

　3月31日　貸付金¥100,000を利息¥2,000とともに現金で受け取った。

　　　　　（借）現　　　金　　102,000　　　（貸）貸　付　金　　100,000
　　　　　　　　　　　　　　　　　　　　　　　受　取　利　息　　　2,000

受　取　利　息		
12／31 損　益　3,000	9／30 現　金　2,000	
	12／31 未収利息　1,000	
3,000	3,000	
1／1 未収利息　1,000	3／31 現　金　2,000	

未　収　利　息		
12／31 受取利息　1,000	12／31 次期繰越　1,000	
1／1 前期繰越　1,000	1／1 受取家賃　1,000	

第17章

◆問題8◆　（解答 ☞ 48頁）

次の一連の取引を仕訳しなさい。

9月1日　貸付期間1年，利率年5％，利払日：2月と8月の末日の条件で，現金¥300,000を貸し付けた。

2月28日　貸付金の利払日となり，6カ月分の利息を現金で受け取った。

3月31日　決算にあたり，利息の未収分を計上した。なお，利息は月割り計算とする。

〃日　受取利息勘定の残高を損益勘定に振り替えた。

4月1日　再振替仕訳を行った。

8月31日　貸付金¥300,000を6カ月分の利息とともに現金で受け取った。

	借　　　方	金　　額	貸　　　方	金　　額
9／1				
2／28				
3／31				
〃				
4／1				
8／31				

◆問題9◆　（解答 ☞ 48頁）

次の決算整理事項にもとづいて，精算表に必要な記入をしなさい。なお，決算日は12月31日で，会計期間は1年である。

（決算整理事項）

(1)　借入金¥300,000は，当期の7月1日に借入期間10カ月，利率年3％，利息は元金返済時に支払う条件で借り入れたものである。利息については月割り計算による。

(2)　家賃は1カ月¥3,000で，4月から9月までの家賃を9月末に，10月から翌年3月までの家賃を3月末に受け取っている。

(3)　地代の前受分が¥8,000ある。

精　算　表

勘 定 科 目	残高試算表		修 正 記 入		損 益 計 算 書		貸借対照表	
	借　方	貸　方	借　方	貸　方	借　方	貸　方	借　方	貸　方
⋮								
借　　入　　金		300,000						
受　取　家　賃		27,000						
受　取　地　代		45,000						
支　払　利　息	10,000							
（　　　）利　息								
（　　　）家　賃								
（　　　）地　代								

7　貯蔵品の処理

　換金性が高い収入印紙や郵便切手などのうち，決算日において未使用のものは**貯蔵品**として次期に繰り越される。例えば，収入印紙は，購入時に租税公課勘定の借方に記入し，決算にあたり，その未使用分を租税公課勘定の貸方に記入するとともに，**貯蔵品勘定**（資産）の借方に記入する。

　貯蔵品は，次期の費用となるので，翌期に貯蔵品勘定から租税公課勘定の借方に再び振り替える。

◆例題6◆

　次の各取引を仕訳し，租税公課勘定と貯蔵品勘定に転記して締め切りなさい。

3月3日　収入印紙¥6,000を購入し，代金は現金で支払った。

　　　　（借）租　税　公　課　　　6,000　　　（貸）現　　　　金　　　6,000

　　31日　決算にあたり，収入印紙の未使用分は¥1,000であった。

　　　　（借）貯　蔵　品　　　1,000　　　（貸）租　税　公　課　　　1,000

　〃日　租税公課勘定の残高¥5,000を損益勘定に振り替えた。

　　　　（借）損　　　益　　　5,000　　　（貸）租　税　公　課　　　5,000

4月1日　再振替仕訳を行った。

　　　　（借）租　税　公　課　　　1,000　　　（貸）貯　蔵　品　　　1,000

```
            租税公課                              貯蔵品
3/3 現   金 6,000 │3/31 貯蔵品 1,000    3/31 租税公課 1,000 │3/31 次期繰越 1,000
                  │ 〃  損  益 5,000    4/1 前期繰越 1,000 │4/1 租税公課 1,000
            6,000 │       6,000
4/1 貯蔵品 1,000 │
```

◆問題10◆　（解答 ☞ 49頁）

　次の一連の取引を仕訳しなさい。

12月10日　郵便切手¥8,000を購入し，代金は現金で支払った。

　　31日　決算にあたり，郵便切手の未使用分は¥2,000であった。

　　〃日　通信費勘定の残高を損益勘定に振り替えた。

1月1日　再振替仕訳を行った。

	借　　方	金　　額	貸　　方	金　　額
12/10				
31				
〃				
1/1				

◆問題11◆　（解答 ☞ 50頁）

　次の未処理事項および決算整理事項にもとづいて，精算表を完成しなさい。なお，会計期間は，平成X8年4月1日から平成X9年3月31日である。

（未処理事項および決算整理事項）

(1)　仮受金¥6,000は，出張中の従業員からの送金が内容不明のため一時的に処理したものであるが，従業員が帰店し，すべて得意先伊豆商店に対する売掛金の回収であることが判明した。

(2)　売掛金の期末残高に対して2%の貸倒れを見積もる。貸倒引当金の設定は差額補充法による。

(3)　期末商品棚卸高は¥23,000である。なお，売上原価は「仕入」の行で計算すること。

(4)　備品（耐用年数8年，残存価額：取得原価の10%）について，定額法により減価償却を行う。

(5)　収入印紙の未使用分は¥500である。

(6)　保険料のうち¥9,600は，平成X8年7月1日に向こう1年分を支払ったものである。

(7)　貸付金のうち¥100,000は，平成X8年12月1日に貸付期間8カ月，利率年3%，利息は満期日に受け取る条件で貸し付けたものである。利息については月割り計算による。

精　算　表

勘 定 科 目	残高試算表 借方	残高試算表 貸方	修 正 記 入 借方	修 正 記 入 貸方	損益計算書 借方	損益計算書 貸方	貸借対照表 借方	貸借対照表 貸方
現　　　　　金	48,000							
売　　掛　　金	42,000							
繰　越　商　品	21,000							
前　　払　　金	9,800							
貸　　付　　金	150,000							
備　　　　　品	240,000							
買　　掛　　金		45,000						
仮　　受　　金		6,000						
貸　倒　引　当　金		600						
備品減価償却累計額		81,000						
資　　本　　金		250,000						
繰越利益剰余金		50,000						
売　　　　　上		430,000						
受　取　利　息		800						
仕　　　　　入	280,000							
給　　　　　料	46,400							
租　税　公　課	13,800							
保　　険　　料	12,400							
	863,400	863,400						
（　　　　　　）								
（　　　　　　）								
（　　　　　　）								
（　　　　　　）								
（　　　　　　）								
当　期　純（　　）								

第18章　決　　算　Ⅱ

1　決算整理

　第8章では，期末の勘定残高を修正する決算整理がないことを前提とした決算手続きについて述べた。しかし，決算日における資産・負債・純資産の各勘定の中には実際有高を示していないものがあり，また，収益・費用の各勘定の中にはその会計期間に対応する発生額を計上していないものがある。例えば，繰越商品勘定は期首商品の金額を，仕入勘定は当期の仕入高を示しているにすぎない。

　そこで決算にあたり，これらの勘定について正しい実際有高や発生額に修正・整理する手続きが必要となり，この手続きを**決算整理**という。決算整理を必要とする事項を**決算整理事項**といい，その仕訳を**決算整理仕訳**という。なお，今まで学習した決算整理事項には，売上原価の算出，貸倒引当金の設定，固定資産の減価償却，費用・収益の前払・前受と未収・未払の計上などがある。

2　棚　卸　表

　棚卸表は，決算にあたり，決算整理事項の明細をまとめた表である。

　　棚卸表のひな型

棚　卸　表
平成Ｘ8年12月31日

勘　定　科　目	摘　　　　　　要	内　　訳	金　　額
繰　越　商　品	A商品　　10個　　　@¥20		200
売　　掛　　金	期末残高	800	
	貸倒見積額　　売掛金残高の3％	24	776
備　　　　　品	商品陳列棚　　取得原価	2,000	
	減価償却累計額　　　　¥360		
	当期減価償却費　　　　¥180	540	1,460
			2,436

◆例題1◆

　上記の棚卸表をもとにして，決算仕訳を仕訳帳に示し，総勘定元帳に転記して締め切りなさい。また，繰越試算表を作成しなさい。なお，当期の法人税，住民税及び事業税の合計額¥90を計上した。

仕　　訳　　帳
7

平　成 Ｘ8年		摘　　　　要	元丁	借　　方	貸　　方
		決　算　仕　訳			
12	31	（仕　　　　　　　入）	14	220	
		（繰　越　商　品）	3		220
		期首商品棚卸高の振替			
	〃	（繰　越　商　品）	3	200	
		（仕　　　　入）	14		200
		期末商品棚卸高の振替			
	〃	（貸倒引当金繰入）	16	6	
		（貸　倒　引　当　金）	8		6
		貸倒引当金の計上			
	〃	（減　価　償　却　費）	17	180	
		（備品減価償却累計額）	9		180
		減価償却費の計上			
		次ページへ		606	606

仕　訳　帳

8

平成 X8年		摘　　　　要	元 丁	借　方	貸　方
		前ページより		606	606
12	31	（法 人 税 等）　　　　諸　　　　口	18	90	
		（仮 払 法 人 税 等）	4		40
		（未 払 法 人 税 等）	7		50
		法人税等の計上			
	〃	諸　　　口　（損　　　　益）	19		4,360
		（売　　　　上）	12	4,200	
		（受 取 手 数 料）	13	160	
		収益を損益勘定に振替			
	〃	（損　　　益）　　　諸　　　口	19	4,166	
		（仕　　　　入）	14		3,520
		（給　　　　料）	15		370
		（貸 倒 引 当 金 繰 入）	16		6
		（減 価 償 却 費）	17		180
		（法 人 税 等）	18		90
		費用を損益勘定に振替			
	〃	（損　　　益）	19	194	
		（繰 越 利 益 剰 余 金）	11		194
		当期純利益を繰越利益剰余金に振替			
				9,416	9,416

総 勘 定 元 帳

現　　　金
1

平成 X8年		摘　　要	仕 丁	借　方	平成 X8年		摘　　　要	仕 丁	貸　方
1	1	前 期 繰 越	✓	1,038					3,950
				4,160	12	31	次 期 繰 越	✓	1,248
				5,198					5,198
1	1	前 期 繰 越	✓	1,248					

売　掛　金
2

平成 X8年		摘　　要	仕 丁	借　方	平成 X8年		摘　　　要	仕 丁	貸　方
1	1	前 期 繰 越	✓	600					2,800
				3,000	12	31	次 期 繰 越	✓	800
				3,600					3,600
1	1	前 期 繰 越	✓	800					

繰　越　商　品
3

平成 X8年		摘　　要	仕 丁	借　方	平成 X8年		摘　　　要	仕 丁	貸　方
1	1	前 期 繰 越	✓	220	12	31	仕　　　　入	7	220
12	31	仕　　　入	7	200	〃		次 期 繰 越	✓	200
				420					420
1	1	前 期 繰 越	✓	200					

仮 払 法 人 税 等
4

平成 X8年		摘　　要	仕 丁	借　方	平成 X8年		摘　　　要	仕 丁	貸　方
8	20	現　　　　金	3	40	12	31	法 人 税 等	8	40

備　　品
5

平成 X8年		摘　　要	仕 丁	借　方	平成 X8年		摘　　　要	仕 丁	貸　方
1	1	前 期 繰 越	✓	2,000	12	31	次 期 繰 越	✓	2,000
1	1	前 期 繰 越	✓	2,000					

買　掛　金　　　　　　6

平成X8年		摘　　要	仕丁	借　方	平成X8年		摘　　　要	仕丁	貸　方
				2,140	1	1	前 期 繰 越	✓	480
12	31	次　期　繰　越	✓	440					2,100
				2,580					2,580
					1	1	前 期 繰 越	✓	440

未払法人税等　　　　　　7

12	31	次　期　繰　越	✓	50	12	31	法 人 税 等	8	50
					1	1	前 期 繰 越	✓	50

貸 倒 引 当 金　　　　　　8

12	31	次　期　繰　越	✓	24	1	1	前 期 繰 越	✓	18
					12	31	貸 倒 引 当 金 繰 入	7	6
				24					24
					1	1	前 期 繰 越	✓	24

備品減価償却累計額　　　　　　9

12	31	次　期　繰　越	✓	540	1	1	前 期 繰 越	✓	360
					12	31	減 価 償 却 費	7	180
				540					540
					1	1	前 期 繰 越	✓	540

資　本　金　　　　　　10

12	31	次　期　繰　越	✓	2,500	1	1	前 期 繰 越	✓	2,500
					1	1	前 期 繰 越	✓	2,500

繰越利益剰余金　　　　　　11

12	31	次　期　繰　越	✓	694	1	1	前 期 繰 越	✓	500
					12	31	損　　　　益	8	194
				694					694
					1	1	前 期 繰 越	✓	694

売　　　上　　　　　　12

12	31	損　　　　益	8	4,200					4,200

受 取 手 数 料　　　　　　13

12	31	損　　　　益	8	160					160

仕　　　入　　　　　　14

				3,500	12	31	繰 越 商 品	7	200
12	31	繰 越 商 品	7	220	〃		損　　　　益	8	3,520
				3,720					3,720

給　　　料　　　　　　15

				370	12	31	損　　　　益	8	370

貸倒引当金繰入　　　　　　16

12	31	貸 倒 引 当 金	7	6	12	31	損　　　　益	8	6

減 価 償 却 費　　　　　　17

12	31	備品減価償却累計額	7	180	12	31	損　　　　益	8	180

法 人 税 等　　　　　　18

12	31	諸　　　　口	8	90	12	31	損　　　　益	8	90

損　　　　益　　　　　　　　　　　19

平成 X8年		摘　　　要	仕丁	借　方	平成 X8年		摘　　　要	仕丁	貸　方
12	31	仕　　　　　　入	8	3,520	12	31	売　　　　　　上	8	4,200
		〃 給　　　　料	〃	370			〃 受 取 手 数 料	〃	160
		〃 貸倒引当金繰入	〃	6					
		〃 減 価 償 却 費	〃	180					
		〃 法 人 税 等	〃	90					
		〃 繰 越 利 益 剰 余 金	〃	194					
				4,360					4,360

繰 越 試 算 表
平成X8年12月31日

勘 定 科 目	元丁	借　　方	勘 定 科 目	元丁	貸　　方
現　　　　　　金	1	1,248	買　　掛　　金	6	440
売　　掛　　金	2	800	未 払 法 人 税 等	7	50
繰　越　商　品	3	200	貸 倒 引 当 金	8	24
備　　　　　品	5	2,000	備品減価償却累計額	9	540
			資　　本　　金	10	2,500
			繰 越 利 益 剰 余 金	11	694
		4,248			4,248

◆問題1◆　(解答 ☞ 51頁)

　次の決算整理事項をもとにして，決算仕訳を仕訳帳に示し，総勘定元帳に転記して締め切りなさい。また，繰越試算表を作成しなさい。なお，決算日は12月31日で，会計期間は1年である。

(決算整理事項)

(1)　期末商品棚卸高は¥800である。

(2)　売掛金の期末残高に対して2％の貸倒れを見積もる。貸倒引当金の設定は差額補充法による。

(3)　備品（耐用年数9年，残存価額：取得原価の10％）について，定額法により減価償却を行う。

(4)　当期の法人税，住民税及び事業税の合計額¥180を計上した。

仕　訳　帳

8

平成 X8年	摘　　　　要	元丁	借　方	貸　方
	決　算　仕　訳			

総 勘 定 元 帳

現　金　1

平成X8年		摘　要	仕丁	借　方	平成X8年		摘　要	仕丁	借　方
1	1	前 期 繰 越	✓	1,440					5,130
				5,610					

売　掛　金　2

1	1	前 期 繰 越	✓	500					2,800
				3,000					

繰 越 商 品　3

1	1	前 期 繰 越	✓	900					

仮 払 法 人 税 等　4

8	18	現　　金	4	80					

備　品　5

1	1	前 期 繰 越	✓	3,000					

買　掛　金　6

				3,100	1	1	前 期 繰 越	✓	630
									2,900

未 払 法 人 税 等　7

貸 倒 引 当 金　　　　　　8

平成X8年		摘　　要	仕丁	借　方	平成X8年		摘　　要	仕丁	借　方
					1	1	前 期 繰 越	✓	10

備品減価償却累計額　　　　　　9

平成X8年		摘　　要	仕丁	借　方	平成X8年		摘　　要	仕丁	借　方
					1	1	前 期 繰 越	✓	1,200

資 　本 　金　　　　　　10

					1	1	前 期 繰 越	✓	3,500

繰越利益剰余金　　　　　　11

					1	1	前 期 繰 越	✓	500

売　　　　上　　　　　　12

									5,600

受 取 手 数 料　　　　　　13

									210

仕　　　　入　　　　　　14

				4,400					

給　　　料　　　　　　　　　　15

平成 X8年	摘　　　要	仕丁	借　　方	平成 X8年	摘　　　要	仕丁	借　　方
			450				

貸倒引当金繰入　　　　　　　　16

平成 X8年	摘　　　要	仕丁	借　　方	平成 X8年	摘　　　要	仕丁	借　　方

減価償却費　　　　　　　　　　17

平成 X8年	摘　　　要	仕丁	借　　方	平成 X8年	摘　　　要	仕丁	借　　方

法　人　税　等　　　　　　　　18

平成 X8年	摘　　　要	仕丁	借　　方	平成 X8年	摘　　　要	仕丁	借　　方

損　　　益　　　　　　　　　　19

平成 X8年	摘　　　要	仕丁	借　　方	平成 X8年	摘　　　要	仕丁	借　　方

繰 越 試 算 表
平成X8年12月31日

勘 定 科 目	元丁	借　　方	勘 定 科 目	元丁	貸　　方

3 財務諸表の作成

(1) 決算整理後残高試算表

決算整理後残高試算表は，決算整理仕訳後の勘定残高を集めて作成する集計表である。よって，決算整理後残高試算表から損益計算書と貸借対照表を作成することができる。

(2) 損益計算書

損益計算書は，企業の経営成績を明らかにするため，1会計期間におけるすべての収益と費用を記載して作成する。すでに学習した無区分の損益計算書に対して，収益・費用を営業活動や営業外活動など発生原因別に区分して損益計算書を作成する方法がある。区分の方法により，2区分の損益計算書や3区分の損益計算書などがあるが，ここでは，商品売買活動とその他の活動に分ける2区分の損益計算書について述べる。

2区分の損益計算書では，第1区分の借方に記載する期首商品棚卸高および当期商品仕入高と，貸方に記載する期末商品棚卸高とにより間接的に売上原価を計算し，貸方の売上高と対応させて売上総利益を計算する。

第2区分では，第1区分で計算された売上総利益を貸方に書き入れ，その下にその他の収益を記載する。借方にその他の費用を記載して，貸借差額によって当期純損益を計算する。

(3) 貸借対照表

貸借対照表は，企業の財政状態を明らかにするため，貸借対照表日におけるすべての資産・負債および純資産を記載して作成する。

貸借対照表では，貸倒引当金や減価償却累計額は，売掛金や備品などからそれぞれ控除する形式で記載する。繰越商品は**商品**として表示し，前払保険料や前払利息などの経過勘定項目は，前払費用などの科目で表示するが，それぞれ勘定科目のまま表示することもある。

◆例題2◆

次の勘定残高と決算整理事項にもとづいて，決算整理仕訳を示し，決算整理後残高試算表，損益計算書および貸借対照表を作成しなさい。なお，決算日は平成X5年12月31日で，会計期間は1年である。

勘定残高

現 金	¥54,800	受 取 手 形	¥30,000	売 掛 金 ¥40,000
繰 越 商 品	¥16,000	貸 付 金	¥80,000	仮払法人税等 ¥2,500
備 品	¥120,000	買 掛 金	¥58,000	未 払 金 ¥20,000
貸 倒 引 当 金	¥500	備品減価償却累計額	¥54,000	資 本 金 ¥160,000
繰越利益剰余金	¥20,000	売 上	¥326,000	受 取 利 息 ¥600
仕 入	¥247,000	給 料	¥27,800	通 信 費 ¥1,700
支 払 家 賃	¥18,000	支 払 保 険 料	¥1,300	

決算整理事項

(1) 受取手形と売掛金の期末残高に対して2%の貸倒れを見積もる。貸倒引当金の設定は差額補充法による。

(2) 期末商品棚卸高は¥19,000である。

(3) 備品（耐用年数8年，残存価額：取得原価の10%）について，定額法により減価償却を行う。

(4) 利息の未収分が¥300ある。

(5) 家賃の未払分が¥1,000ある。

(6) 保険料の前払分が¥100ある。

(7) 当期の法人税，住民税及び事業税の合計額￥6,000を計上する。

（決算整理仕訳）

(1) （借）貸倒引当金繰入　　　　900　　　　　（貸）貸 倒 引 当 金　　　　900

  （注）　貸倒見積額　受取手形　￥30,000×2％＝￥600

       売 掛 金　￥40,000×2％＝￥800

   貸倒引当金繰入額　（￥600＋￥800）－￥500＝￥900

(2) （借）仕　　　　　　　入　16,000　　　　（貸）繰 越 商 品　16,000

   繰 越 商 品　19,000　　　　（貸）仕　　　　　入　19,000

(3) （借）減 価 償 却 費　13,500　　　　（貸）備品減価償却累計額　13,500

  （注）　減価償却費　$\dfrac{￥1,20,000-（￥1,20,000×0.1）}{8年}＝￥13,500$

(4) （借）未 収 利 息　　　　300　　　　　（貸）受 取 利 息　　　　300

(5) （借）支 払 家 賃　　　1,000　　　　　（貸）未 払 家 賃　　　1,000

(6) （借）前 払 保 険 料　　　100　　　　　（貸）支 払 保 険 料　　　100

(7) （借）法人税，住民税及 び 事 業 税　6,000　　　　（貸）仮 払 法 人 税 等　2,500

            未 払 法 人 税 等　3,500

決算整理後残高試算表

平成Ｘ5年12月31日

借　　　方	勘 定 科 目	貸　　　方
54,800	現　　　　　　　金	
30,000	受 取 手 形	
40,000	売 掛 金	
19,000	繰 越 商 品	
80,000	貸 付 金	
300	未 収 利 息	
100	前 払 保 険 料	
120,000	備　　　　　　　品	
	買 掛 金	58,000
	未 払 金	20,000
	未 払 家 賃	1,000
	未 払 法 人 税 等	3,500
	貸 倒 引 当 金	1,400
	備品減価償却累計額	67,500
	資 本 金	160,000
	繰 越 利 益 剰 余 金	20,000
	売　　　　　　　上	326,000
	受 取 利 息	900
244,000	仕　　　　　　　入	
27,800	給　　　　　　　料	
1,700	通 信 費	
900	貸 倒 引 当 金 繰 入	
13,500	減 価 償 却 費	
19,000	支 払 家 賃	
1,200	支 払 保 険 料	
6,000	法人税，住民税及び事業税	
658,300		658,300

損 益 計 算 書

平成Ｘ５年１月１日から平成Ｘ５年12月31日まで

費　　　用	金　　額	収　　　益	金　　額
期 首 商 品 棚 卸 高	16,000	売　　上　　高	326,000
当 期 商 品 仕 入 高	247,000	期 末 商 品 棚 卸 高	19,000
売 上 総 利 益	82,000		
	345,000		345,000
給　　　　　料	27,800	売 上 総 利 益	82,000
通　信　費	1,700	受 取 利 息	900
貸 倒 引 当 金 繰 入	900		
減 価 償 却 費	13,500		
支 払 家 賃	19,000		
支 払 保 険 料	1,200		
法人税, 住民税及び事業税	6,000		
当 期 純 利 益	12,800		
	82,900		82,900

貸 借 対 照 表

平成Ｘ５年12月31日

資　　　産	金	額	負債および純資産	金	額
現　　　金		54,800	買　掛　金		58,000
受 取 手 形	30,000		未　払　金		20,000
貸 倒 引 当 金	600	29,400	未 払 費 用		1,000
売　掛　金	40,000		未 払 法 人 税 等		3,500
貸 倒 引 当 金	800	39,200	資　本　金		160,000
商　　　品		19,000	繰 越 利 益 剰 余 金		32,800[注]
貸　付　金		80,000			
未　収　益		300			
前 払 費 用		100			
備　　　品	120,000				
減 価 償 却 累 計 額	67,500	52,500			
		275,300			275,300

（注）　繰越利益剰余金　決算整理前の繰越利益剰余金勘定残高￥20,000＋当期純利益￥12,800
　　　　＝￥32,800

◆問題2◆　(解答 ☞ 54頁)

　次の勘定残高と決算整理事項にもとづいて，決算整理仕訳を示し，決算整理後残高試算表，損益計算書および貸借対照表を作成しなさい。なお，決算日は平成X9年3月31日で，会計期間は1年である。

勘定残高

現　　　　　金	¥ 33,400	売　　掛　　金	¥ 45,000	繰　越　商　品	¥ 14,000
貸　　付　　金	¥ 60,000	仮払法人税等	¥ 3,000	建　　　　　物	¥300,000
備　　　　　品	¥100,000	買　　掛　　金	¥ 47,800	支　払　手　形	¥ 33,000
貸 倒 引 当 金	¥　　700	建物減価償却累計額	¥ 86,400	備品減価償却累計額	¥ 45,000
資　　本　　金	¥270,000	繰越利益剰余金	¥ 30,000	売　　　　　上	¥375,000
受 取 手 数 料	¥ 13,000	受　取　利　息	¥　　400	仕　　　　　入	¥272,000
給　　　　　料	¥ 39,600	広 告 宣 伝 費	¥ 4,300	支　払　地　代	¥ 28,000
支 払 保 険 料	¥ 2,000				

決算整理事項

(1) 売掛金の期末残高に対して2%の貸倒れを見積もる。貸倒引当金の設定は差額補充法による。

(2) 期末商品棚卸高は¥16,000である。

(3) 固定資産について，それぞれ定額法により減価償却を行う。

　　建　物　耐用年数25年，残存価額：取得原価の10%

　　備　品　耐用年数10年，残存価額：取得原価の10%

(4) 貸付金のうち¥50,000は，平成X8年10月1日に貸付期間10カ月，利率年4%，利息は元金とともに満期日に受け取る条件で貸し付けたものである。利息については月割り計算による。

(5) 地代の未払分が¥900ある。

(6) 支払保険料のうち¥1,800は，平成X8年6月1日に向こう1年分を支払ったものである。

(7) 当期の法人税，住民税及び事業税の合計額¥7,500を計上する。

	借　　　　方	金　　　額	貸　　　　方	金　　　額
(1)				
(2)				
(3)				
(4)				
(5)				
(6)				
(7)				

決算整理後残高試算表
平成 X 9 年 3 月31日

借　　方	勘　定　科　目	貸　　方
	現　　　　　　金	
	売　　掛　　金	
	繰　越　商　品	
	貸　　付　　金	
	未　収　利　息	
	前　払　保　険　料	
	建　　　　　　物	
	備　　　　　　品	
	買　　掛　　金	
	支　払　手　形	
	未　払　地　代	
	未　払　法　人　税　等	
	貸　倒　引　当　金	
	建　物　減　価　償　却　累　計　額	
	備　品　減　価　償　却　累　計　額	
	資　　本　　金	
	繰　越　利　益　剰　余　金	
	売　　　　　　上	
	受　取　手　数　料	
	受　取　利　息	
	仕　　　　　　入	
	給　　　　　　料	
	広　告　宣　伝　費	
	貸　倒　引　当　金　繰　入	
	減　価　償　却　費	
	支　払　地　代	
	支　払　保　険　料	
	法人税, 住民税及び事業税	

損 益 計 算 書
平成Ⅹ8年4月1日から平成Ⅹ9年3月31日まで

費　　　　用	金　　額	収　　　　益	金　　額
売　上　原　価		売　　上　　高	
給　　　　料		受　取　手　数　料	
広　告　宣　伝　費		受　取　利　息	
貸倒引当金繰入			
減　価　償　却　費			
支　払　地　代			
支　払　保　険　料			
法人税，住民税及び事業税			
当　期　純　利　益			

貸 借 対 照 表
平成Ⅹ9年3月31日

資　　　　産	金　　額	負債および純資産	金　　額
現　　　　金		買　　掛　　金	
売　　掛　　金		支　払　手　形	
貸　倒　引　当　金		未　払　費　用	
商　　　　品		未　払　法　人　税　等	
貸　　付　　金		資　　本　　金	
未　収　収　益		繰　越　利　益　剰　余　金	
前　払　費　用			
建　　　　物			
減　価　償　却　累　計　額			
備　　　　品			
減　価　償　却　累　計　額			

第19章　伝　　　　票

1　伝票の意味

　これまで取引は，仕訳帳に仕訳することを述べてきたが，仕訳帳の代わりに**伝票**を用いる方法がある。伝票は，一定の形式を記載した小紙片で，ここに取引の内容などを記入する。伝票に記入することを**起票**といい，起票順につづることで仕訳帳と同様のものとなる。

　伝票を用いれば，取引の内容別に起票する担当者を決められるので，仕事の分業化ができる。また，複写式の伝票を用いることで，一度の起票で総勘定元帳や補助簿にも利用することができるため，事務処理の能率を高められる。

　伝票による処理には，取引を1種類の伝票（これを仕訳伝票という）のみに記入する1伝票制，3種類の伝票に記入する3伝票制および5種類の伝票に記入する5伝票制がある。ここでは，3伝票制について述べる。

2　3 伝 票 制

　3伝票制は，取引を**入金伝票・出金伝票・振替伝票**の3種類の伝票に記入する方法である。取引のうち入金取引は入金伝票に記入し，出金取引は出金伝票に記入する。また，現金の収支がともなわない取引は振替伝票に記入する。

(1)　入 金 伝 票

　入金伝票は，現金を受け取ったときに記入する伝票で，ふつう赤色で印刷されている。入金伝票には，日付・科目・入金先・金額などを記入する。なお，入金伝票は，仕訳の借方「現金」を意味しているので，科目欄は仕訳の貸方科目を記入する。また，科目欄は，一つの科目しか記入できないので，貸方科目が二つ以上ある場合は，科目ごとに入金伝票を起票する。

◆例題1◆

　次の取引の仕訳を示し，入金伝票に記入しなさい。

　4月3日　杉田商店に対する売掛金¥20,000を現金で受け取った。（入金伝票№8）

　　　　（借）現　　　　金　　20,000　　　（貸）売　　掛　　金　　20,000

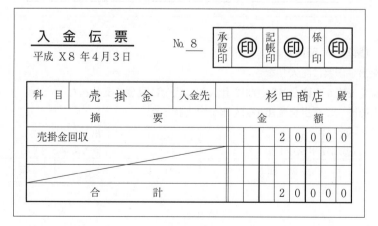

◆問題1◆　（解答 ☞ 56頁）

次の各取引を入金伝票に記入しなさい。

5月7日　梅丘商店に商品￥15,000を売り上げ，代金は現金で受け取った。

　　8日　大野商店から売掛金￥21,000を現金で受け取った。

入　金　伝　票			
平成Ｘ7年5月7日			
科　　目		金　額	

入　金　伝　票			
平成Ｘ7年5月8日			
科　　目		金　額	

(2)　出金伝票

出金伝票は，現金を支払ったときに記入する伝票で，ふつう青色で印刷されている。出金伝票には，日付・科目・支払先・金額などを記入する。なお，出金伝票は，仕訳の貸方「現金」を意味しているので，科目欄は仕訳の借方科目を記入する。また，科目欄は，一つの科目しか記入できないので，借方科目が二つ以上ある場合は，科目ごとに出金伝票を起票する。

◆例題2◆

次の取引の仕訳を示し，出金伝票に記入しなさい。

4月7日　大阪商店に対する買掛金￥18,000を現金で支払った。（出金伝票№12）

　　　　（借）買　　掛　　金　　18,000　　（貸）現　　　　金　　　18,000

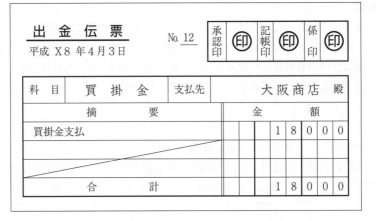

◆問題2◆　（解答 ☞ 56頁）

次の各取引を出金伝票に記入しなさい。

5月4日　鎌倉商店から商品￥24,000を仕入れ，代金は現金で支払った。

　　5日　大船商店に買掛金￥16,000を現金で支払った。

出　金　伝　票			
平成Ｘ7年5月4日			
科　　目		金　額	

出　金　伝　票			
平成Ｘ7年5月5日			
科　　目		金　額	

◆問題3◆ （解答 ☞ 56頁）

次の各伝票にもとづいて，仕訳を示しなさい。

<table>
<tr><td colspan="2" align="center">出　金　伝　票
平成X7年7月2日</td></tr>
<tr><td>消 耗 品 費</td><td align="right">4,000</td></tr>
</table>

<table>
<tr><td colspan="2" align="center">入　金　伝　票
平成X7年7月3日</td></tr>
<tr><td>受 取 利 息</td><td align="right">2,000</td></tr>
</table>

	借　　　方	金　額	貸　　　方	金　額
7／2				
3				

⑶　振 替 伝 票

　振替伝票は，現金の収支が伴わない**振替取引**のときに記入する伝票で，ふつう黒色で印刷されている。振替伝票には，日付・勘定科目・金額・摘要などを記入する。なお，振替伝票では，借方と貸方にそれぞれ勘定科目を記入する。また，摘要欄には，取引先や取引内容などを記入する。

◆例題3◆

次の取引の仕訳を示し，振替伝票に記入しなさい。

4月6日　岡山商店から商品（A商品　100個　@￥200）を仕入れ，代金は小切手を振り出して支払った。（振替伝票№15）

　　　　　（借）仕　　　　入　　20,000　　　　（貸）当 座 預 金　　20,000

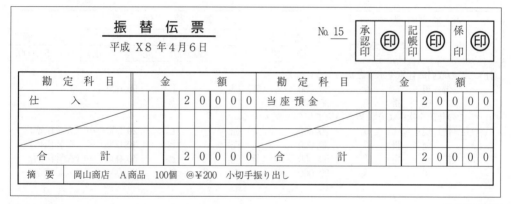

◆問題4◆ （解答 ☞ 56頁）

次の各取引を振替伝票に記入しなさい。

5月7日　外山商店に商品￥27,000を売り上げ，代金は掛けとした。

　　9日　備品￥34,000を購入し，代金は月末払いとした。

<table>
<tr><td colspan="4" align="center">振 替 伝 票
平成X7年5月7日</td></tr>
<tr><td>借 方 科 目</td><td>金　　　額</td><td>貸 方 科 目</td><td>金　　　額</td></tr>
<tr><td></td><td></td><td></td><td></td></tr>
</table>

<table>
<tr><td colspan="4" align="center">振 替 伝 票
平成X7年5月9日</td></tr>
<tr><td>借 方 科 目</td><td>金　　　額</td><td>貸 方 科 目</td><td>金　　　額</td></tr>
<tr><td></td><td></td><td></td><td></td></tr>
</table>

⑷　一部現金取引を含む取引

一つの取引が現金取引と振替取引とから成る**一部現金取引**には，次の二つの処理方法がある。

①　取引分割処理

現金取引の部分は入金伝票または出金伝票に記入し，現金取引以外の振替取引は振替伝票に記入する。この方法は，取引を単純に分割して処理するので，記帳が簡単であるが，取引の全体像を把握しづらい面がある。

②　取引擬制処理

取引をいったん全額振替取引として振替伝票に記入し，次に現金取引があったものとして入金伝票または出金伝票に記入する。この方法は，取引をこのように擬制して処理するので，記帳が煩雑であるが，取引の全体像を把握することができる。

◆例題4◆

商品¥50,000を売り上げ，代金のうち¥20,000は現金で受け取り，残額を掛けとした取引について，⑴取引を，現金売上と掛け売上に分割して処理する方法および⑵取引を，いったん全額掛け売上として処理する方法によって，各伝票の（　　　）の中に，適当な勘定科目または金額を記入しなさい。

(1)

入　金　伝　票
（売　　　　上）　（　20,000）

振　替　伝　票			
借方科目	金　額	貸方科目	金　額
（売　掛　金）	（　30,000）	（売　　　　上）	（　30,000）

(2)

入　金　伝　票
（売　掛　金）　（　20,000）

振　替　伝　票			
借方科目	金　額	貸方科目	金　額
（売　掛　金）	（　50,000）	（売　　　　上）	（　50,000）

　(注)　この取引の仕訳を示すと次のようになる。

```
      （借）現　　　　金　　20,000　　（貸）売　　　　上　　50,000
          売　掛　金　　30,000
```

　　　この仕訳を次のように置き換えて伝票に記入する。

```
  ⑴　（借）現　　　　金　　20,000　　（貸）売　　　　上　　20,000……（入金伝票）
          売　掛　金　　30,000　　　　売　　　　上　　30,000……（振替伝票）
  ⑵　（借）売　掛　金　　50,000　　（貸）売　　　　上　　50,000……（振替伝票）
          現　　　　金　　20,000　　　　売　掛　金　　20,000……（入金伝票）
```

◆問題5◆　（解答 ☞ 56頁）

商品¥40,000を仕入れ，代金のうち¥10,000は現金で支払い，残額を掛けとした取引について，⑴取引を，現金仕入と掛け仕入に分割して処理する方法および⑵取引を，いったん全額掛け仕入として処理する方法によって，各伝票の（　　　）の中に，適当な勘定科目または金額を記入しなさい。

(1)

出　金　伝　票
（　　　　　）　（　　　　）

振　替　伝　票			
借方科目	金　額	貸方科目	金　額
（　　　　　）	（　　　　）	（　　　　　）	（　　　　）

(2)

出　金　伝　票
（　　　　　）　（　　　　）

振　替　伝　票			
借方科目	金　額	貸方科目	金　額
（　　　　　）	（　　　　）	（　　　　　）	（　　　　）

◆問題6◆　（解答 ☞ 57頁）

　商品¥70,000を売り上げ，代金のうち¥30,000は現金で受け取り，残額を掛けとした取引について，入金伝票を(1)のように記入した場合と(2)のように記入した場合のそれぞれについて，振替伝票の記入を示しなさい。

(1)

入　金　伝　票	
売　　　　　上	30,000

振　替　伝　票			
借方科目	金　　額	貸方科目	金　　額

(2)

入　金　伝　票	
売　掛　金	30,000

振　替　伝　票			
借方科目	金　　額	貸方科目	金　　額

◆問題7◆　（解答 ☞ 57頁）

　次の2枚の伝票は，ある一つの取引にもとづいて作成されたものである。この2枚の伝票から取引を推定して，その仕訳を示しなさい。

出　金　伝　票	
仕　　　　　入	30,000

振　替　伝　票			
借方科目	金　　額	貸方科目	金　　額
仕　　　　入	50,000	買　掛　金	50,000

借　　　方	金　　額	貸　　　方	金　　額

◆問題8◆　（解答 ☞ 58頁）

　備品¥70,000を購入し，代金のうち¥20,000は現金で支払い，残額を月末払いとした取引について，振替伝票を(1)のように記入した場合と出金伝票を(2)のように記入した場合のそれぞれについて，各伝票の（　　　）の中に，適当な勘定科目または金額を記入しなさい。

(1)

出　金　伝　票	
（　　　　）	（　　　　）

振　替　伝　票			
借方科目	金　　額	貸方科目	金　　額
備　　　品	70,000	（　　　　）	（　　　　）

(2)

出　金　伝　票	
備　　品	（　　　　）

振　替　伝　票			
借方科目	金　　額	貸方科目	金　　額
（　　　　）	（　　　　）	（　　　　）	（　　　　）

3　伝票の集計

伝票から総勘定元帳への転記は，伝票を起票するごとに行う個別転記と，毎日または一週間など一期間ごとに行う合計転記がある。

(1)　仕訳集計表と総勘定元帳

合計転記を行う場合は，伝票の記入内容にもとづいて，**仕訳集計表**を作成し，次にそこから総勘定元帳へ合計転記する。なお，仕訳集計表には，伝票を毎日集計して作成する仕訳日計表，一週間分まとめて集計する仕訳週計表がある。

仕訳集計表の作成と総勘定元帳への転記は，次のとおりである。

①　入金伝票と出金伝票の総額をそれぞれ仕訳集計表における現金勘定の借方と貸方の欄に記入する。

②　出金伝票の科目欄に記入されている勘定科目と振替伝票の借方科目欄に記入されている勘定科目は，勘定科目ごとに集計し，仕訳集計表における当該勘定科目の借方の欄に記入する。

③　入金伝票の科目欄に記入されている勘定科目と振替伝票の貸方科目欄に記入されている勘定科目は，勘定科目ごとに集計し，仕訳集計表における当該勘定科目の貸方の欄に記入する。

　　なお，①～③までの記入をした仕訳集計表の借方合計額と貸方合計額は必ず一致する。

④　仕訳集計表から総勘定元帳の各勘定へ合計転記する。なお，各勘定の摘要欄には転記元の「仕訳日計表」または「仕訳週計表」と記入し，仕丁欄には仕訳集計表のページ数を記入する。また，仕訳集計表の元丁欄には転記先の各勘定の口座番号を記入する。

(2)　補助元帳への転記

補助元帳の得意先元帳と仕入先元帳は，各伝票から直接個別転記する。なお，摘要欄には転記元の伝票の名称を，仕丁欄には伝票番号を記入する。

※　総勘定元帳，得意先元帳，仕入先元帳の借／貸欄は，残高が借方か貸方かを書く（19ページを参照）。

◆例題5◆

次の平成X5年4月1日の取引に関して作成された各伝票にもとづいて，仕訳日計表を完成し，総勘定元帳（現金勘定）と得意先元帳（東京商店）および仕入先元帳（横浜商店）に転記しなさい。

入金伝票　No.101
売　掛　金　　3,000
（東京商店）

出金伝票　No.201
買　掛　金　　4,000
（横浜商店）

振　替　伝　票　　　　No.301
売　掛　金　8,000　売　　上　8,000
（東京商店）

入金伝票　No.102
売　　上　　5,000

出金伝票　No.202
通　信　費　　3,000

振　替　伝　票　　　　No.302
仕　　入　5,000　買　掛　金　5,000
（横浜商店）

入金伝票　No.103
売　掛　金　　6,000
（埼玉商店）

出金伝票　No.203
仕　　入　　5,000

振　替　伝　票　　　　No.303
買　掛　金　3,000　支払手形　3,000
（大阪商店）

仕 訳 日 計 表
平成X5年4月1日　　　　　　　1

借　方	元丁	勘 定 科 目	元丁	貸　方
入金伝票の合計額→　14,000	1	現　　　　金	1	12,000　←出金伝票の合計額
8,000		売　掛　金		9,000
出金伝票の科目欄　7,000		買　掛　金		5,000　入金伝票の科目欄
と振替伝票の借方		支　払　手　形		3,000　と振替伝票の貸方
科目欄の各勘定科		売　　　　上		13,000　科目欄の各勘定科
目の合計額　10,000		仕　　　　入		目の合計額
3,000		通　信　費		
42,000				42,000

総 勘 定 元 帳
現　　金　　　　　　　　　　1

平成X5年		摘　　要	仕丁	借　方	貸　方	借／貸	残　高
4	1	前　期　繰　越	✓	50,000		借	50,000
	〃	仕　訳　日　計　表	1	14,000		〃	64,000
	〃	〃	〃		12,000	〃	52,000

得 意 先 元 帳
東　京　商　店　　　　　　　得1

平成X5年		摘　　要	仕丁	借　方	貸　方	借／貸	残　高
4	1	前　月　繰　越	✓	20,000		借	20,000
	〃	振　替　伝　票	301	8,000		〃	28,000
	〃	入　金　伝　票	101		3,000	〃	25,000

仕 入 先 元 帳
横　浜　商　店　　　　　　　仕1

平成X5年		摘　　要	仕丁	借　方	貸　方	借／貸	残　高
4	1	前　月　繰　越	✓		10,000	貸	10,000
	〃	振　替　伝　票	302		5,000	〃	15,000
	〃	出　金　伝　票	201	4,000		〃	11,000

◆問題9◆　（解答 ☞ 59頁）

　次の平成Ｘ7年4月1日の取引に関して作成された各伝票にもとづいて，仕訳日計表を完成し，総勘定元帳（現金勘定）と得意先元帳（大崎商店）および仕入先元帳（仙台商店）に転記しなさい。

入金伝票　No.101		
売　　　　上		6,000

出金伝票　No.201		
買　掛　金 （仙台商店）		3,000

振　替　伝　票			No.301
仕　　入	7,000	買　掛　金 （仙台商店）	7,000

入金伝票　No.102		
売　掛　金 （大崎商店）		3,000

出金伝票　No.202		
仕　　　　入		6,000

振　替　伝　票			No.302
売　掛　金 （大崎商店）	8,000	売　　　上	8,000

入金伝票　No.103		
売　掛　金 （秋元商店）		5,000

出金伝票　No.203		
交　通　費		4,000

振　替　伝　票			No.303
受取手形	2,000	売　掛　金 （秋元商店）	2,000

仕　訳　日　計　表
平成Ｘ7年4月1日　　　　　　　　1

借　　方	元丁	勘　定　科　目	元丁	貸　　方
		現　　　　　金		
		受　取　手　形		
		売　　掛　　金		
		買　　掛　　金		
		売　　　　　上		
		仕　　　　　入		
		交　　通　　費		

総　勘　定　元　帳
現　　　金　　　　　　　　　　1

平成 Ｘ7年		摘　　　　要	仕丁	借　　方	貸　　方	借/貸	残　　高
4	1	前　月　繰　越	✓	70,000		借	70,000

得　意　先　元　帳
大　崎　商　店　　　　　　　　得1

平成 Ｘ7年		摘　　　　要	仕丁	借　　方	貸　　方	借/貸	残　　高
4	1	前　月　繰　越	✓	30,000		借	30,000

仕　入　先　元　帳
仙　台　商　店　　　　　　　　仕1

平成 Ｘ7年		摘　　　　要	仕丁	借　　方	貸　　方	借/貸	残　　高
4	1	前　期　繰　越	✓		20,000	貸	20,000

模 擬 問 題

模 擬 問 題 Ⅰ

（解答 ☞ 60頁）

第1問（20点）

次の各取引について仕訳しなさい。ただし，勘定科目は，次の中から最も適当と思われるものを選びなさい。

現　　　　　金	当 座 預 金	受 取 手 形	売 　掛　 金
クレジット売掛金	立 　替 　金	前 　払 　金	受 取 商 品 券
支 払 手 形	買 　掛 　金	商 　品 　券	当 座 借 越
前 　受 　金	資 　本 　金	売 　　　　上	受 取 手 数 料
仕 　　　　入	支 払 手 数 料	交 　通 　費	発 　送 　費
消 耗 品 費	雑 　　　　費	支 払 利 息	

1　商品¥50,000をクレジット払いの条件で顧客に販売した。なお，信販会社への手数料（販売代金の3％）は販売時に計上する。

2　小口現金係から，次のように支払いの報告を受け，ただちに支払額と同額の小切手を振り出して資金を補給した。なお，当店は，小口現金について定額資金前渡制度を採用している。

　　　　消 耗 品 費　¥13,000　　　交 　通 　費　¥24,000　　　雑 　　　費　¥4,000

3　兵庫商店から商品¥175,000を仕入れ，先に支払った手付金¥40,000を控除した残額は，約束手形を振り出して支払った。なお，引取運賃¥2,000は現金で支払った。

4　会社の設立にあたり，株式3,000株を1株あたり¥200の価格で発行し，その金額の引き受けと払込みを受け，払込金は当座預金とした。

5　商品¥29,600を売り上げ，代金は自治体が発行した商品券¥30,000を受け取り，おつりは現金で支払った。

	借　　　　　方	金　　　額	貸　　　　　方	金　　　額
1				
2				
3				
4				
5				

第2問（8点）

　以下の証ひょうにもとづき，(1)山下家具株式会社が商品を発送した時，(2)梅澤生花店が事務用の机を受け取った時，(3)梅澤生花店が代金を振り込んだ時，(4)山下家具株式会社が代金の払い込みを受けた時の仕訳を答えなさい。なお，山下家具株式会社は商品を発送したさい，運送会社に送料¥2,000を現金で支払っている。また，勘定科目は，次の中から選択すること。

| 現金　　普通預金　　当座預金　　売掛金　　買掛金　　未収入金　　未払金 |
| 備品　　売上　　受取手数料　　仕入　　支払手数料　　発送費 |

<table>
<tr><td colspan="4" align="center">納品書 兼 請求書
梅澤生花店</td></tr>
<tr><td colspan="4" align="right">山下家具株式会社</td></tr>
<tr><th>商　品</th><th>数量</th><th>単　価</th><th>金　額</th></tr>
<tr><td>オフィスデスク</td><td>1</td><td>50,000</td><td>50,000</td></tr>
<tr><td>送料</td><td>－</td><td>－</td><td>2,000</td></tr>
<tr><td></td><td></td><td>合　計</td><td>¥52,000</td></tr>
</table>

振込期限：8月20日
振込先：立正銀行大崎支店
　　　普通　1234567　ヤマシタカグ（カ

<table>
<tr><td colspan="3" align="center">当座勘定照合表（抜粋）
梅澤生花店　様</td></tr>
<tr><td colspan="3" align="right">日商銀行乃木坂支店</td></tr>
<tr><th>取引日</th><th>摘　　要</th><th>支払金額</th></tr>
<tr><td>8.19</td><td>お振込ヤマシタカグ（カ</td><td>52,000</td></tr>
<tr><td>8.19</td><td>お振込手数料</td><td>100</td></tr>
</table>

	借　方	金　額	貸　方	金　額
(1)				
(2)				
(3)				
(4)				

仕訳1組につき2点。合計8点

第3問（30点）

　4月1日現在の資産，負債および純資産の各勘定残高は，解答用紙の残高試算表に示したとおりである。下記の4月中の取引にもとづいて，4月30日現在における残高試算表を完成しなさい。
《4月中の取引》
1　現金取引

① 現 金 売 上 高	¥20,000	② 手 数 料 受 取 高	¥ 3,000
③ 当座預金引出高	¥ 5,000	④ 給 料 支 払 高	¥12,000
⑤ 家 賃 支 払 高	¥ 8,000	⑥ 交 通 費 支 払 高	¥ 1,500

2　当座取引

① 当 座 売 上 高	¥43,000	② 当 座 仕 入 高	¥18,000
③ 現 金 引 出 高	¥ 5,000	④ 手 形 代 金 取 立 高	¥32,000
⑤ 売 掛 金 回 収 高	¥17,000	⑥ 手 形 代 金 支 払 高	¥35,000
⑦ 買 掛 金 支 払 高	¥29,000	⑧ 電子記録債権入金高	¥ 4,900
⑨ 借入金元利返済高	¥30,600（うち利息分¥600）		

3　商品売上取引

① 現　金　売　上　高　　　　¥20,000　　② 当　座　売　上　高　　　　¥43,000

③ 掛　　売　　上　　高　　　　¥34,000　　④ 約束手形受入れによる売上高　¥27,000

4　商品仕入取引

① 当　座　仕　入　高　　　　¥18,000　　② 掛　　仕　　入　　高　　　　¥36,000

③ 約束手形振出しによる仕入高　¥27,600

5　その他の取引

① 前払保険料の再振替仕訳　　　　　　　　　　　　　　¥ 1,200

② 電子記録債権の発生による売掛金回収高　　　　　　　¥21,500

③ 電子記録債権の発生による買掛金支払高　　　　　　　¥ 8,000

残 高 試 算 表

借	方	勘 定 科 目	貸	方
4月30日現在の勘定残高	4月1日現在の勘定残高		4月1日現在の勘定残高	4月30日現在の勘定残高
	50,000	現　　　　　金		
	42,000	当　座　預　金		
	25,000	受　取　手　形		
	15,000	売　　掛　　金		
	20,000	電 子 記 録 債 権		
	12,000	繰　越　商　品		
	1,200	前　払　保　険　料		
	200,000	備　　　　　品		
		支　払　手　形	24,400	
		買　　掛　　金	20,000	
		電 子 記 録 債 務	15,000	
		未 払 法 人 税 等	10,000	
		借　　入　　金	70,000	
		貸 倒 引 当 金	800	
		備品減価償却累計額	25,000	
		資　　本　　金	180,000	
		繰 越 利 益 剰 余 金	20,000	
		売　　　　　上		
		受 取 手 数 料		
		仕　　　　　入		
		給　　　　　料		
		支　払　家　賃		
		交　　通　　費		
		支　払　利　息		
		支　払　保　険　料		
	365,200		365,200	

第4問（10点）

次の固定資産管理台帳（一部）と備品減価償却累計額勘定を完成しなさい。なお，減価償却は定額法，残存価額はゼロ，期中に取得したものは，減価償却費を月割りで計算する。

固定資産管理台帳　　　　　　　　平成31年3月31日現在

取得年月日	用途	期末数量	耐用年数	期首(期中取得)取得原価	期首減価償却累計額	差引期首(期中取得)帳簿価額	当期減価償却費
備品							
平成28.4.1	備品A	1	5年	300,000	120,000	180,000	（　　　）
平成29.7.1	備品B	3	5年	450,000	67,500	382,500	（　　　）
平成30.8.1	備品C	1	5年	360,000	0	360,000	（　　　）
小　計				1,110,000	187,500	922,500	（　　　）

備品減価償却累計額

日	付		摘　要	借　方	日	付		摘　要	借　方
31	3	31	（次期繰越）	（ 377,500 ）	30	4	1	前期繰越	（　　　）
					31	3	31	（　　　）	（　　　）
				（ 377,500 ）					（　　　）

第5問（32点）

次の未処理事項および決算整理事項にもとづいて，精算表を完成しなさい。なお，会計期間は，平成X8年4月1日から平成X9年3月31日である。

（未処理事項および決算整理事項）

1　仮払金￥2,500は，従業員の出張にあたり，旅費の概算として支払ったものである。決算日に従業員が帰店し全額を旅費として使用した旨の報告を受けていたが，この処理が未記帳であった。

2　現金過不足のうち￥1,000は売掛金の回収の記帳もれであることが判明したが，残額は不明であった。

3　受取手形と売掛金の期末残高に対して2％の貸倒れを見積もる。貸倒引当金の設定は差額補充法による。

4　期末商品棚卸高は￥16,000である。なお，売上原価は「仕入」の行で計算すること。

5　建物と備品について，定額法により減価償却を行う。
　建物：耐用年数20年，残存価額：取得原価の10％
　備品：耐用年数12年，残存価額：取得原価の10％

6　収入印紙の未使用分は￥400である。

7　保険料のうち￥8,400は，平成X8年6月1日に向こう1年分を支払ったものである。

8　貸付金のうち￥100,000は，平成X8年9月1日に貸付期間10カ月，利率年3％，利息は満期日に受け取る条件で貸し付けたものである。利息については月割り計算による。

9　法人税等が￥4,100と計算された。

精 算 表

勘定科目	残高試算表		修正記入		損益計算書		貸借対照表	
	借 方	貸 方	借 方	貸 方	借 方	貸 方	借 方	貸 方
現　　　　金	35,800							
現 金 過 不 足		1,500						
受 取 手 形	33,000							
売　掛　　金	24,000							
仮 払 法 人 税 等	2,000							
繰 越 商 品	20,000							
仮　払　　金	2,500							
貸　付　　金	180,000							
建　　　　物	300,000							
備　　　　品	200,000							
支 払 手 形		46,000						
買　掛　　金		35,000						
貸 倒 引 当 金		800						
建物減価償却累計額		108,000						
備品減価償却累計額		60,000						
資　本　　金		450,000						
繰 越 利 益 剰 余 金		50,000						
売　　　　上		646,000						
受 取 利 息		800						
仕　　　　入	470,000							
給　　　　料	77,500							
旅　　　　費	6,000							
支 払 家 賃	34,000							
租 税 公 課	2,000							
保　険　　料	11,300							
	1,398,100	1,398,100						
（　　　　　）								
（　　　　　）								
（　　　　　）								
（　　　　　）								
（　　　　　）								
（　　　　　）								
（　　　　　）								
当 期 純（　　）								

模 擬 問 題 Ⅱ

（解答 ☞ 65頁）

第1問（20点）

　次の各取引について仕訳しなさい。ただし，勘定科目は，次の中から最も適当と思われるものを選びなさい。

現　　　　　金	当 座 預 金	備　　　　　品	売　　　　　上
買　掛　金	受 取 手 形	固定資産売却益	繰越利益剰余金
仕　　　　　入	売　掛　金	未 収 入 金	仮 払 消 費 税
従業員立替金	借　入　金	固定資産売却損	支 払 手 形
利 益 準 備 金	貸　付　金	給　　　　　料	減 価 償 却 費
預　り　金	未 払 配 当 金	仮 受 消 費 税	備品減価償却累計額

1　平成Ｘ9年11月30日に，不要となった備品（購入日：平成Ｘ7年4月1日，取得原価￥600,000，減価償却方法：定額法，記帳方法：間接法，耐用年数5年，残存価額：取得原価の10％）を￥330,000で売却し，代金は現金で受け取った。なお，期首から売却した月までの減価償却費も併せて計上すること。また，決算日は3月31日で，会計期間は1年である。

2　乃木坂商事株式会社は，第46期の株主総会を開催し，繰越利益剰余金￥200,000の処分を次のとおり決定した。

　　株主配当金：　￥100,000　　利益準備金：　￥10,000

3　杉田商店に商品￥45,000を売り上げ，代金は杉田商店からの申し出により，同店に対する買掛金￥45,000と相殺することになった。

4　従業員の給料￥250,000を支給するにあたり，所得税の源泉徴収額￥16,000と従業員への立替分￥32,000を差し引き，残額を現金で支払った。

5　商品￥44,000を（税込価格）を仕入れ，10％の消費税を含めて代金は掛けとした。なお，消費税については税抜方式で記帳する。

	借　　方	金　　額	貸　　方	金　　額
1				
2				
3				
4				
5				

第2問（10点）

次の(1)4月1日と2日の取引および(2)取引銀行のインターネットバンキングサービスによる当座勘定照合表（抜粋）にもとづいて，解答欄に示す日付の仕訳をしなさい。なお，賀喜商店および遠藤商店はそれぞれ当社の商品の取引先で，商品売買取引はすべて掛けとしている。また，消費税については税抜方式で記帳している。

勘定科目は，次の中から選択すること。

現金	普通預金	当座預金	売掛金	買掛金	未収入金	未払金　借入金
仮払消費税	仮受消費税	備品	売上	受取手数料	仕入	支払手数料

(1)　取　　引

4月1日　筒井家具店から備品¥200,000（本体価格）を購入し，10％の消費税を含めた代金は小切手（No.117）を振り出して支払った。

　　2日　賀喜商店に商品（本体価格¥150,000）を売り上げ，10％の消費税を含めた代金は掛けとした。

(2)　当座勘定照合表（抜粋）

<table>
<tr><td colspan="5" align="center">当座勘定照合表</td></tr>
<tr><td>取引日</td><td align="center">摘　　　要</td><td>支 払 高</td><td>預 り 高</td><td>現 在 高</td></tr>
<tr><td>4.20</td><td>お振込　賀喜商店</td><td></td><td>165,000</td><td>196,110</td></tr>
<tr><td>4.21</td><td>お振込　遠藤商店</td><td>88,000</td><td></td><td>108,110</td></tr>
<tr><td>4.21</td><td>お振込手数料（消費税10％込み）</td><td>110</td><td></td><td>108,000</td></tr>
<tr><td>4.22</td><td>小切手引落（No.117）</td><td>220,000</td><td></td><td>−112,000</td></tr>
<tr><td>4.22</td><td>手形取立（No.328）</td><td></td><td>135,000</td><td>23,000</td></tr>
</table>

注：現在高欄の金額に「−」（マイナス）がある場合は，貸付高を表します。

	借　　　方	金　　額	貸　　　方	金　　額
4／1				
2				
20				
21				
22				

第3問 （30点）

次の(1)合計試算表と(2)諸取引にもとづいて，4月末の合計残高試算表と売掛金および買掛金の明細表を作成しなさい。なお，当店では売上と仕入はすべて掛けで行っている。

また，取引銀行とは当座借越契約（借越限度額￥100,000）を結んでいる。

(1) 平成Ｘ8年4月25日現在の合計試算表

合 計 試 算 表

借 方	勘 定 科 目	貸 方
85,000	現　　　　　金	36,600
940,000	当　座　預　金	915,000
950,000	受　取　手　形	910,000
955,000	売　　掛　　金	918,000
45,000	繰　越　商　品	
600,000	備　　　　　品	
630,000	支　払　手　形	685,000
658,000	買　　掛　　金	708,000
	借　　入　　金	80,000
	備品減価償却累計額	50,000
	資　　本　　金	400,000
	繰越利益剰余金	61,000
18,000	売　　　　　上	895,000
658,000	仕　　　　　入	13,000
80,000	給　　　　　料	
6,000	減　価　償　却　費	
45,000	支　払　家　賃	
1,600	支　払　利　息	
5,671,600		5,671,600

(2) 平成Ｘ8年4月26日から4月30日までの諸取引

26日　売上：杉田商店　￥18,000　　横浜商店　￥15,000

　　　　給料￥23,000を現金で支払った。

　　　　大宮商店の買掛金のうち￥20,000を約束手形を振り出して支払った。

27日　仕入：大宮商店　￥14,000　　上野商店　￥22,000

　　　　前日杉田商店に売り上げた商品のうち￥1,000は不良品のため返品された。

　　　　横浜商店から売掛金￥21,000が当座預金口座に振り込まれた。

28日　売上：杉田商店　￥23,000　　横浜商店　￥26,000

　　　　上野商店の買掛金のうち￥25,000を約束手形を振り出して支払った。

　　　　本月分の家賃￥15,000を小切手を振り出して支払った。

　　　　借入金のうち￥30,000を利息￥200とともに小切手を振り出して支払った。

29日　仕入：大宮商店　￥12,000　　上野商店　￥10,000

　　　　横浜商店の売掛金のうち￥24,000の回収として，同店振り出しの約束手形を受け取った。

　　　　上野商店宛に振り出した約束手形￥18,000が満期となり，当座預金口座から引き落とされた。

30日　前日大宮商店から仕入れた商品の一部に品質不良があるため￥1,200分返品した。

　　　　取引銀行に取り立てを依頼していた杉田商店振り出し，当店宛の約束手形￥17,000が満期となり，当座預金口座に入金された。

　　　　備品について，当月分の減価償却費￥2,000を計上した。

合 計 残 高 試 算 表

平成Ⅹ8年4月30日

借方残高	借方合計	勘 定 科 目	貸方合計	貸方残高
		現　　　　　金		
		当 座 預 金		
		受 取 手 形		
		売 　 掛 　 金		
		繰 越 商 品		
		備　　　　　品		
		支 払 手 形		
		買 　 掛 　 金		
		借 　 入 　 金		
		備品減価償却累計額		
		資 　 本 　 金		
		繰 越 利 益 剰 余 金		
		売　　　　　上		
		仕　　　　　入		
		給　　　　　料		
		減 価 償 却 費		
		支 払 家 賃		
		支 払 利 息		

売掛金明細表			
	4月25日		4月30日
杉田商店	¥　20,000	¥ (	)
横浜商店	17,000	¥ (	)
	¥　37,000	¥ (	)

買掛金明細表			
	4月25日		4月30日
大宮商店	¥　26,000	¥ (	)
上野商店	24,000	¥ (	)
	¥　50,000	¥ (	)

第4問 （10点）

次の(1)〜(5)の取引は，解答欄に示したどの補助簿に記入されるか，該当するすべての補助簿の欄に〇印を付して答えなさい。

(1) 土地¥5,000,000を購入し，代金のうち¥3,000,000は小切手を振り出して支払い，残額は来月末払いとした。

(2) 仕入れた商品のうち¥10,000が不良品だったため返品し，代金は掛代金と相殺した。

(3) 取引銀行に取り立てを依頼していた黒石商店振り出しの約束手形¥80,000の支払期日が到来し，当座預金口座に振り込まれた。

(4) 南商店に商品¥60,000を販売した。なお，代金は来月末に支払われる予定である。

(5) 商品¥70,000を仕入れ，代金は約束手形を振り出して支払った。

	当座預金出納帳	商　品有高帳	得意先元　帳	仕入先元　帳	受取手形記入帳	支払手形記入帳	仕入帳	売上帳	固定資産台　帳
(1)									
(2)									
(3)									
(4)									
(5)									

第5問 （30点）

次の(1)勘定残高および(2)決算整理事項等にもとづいて，決算整理後残高試算表を完成しなさい。なお，会計期間は平成X6年4月1日から平成X7年3月31日までの1年間である。

(1) 勘定残高

現　　　　　金	¥ 47,200	当 座 預 金	¥ 5,000	売　掛　金	¥ 50,000
繰 越 商 品	¥ 15,000	仮　払　金	¥ 800	仮払法人税等	¥ 4,000
土　　　　　地	¥130,000	備　　　品	¥100,000	買　掛　金	¥ 40,000
借　入　金	¥ 60,000	貸倒引当金	¥ 300	備品減価償却累計額	¥ 25,000
資　本　金	¥150,000	繰越利益剰余金	¥ 10,000	売　　上	¥300,000
受 取 手 数 料	¥ 1,100	仕　　入	¥210,000	給　　料	¥ 20,000
通　信　費	¥ 1,500	支 払 家 賃	¥ 12,000	支 払 利 息	¥ 900

(2) 決算整理事項等

1 仮払金の残高は，商品を注文したさいに支払った手付金であることが判明した。なお，この商品はまだ受け取っていない。

2 当座預金の¥5,000は，貸方残高であるため，適切な勘定へ振り替える。

3 期末商品の棚卸高は¥13,000であった。

4 売掛金残高に対して2%の貸倒れを見積もり，差額補充法により貸倒引当金を設定する。

5 備品については，定額法（耐用年数20年，残存価額ゼロ）により減価償却を行う。

6 借入金¥60,000は，当期の7月1日に期間1年，利率年3%（利息は12月末日と元本返済時に支払い）の条件で借り入れたものである。なお，利息の計算は月割りによること。

7 郵便切手の未使用分が¥400あった。

8 当期の法人税，住民税及び事業税の合計額¥9,000を計上する。

決算整理後残高試算表
平成Ｘ7年3月31日

借　　　方	勘　定　科　目	貸　　　方
	現　　　　　金	
	売　　掛　　金	
	繰　越　商　品	
	（　　　　　　　）	
	貯　　蔵　　品	
	土　　　　　地	
	備　　　　　品	
	買　　掛　　金	
	借　　入　　金	
	（　　　　　　　）	
	未 払 法 人 税 等	
	貸 倒 引 当 金	
	備品減価償却累計額	
	資　　本　　金	
	繰 越 利 益 剰 余 金	
	売　　　　　上	
	受 取 手 数 料	
	仕　　　　　入	
	給　　　　　料	
	通　　信　　費	
	支　払　家　賃	
	減　価　償　却　費	
	貸 倒 引 当 金 繰 入	
	支　払　利　息	
	法人税, 住民税及び事業税	

第1章　簿 記 の 基 礎

◆問題1◆

①	経営成績	②	財政状態	③	単式簿記
④	複式簿記	⑤	商業簿記	⑥	工業簿記

【解　説】

　簿記の目的やこれから学習する簿記が複式簿記による商業簿記であることを認識すること。

◆問題2◆

(1)	(2)	(3)
×	○	×

【解　説】

(1)　出資を受けた企業は，出資者から独立しなければならないので，企業が会計単位となる。

(3)　企業の経営活動によって生じる項目は，すべて貨幣金額によって記録しなければならない。

第2章　資産・負債・純資産および貸借対照表

◆問題1◆

資　　　　産	① ③ ⑤ ⑦ ⑧	負　　　債	② ⑥ ⑨	純 資 産	④ ⑩

【解　説】

　資産とは，現金や土地などの財貨および将来において現金を受け取ることのできる債権などをいう。

　負債とは，将来において現金を支払う債務をいう。

　純資産とは，資産から負債を差し引いた額で，株主が出資した資本金と繰越利益剰余金などから構成されている。

◆問題2◆

貸 借 対 照 表
平成 X 4 年 4 月 1 日

資　　　　産	金　　額	負債および純資産	金　　額
現　　　　　　金	150,000	買　　掛　　金	400,000
売　　掛　　金	350,000	資　　本　　金	500,000
備　　　　　品	500,000	繰 越 利 益 剰 余 金	100,000
	1,000,000		1,000,000

【解　説】

　資産は借方，負債および純資産は貸方であることを覚えること。

◆問題3◆

貸　借　対　照　表
平成Ｘ３年３月31日

資　　　　産	金　　額	負債および純資産	金　　額
現　　　　　　　金	140,000	買　　掛　　金	360,000
売　　掛　　金	210,000	借　　入　　金	400,000
備　　　　品	350,000	資　　本　　金	500,000
建　　　　物	600,000	繰 越 利 益 剰 余 金	40,000
	1,300,000		1,300,000

【解　説】

期末資産￥1,300,000－期末負債￥760,000－資本金￥500,000＝繰越利益剰余金￥40,000

期末資産　￥140,000＋￥210,000＋￥350,000＋￥600,000＝￥1,300,000

期末負債　￥360,000＋￥400,000＝￥760,000

また，繰越利益剰余金￥40,000から繰越利益剰余金の繰越金額￥10,000を差し引くことで，当期純利益￥30,000を算出することができる。

◆問題4◆

貸　借　対　照　表
平成Ｘ５年12月31日

資　　　　産	金　　額	負債および純資産	金　　額
現　　　　　　　金	300,000	買　　掛　　金	200,000
売　　掛　　金	200,000	借　　入　　金	500,000
未　収　入　金	100,000	資　　本　　金	1,500,000
備　　　　品	400,000	繰 越 利 益 剰 余 金	100,000
建　　　　物	500,000		
土　　　　地	800,000		
	2,300,000		2,300,000

【解　説】

期末の貸借対照表は，借方に期末の資産，貸方に期末の負債および資本金を記入する。その貸借差額が繰越利益剰余金となる。

第3章　収益・費用および損益計算書

◆問題1◆

資　　　　産	③	収　　　益	②　⑤
負　　　　債	⑩	費　　　用	①　④　⑥　⑧　⑨
純　資　産	⑦		

【解　説】

貸借対照表や損益計算書の作成にも役立つので，簿記の五つの要素については正しく覚えること。

◆問題2◆

①	負　債
②	純資産
③	期首純資産
④	当期純利益
⑤	収　益

【解　説】

他の等式も覚えることで，貸借対照表や損益計算書のしくみについて理解を深めることができる。

◆問題3◆

損 益 計 算 書
平成Ｘ６年４月１日から平成Ｘ７年３月31日まで

費　　用	金　　額	収　　益	金　　額
売　上　原　価	200,000	売　　上　　高	300,000
給　　料	70,000	受　取　家　賃	20,000
水　道　光　熱　費	15,000		
支　払　利　息	5,000		
当　期　純　利　益	30,000		
	320,000		320,000

貸 借 対 照 表
平成Ｘ７年３月31日

資　　産	金　　額	負債および純資産	金　　額
現　　　　　金	40,000	買　　掛　　金	20,000
売　　掛　　金	30,000	借　　入　　金	40,000
建　　　　　物	80,000	資　　本　　金	200,000
土　　　　　地	150,000	繰　越　利　益　剰　余　金	40,000
	300,000		300,000

【解　説】

① 損益計算書の当期純利益は，収益と費用との差額によって算出する。

② 繰越利益剰余金は，貸借の差額によって算出する。

③ 繰越利益剰余金￥40,000から繰越利益剰余金の繰越金額￥10,000を差し引いて当期純利益￥30,000を算出し，損益計算書の当期純利益￥30,000との一致を確認する。

第4章　取 引 と 勘 定

◆問題1◆

	借　方　の　要　素	貸　方　の　要　素
(例)	現　　金（資　　産）の増加	資　本　金（純資産）の増加
(1)	仕　　入（費　用）の発生	現　　金（資　　産）の減少
(2)	現　　金（資　　産）の増加	借　入　金（負　　債）の増加
(3)	売　掛　金（資　　産）の増加	売　　上（収　益）の発生
(4)	借　入　金（負　　債）の減少	現　　金（資　　産）の減少

【解　説】

資産の増加は借方，負債の増加は貸方，これをまず覚えること。これを足掛かりに取引要素の結合関係について考えると良い。

第5章　仕　訳　と　転　記

◆問題1◆

		借　　　　方	金　額	貸　　　　方	金　額
4／1		現　　　　　　　金	100,000	資　　本　　金	100,000
2		備　　　　　　　品	20,000	現　　　　　　金	20,000
5		仕　　　　　　　入	50,000	現　　　　　　金	50,000
10		現　　　　　　　金	70,000	売　　　　　　上	70,000
15		現　　　　　　　金	100,000	借　　入　　金	100,000
25		給　　　　　　　料	30,000	現　　　　　　金	30,000
29		現　　　　　　　金	40,000	受　取　手　数　料	40,000
30		借　　入　　金	30,000	現　　　　　　金	30,000

【解　説】

　仕訳は，現金を受け取ったら借方「現金」とし，現金を支払ったら貸方「現金」とする。これを足掛かりに仕訳を考えると良い。

◆問題2◆

	借　　　　方	金　額	貸　　　　方	金　額
(1)	現　　　　　　　金	100,000	資　　本　　金	100,000
(2)	仕　　　　　　　入	60,000	現　　　　　　金 買　　　　　掛	10,000 50,000
(3)	広　　告　　料	20,000	現　　　　　　金	20,000
(4)	現　　　　　　　金	200,000	借　　入　　金	200,000
(5)	現　　　　　　　金 売　　　掛　　　金	40,000 30,000	売　　　　　　上	70,000
(6)	車　両　運　搬　具	150,000	未　　払　　金	150,000
(7)	消　耗　品　費	7,000	現　　　　　　金	7,000
(8)	水　道　光　熱　費	25,000	現　　　　　　金	25,000
(9)	現　　　　　　　金	40,000	受　取　手　数　料	40,000
(10)	借　　入　　金 支　払　利　息	30,000 1,000	現　　　　　　金	31,000
(11)	現　　　　　　　金	25,000	売　　掛　　金	25,000
(12)	買　　掛　　金	20,000	現　　　　　　金	20,000
(13)	交　　通　　費	5,000	現　　　　　　金	5,000

【解　説】

　(2)のように，借方と貸方の勘定科目の数が違っても，借方の合計額と貸方の合計額は同額となる。

◆問題３◆

現　金	
(4/1)（　500）	(4/6)（　100）
（　4）（　300）	

売 掛 金	
(4/7)（　200）	

買 掛 金	
(4/6)（　100）	(4/2)（　400）

資 本 金	
	(4/1)（　500）

売　上	
	(4/4)（　300）
	（　7）（　200）

仕　入	
(4/2)（　400）	

【解　説】

① 転記は，日付順に一つの仕訳ごとに行う。

② 仕訳で借方の勘定科目の金額は，その勘定口座の借方に転記し，仕訳で貸方の勘定科目の金額は，その勘定口座の貸方に転記する。

◆問題４◆

		借　方	金　額	貸　方	金　額
4／1		現　金	200,000	資 本 金	200,000
2		仕　入	70,000	現　金	70,000
6		備　品	40,000	未 払 金	40,000
10		現　金	50,000	売　上	50,000
15		貸 付 金	30,000	現　金	30,000
18		仕　入	40,000	買 掛 金	40,000
26		支 払 家 賃	10,000	現　金	10,000
28		現　金	40,000	売　上	90,000
		売 掛 金	50,000		
30		買 掛 金	30,000	現　金	30,000

現　金	
(4/1)（200,000）	(4/2)（ 70,000）
（ 10）（ 50,000）	（ 15）（ 30,000）
（ 28）（ 40,000）	（ 26）（ 10,000）
	（ 30）（ 30,000）

売 掛 金	
(4/28)（ 50,000）	

備　品	
(4/6)（ 40,000）	

貸 付 金	
(4/15)（ 30,000）	

買 掛 金	
(4/30)（ 30,000）	(4/18)（ 40,000）

未 払 金	
	(4/6)（ 40,000）

資 本 金	
	(4/1)（200,000）

売　上	
	(4/10)（ 50,000）
	（ 28）（ 90,000）

仕　入	
(4/2)（ 70,000）	
（ 18）（ 40,000）	

支払家賃	
(4/26)（ 10,000）	

【解　説】

取引のつど，仕訳を行い，次に勘定口座に転記する。

第6章　仕訳帳と総勘定元帳

◆問題1◆

仕　訳　帳

1

平成 X8年		摘　　　　　要	元丁	借　方	貸　方
4	1	(現　　　金)		500,000	
		(資　本　金)			500,000
		設　　立			
	3	(備　　　品)		90,000	
		(現　　　金)			90,000
		パソコンの購入			
	6	(仕　　　入)　諸　　　口		100,000	
		(現　　　金)			70,000
		(買　掛　金)			30,000
		札幌商店から商品仕入			
	10	諸　　　口　(売　　　上)			150,000
		(現　　　金)		100,000	
		(売　掛　金)		50,000	
		函館商店へ商品売上			
	12	(通　信　費)		6,000	
		(現　　　金)			6,000
		電話料金支払い			
	18	(現　　　金)		40,000	
		(売　掛　金)			40,000
		函館商店から売掛金回収			
	〃	(買　掛　金)		30,000	
		(現　　　金)			30,000
		札幌商店に買掛金支払い			

【解　説】

① 原則として左側に借方の勘定科目，次の行の右側に貸方の勘定科目を記入する。

② 借方または貸方の勘定科目が二つ以上ある場合は，勘定科目の上に「諸口」と記入する。4月10日は，諸口の右側に売上を記入する。

◆問題2◆

仕　訳　帳

1

平成 X8年		摘　　　　　要	元丁	借　方	貸　方
4	1	(現　　　金)	1	400,000	
		(資　本　金)	7		400,000
	5	(仕　　　入)　諸　　　口	10	80,000	
		(現　　　金)	1		50,000
		(買　掛　金)	5		30,000
	8	諸　　　口　(売　　　上)	8		100,000
		(現　　　金)	1	60,000	
		(売　掛　金)	2	40,000	
	10	(買　掛　金)	5	20,000	
		(現　　　金)	1		20,000
	15	(現　　　金)	1	30,000	
		(売　掛　金)	2		30,000

総 勘 定 元 帳

現　金　　1

平成X8年		摘　要	仕丁	借　方	平成X8年		摘　要	仕丁	貸　方
4	1	資　本　金	1	400,000	4	5	仕　　　入	1	50,000
	8	売　　　上	〃	60,000		10	買　掛　金	〃	20,000
	15	売　掛　金	〃	30,000					

売　掛　金　　2

平成X8年		摘　要	仕丁	借　方	平成X8年		摘　要	仕丁	貸　方
4	8	売　　　上	1	40,000	4	15	現　　　金	1	30,000

買　掛　金　　5

平成X8年		摘　要	仕丁	借　方	平成X8年		摘　要	仕丁	貸　方
4	10	現　　　金	1	20,000	4	5	仕　　　入	1	30,000

資　本　金　　7

平成X8年		摘　要	仕丁	借　方	平成X8年		摘　要	仕丁	貸　方
					4	1	現　　　金	1	400,000

売　　上　　8

平成X8年		摘　要	仕丁	借　方	平成X8年		摘　要	仕丁	貸　方
					4	8	諸　　　口	1	100,000

仕　　入　　10

平成X8年		摘　要	仕丁	借　方	平成X8年		摘　要	仕丁	貸　方
4	5	諸　　　口	1	80,000					

【解　説】

① 仕訳帳の借方の金額を勘定口座の借方欄に転記し，仕訳帳の貸方の金額を勘定口座の貸方欄に転記する。

② 摘要欄は，仕訳の相手勘定科目を記入する。相手勘定科目が二つ以上ある場合は「諸口」と記入する。

③ 仕丁欄は，仕訳帳のページ数，1を記入する。

④ 転記後に，勘定口座の番号を仕訳帳の元丁欄に記入する。

◆問題3◆

仕　訳　帳　　1

平成X8年		摘　　要		元丁	借　方	貸　方
8	1	（現　　　金）		1	600,000	
			（資　本　金）	10		600,000
	8	（備　　　品）	諸　　　口	5	70,000	
			（現　　　金）	1		30,000
			（未　払　金）	8		40,000
	20	（現　　　金）		1	25,000	
			（受　取　家　賃）	13		25,000
	31	（未　払　金）		8	40,000	
			（現　　　金）	1		40,000
			次ページへ		735,000	735,000

総 勘 定 元 帳

現　金　　1

平成X8年		摘　要	仕丁	借　方	平成X8年		摘　要	仕丁	貸　方
8	1	資　本　金	1	600,000	8	8	備　　　品	1	30,000
	20	受　取　家　賃	〃	25,000		31	未　払　金	〃	40,000

備　　品　　5

平成X8年		摘　要	仕丁	借　方	平成X8年		摘　要	仕丁	貸　方
8	8	諸　　　口	1	70,000					

第6章

								未　払　金					8
8	31	現		金	1	40,000	8	8	備		品	1	40,000

								資　本　金					10
							8	1	現		金	1	600,000

								受　取　家　賃					13
							8	20	現		金	1	25,000

【解　説】

仕訳帳の借方合計と貸方合計が一致することを確認すること。

◆問題４◆

仕　訳　帳

1

平成 X8年		摘　　　　要		元 丁	借　方	貸　方
12	1	（現　　　　金）		1	200,000	
			（資　本　金）	9		200,000
	2	（仕　　　　入）	諸　　　口	12	60,000	
			（現　　　金）	1		20,000
			（買　掛　金）	6		40,000
	7	（現　　　　金）		1	90,000	
			（売　　　上）	10		90,000
	9	（買　掛　金）		6	30,000	
			（現　　　金）	1		30,000
			次ページへ		380,000	380,000

総　勘　定　元　帳

現　　　　金

1

平成 X8年		摘　　　要		仕 丁	借　方	貸　方	借 または 貸	残　高
12	1	資　本　金		1	200,000		借	200,000
	2	仕	入	〃		20,000	〃	180,000
	7	売	上	〃	90,000		〃	270,000
	9	買　掛　金		〃		30,000	〃	240,000

買　掛　金

6

12	2	仕	入	1		40,000	貸	40,000
	9	現	金	〃	30,000		〃	10,000

資　本　金

9

12	1	現	金	1		200,000	貸	200,000

売　　　　上

10

12	7	現	金	1		90,000	貸	90,000

仕　　　　入

12

12	2	諸	口	1	60,000		借	60,000

【解　説】

①　勘定口座の借または貸欄は，資産・費用は「借」，負債・純資産・収益は「貸」となる。

②　借または貸欄を，借方欄に記入したとき「借」，貸方欄に記入したとき「貸」と記入するのは誤りである。

第7章 簿 記 一 巡

◆問題1◆

(1)

合 計 試 算 表
平成 X 7 年12月31日

借　方	元丁	勘定科目	貸　方
96,000	1	現　　　金	72,000
55,000	2	売　掛　金	25,000
22,000	3	備　　　品	
40,000	4	買　掛　金	50,000
	5	資　本　金	60,000
	6	繰越利益剰余金	1,000
	7	売　　　上	65,000
50,000	8	仕　　　入	
10,000	9	給　　　料	
273,000			273,000

(2)

残 高 試 算 表
平成 X 7 年12月31日

借　方	元丁	勘定科目	貸　方
24,000	1	現　　　金	
30,000	2	売　掛　金	
22,000	3	備　　　品	
	4	買　掛　金	10,000
	5	資　本　金	60,000
	6	繰越利益剰余金	1,000
	7	売　　　上	65,000
50,000	8	仕　　　入	
10,000	9	給　　　料	
136,000			136,000

【解　説】

① 合計試算表は，各勘定口座の借方合計と貸方合計を記入する。

② 残高試算表は，各勘定口座の貸借差額を借方合計と貸方合計のいずれか多い方に記入する。

◆問題2◆

(1)

精 算 表
平成 X 8 年12月31日

勘定科目	残 高 試 算 表 借　方	残 高 試 算 表 貸　方	損 益 計 算 書 借　方	損 益 計 算 書 貸　方	貸 借 対 照 表 借　方	貸 借 対 照 表 貸　方
現　　　金	150,000				(150,000)	
売　掛　金	60,000				(60,000)	
備　　　品	180,000				(180,000)	
買　掛　金		60,000				(60,000)
未　払　金		80,000				(80,000)
資　本　金		200,000				(200,000)
繰越利益剰余金		10,000				(10,000)
売　　　上		300,000		(300,000)		
受 取 手 数 料		20,000		(20,000)		
仕　　　入	210,000		(210,000)			
給　　　料	60,000		(60,000)			
水 道 光 熱 費	10,000		(10,000)			
(当 期 純 利 益)			(40,000)			(40,000)
	670,000	670,000	(320,000)	(320,000)	(390,000)	(390,000)

(2)

損 益 計 算 書
平成 X 8 年 1 月 1 日から平成 X 8 年12月31日まで

費　目	金　額	収　益	金　額
売 上 原 価	210,000	売　上　高	300,000
給　　　料	60,000	受取手数料	20,000
水 道 光 熱 費	10,000		
(当 期 純 利 益)	40,000		
	320,000		320,000

(3)

貸 借 対 照 表
平成 X 8 年12月31日

資　産	金　額	負債・純資産	金　額
現　　　金	150,000	買　掛　金	60,000
売　掛　金	60,000	未　払　金	80,000
備　　　品	180,000	資　本　金	200,000
		(繰越利益剰余金)	50,000
	390,000		390,000

【解　説】

① 残高試算表欄の借方（または貸方）の金額を，貸借対照表欄・損益計算書欄に書き移すとき，貸方（または借方）に記入しないこと。

② 損益計算書欄の借方合計額と貸方合計額を計算し，その差額を少ない方に記入する。借方記入は当期純利益，貸方記入は当期純損失を示す。本問題の場合は，借方に記入するため当期純利益を示す。

③ 貸借対照表欄に当期純利益の金額を貸方に記入して，借方合計額と貸方合計額が一致することを確認する。

④ (3)の貸借対照表における繰越利益剰余金は，繰越利益剰余金勘定残高¥10,000と当期純利益¥40,000との合計金額となる。

◆問題3◆

(1)

精　算　表
平成Ｘ9年3月31日

勘 定 科 目	残 高 試 算 表		損 益 計 算 書		貸 借 対 照 表	
	借　方	貸　方	借　方	貸　方	借　方	貸　方
現　　　　金	54,000				54,000	
売　掛　金	30,000				30,000	
備　　　品	180,000				180,000	
買　掛　金		50,000				50,000
借　入　金		55,000				55,000
資　本　金		130,000				130,000
繰越利益剰余金		5,000				5,000
売　　　上		250,000		250,000		
受 取 手 数 料		10,000		10,000		
仕　　　入	210,000		210,000			
給　　　料	25,000		25,000			
支 払 利 息	1,000		1,000			
（当 期 純 利 益）			24,000			24,000
	500,000	500,000	260,000	260,000	264,000	264,000

(2)

損 益 計 算 書
平成Ｘ8年4月1日から平成Ｘ9年3月31日まで

費　　目	金　額	収　　益	金　額
売 上 原 価	210,000	売　上　高	250,000
給　　料	25,000	受 取 手 数 料	10,000
支 払 利 息	1,000		
（当 期 純 利 益）	24,000		
	260,000		260,000

(3)

貸 借 対 照 表
平成Ｘ9年3月31日

資　　産	金　額	負債・純資産	金　額
現　　金	54,000	買　掛　金	50,000
売　掛　金	30,000	借　入　金	55,000
備　　品	180,000	資　本　金	130,000
		（繰越利益剰余金）	29,000
	264,000		264,000

【解　説】

① 残高試算表は，各勘定口座の残高を借方合計と貸方合計のいずれか多い方に記入する。

② 貸借対照表の繰越利益剰余金
　　繰越利益剰余金勘定残高¥5,000＋当期純利益¥24,000＝¥29,000

第8章　決　　算　Ⅰ

◆問題1◆

	借　　　方	金　額	貸　　　方	金　額
(1)	売　　　　　　上	11,000	損　　　　　　益	11,000
(2)	損　　　　　　益	8,500	仕　　　　　　入 給　　　　　　料	7,000 1,500
(3)	損　　　　　　益	2,500	繰　越　利　益　剰　余　金	2,500

総　勘　定　元　帳

売　　　上

5／31 損　益 11,000	5／15 売掛金 11,000

仕　　　入

5／4 買掛金 7,000	5／31 損　益 7,000

給　　　料

5／25 現　金 1,500	5／31 損　益 1,500

損　　　益

5／31 仕　入 7,000	5／31 売　上 11,000
〃　給　料 1,500	
〃　繰越利益剰余金 2,500	
11,000	11,000

繰越利益剰余金

	5／31 損　益 2,500

【解　説】
① 収益・費用を損益勘定に振り替えるとき，損益勘定では諸口を使わずに，収益・費用の各勘定科目を個々に記入する。
② 損益勘定に収益・費用を振り替えた後の損益勘定の残高は当期純利益であり，当期純利益は繰越利益剰余金勘定の貸方に振り替える。

◆問題2◆

総　勘　定　元　帳

現　　　金

5／1 資本金 10,000	5／22 買掛金 5,000
20 売掛金 8,000	25 給　料 1,500
	31 次期繰越 11,500
18,000	18,000
6／1 前期繰越 11,500	

買　　　掛　　　金

5／22 現　金 5,000	5／4 仕　入 7,000
31 次期繰越 2,000	
7,000	7,000
	6／1 前期繰越 2,000

売　　　掛　　　金

5／15 売　上 11,000	5／20 現　金 8,000
	31 次期繰越 3,000
11,000	11,000
6／1 前期繰越 3,000	

資　　　本　　　金

5／31 次期繰越 10,000	5／1 現　金 10,000
	6／1 前期繰越 10,000

繰越利益剰余金

5／31 次期繰越 2,500	5／31 損　益 2,500
	6／1 前期繰越 2,500

繰　越　試　算　表
平成Ｘ8年5月31日

借　　　方	勘　定　科　目	貸　　　方
11,500	現　　　　　金	
3,000	売　　掛　　金	
	買　　掛　　金	2,000
	資　　本　　金	10,000
	繰　越　利　益　剰　余　金	2,500
14,500		14,500

第8章

【解　説】

① 資産の勘定は貸方に，負債・純資産の勘定は借方に「次期繰越」とその残高を記入して締め切る。締め切り後，次期繰越を記入したのと反対側に「前期繰越」とその繰越額を記入する。

② 繰越試算表は，資産・負債・純資産の各勘定の次期繰越の金額を集めて作成する。

◆問題３◆

損 益 計 算 書
平成Ｘ８年５月１日から平成Ｘ８年５月31日まで

費 用	金 額	収 益	金 額
売 上 原 価	7,000	売 上 高	11,000
給 料	1,500		
当 期 純 利 益	2,500		
	11,000		11,000

貸 借 対 照 表
平成Ｘ８年５月31日

資 産	金 額	負債および純資産	金 額
現 金	11,500	買 掛 金	2,000
売 掛 金	3,000	資 本 金	10,000
		繰 越 利 益 剰 余 金	2,500
	14,500		14,500

【解　説】

損益計算書では，収益と費用との差額は当期純利益として表示する。

◆問題４◆

仕 訳 帳
3

平 成 Ｘ８年		摘 要	元丁	借 方	貸 方
		決 算 仕 訳			
5	31	（売 上）	7	600	
		（損 益）	10		600
		収益を損益勘定に振替			
	〃	（損 益） 諸 口	10	540	
		（仕 入）	8		500
		（給 料）	9		40
		費用を損益勘定に振替			
	〃	（損 益）	10	60	
		（繰越利益剰余金）	6		60
		当期純利益を繰越利益剰余金勘定に振替			
				1,200	1,200

総勘定元帳

現　金　1

平成X8年		摘　要	仕丁	借　方	平成X8年		摘　要	仕丁	貸　方
5	1	前 期 繰 越	✓	300	5	6	仕　　入	1	100
	16	売 掛 金	1	350		21	買 掛 金	2	450
	23	売　　上	2	300		25	給　　料	〃	40
						31	**次 期 繰 越**	✓	**360**
				950					950
6	1	前 期 繰 越	✓	360					

売　掛　金　2

平成X8年		摘　要	仕丁	借　方	平成X8年		摘　要	仕丁	貸　方
5	1	前 期 繰 越	✓	200	5	16	現　　金	1	350
	10	売　　上	1	300		31	**次 期 繰 越**	✓	**150**
				500					500
6	1	前 期 繰 越	✓	150					

備　品　3

平成X8年		摘　要	仕丁	借　方	平成X8年		摘　要	仕丁	貸　方
5	1	前 期 繰 越	✓	500	**5**	**31**	**次 期 繰 越**	✓	**500**
6	1	前 期 繰 越	✓	500					

買　掛　金　4

平成X8年		摘　要	仕丁	借　方	平成X8年		摘　要	仕丁	貸　方
5	21	現　　金	2	450	5	1	前 期 繰 越	✓	300
	31	**次 期 繰 越**	✓	**250**		6	仕　　入	1	400
				700					700
					6	1	前 期 繰 越	✓	250

資　本　金　5

平成X8年		摘　要	仕丁	借　方	平成X8年		摘　要	仕丁	貸　方
5	**31**	**次 期 繰 越**	✓	**670**	5	1	前 期 繰 越	✓	670
					6	1	前 期 繰 越	✓	670

繰越利益剰余金　6

平成X8年		摘　要	仕丁	借　方	平成X8年		摘　要	仕丁	貸　方
5	**31**	**次 期 繰 越**	✓	**90**	5	1	前 期 繰 越	✓	30
						31	損　　益	3	60
				90					90
					6	1	前 期 繰 越	✓	90

売　上　7

平成X8年		摘　要	仕丁	借　方	平成X8年		摘　要	仕丁	貸　方
5	31	損　　益	3	600	5	10	売 掛 金	1	300
						23	現　　金	2	300
				600					600

仕　入　8

平成X8年		摘　要	仕丁	借　方	平成X8年		摘　要	仕丁	貸　方
5	6	諸　　口	1	500	5	31	損　　益	3	500

第8章

		給	料							9

平成X8年	摘　要	仕丁	借　方	平成X8年	摘　要	仕丁	貸　方
5 25	現　　　金	2	40	5 31	損　　　益	3	40

		損	益							10

平成X8年	摘　要	仕丁	借　方	平成X8年	摘　要	仕丁	貸　方
5 31	仕　　　入	3	500	5 31	売　　　上	3	600
〃	給　　　料	〃	40				
〃	繰越利益剰余金	〃	60				
			600				600

(1)

繰 越 試 算 表

平成X8年5月31日

借　　方	元丁	勘　定　科　目	貸　　方
360	1	現　　　　　金	
150	2	売　　掛　　金	
500	3	備　　　　　品	
	4	買　　掛　　金	250
	5	資　　本　　金	670
	6	繰 越 利 益 剰 余 金	90
1,010			1,010

(2)

損 益 計 算 書

平成X8年5月1日から平成X8年5月31日まで

費　　用	金　額	収　　益	金　額
売　上　原　価	500	売　上　高	600
給　　　　　料	40		
当　期　純　利　益	60		
	600		600

(3)

貸 借 対 照 表

平成X8年5月31日

資　　産	金　額	負債および純資産	金　額
現　　　　　金	360	買　　掛　　金	250
売　　掛　　金	150	資　　本　　金	670
備　　　　　品	500	繰 越 利 益 剰 余 金	90
	1,010		1,010

【解　説】

　振替仕訳や収益・費用の各勘定と資産・負債・純資産の各勘定の締め切り方の違いなど，決算手続きの流れや処理について正しく覚えること。

第9章 現 金・預 金

◆問題1◆

	借 方	金 額	貸 方	金 額
(1)	現 金	20,000	売 掛 金	20,000
(2)	現 金	30,000	売 上	30,000
(3)	仕 入	30,000	現 金	30,000
(4)	現 金	15,000	受 取 手 数 料	15,000
(5)	買 掛 金	30,000	現 金	30,000

【解 説】

① 他人振り出しの小切手，送金小切手，普通為替証書などの通貨代用証券を受け取ったときは，借方「現金」とする。

② 受け取った通貨代用証券を仕入代金などの支払いにあてたときは，貸方「現金」とする。

◆問題2◆

	借 方	金 額	貸 方	金 額
6／3	現 金	10,000	売 上	10,000
8	消 耗 品 費	2,000	現 金	2,000
17	現 金	8,000	受 取 手 数 料	8,000
25	給 料	5,000	現 金	5,000

現 金 出 納 帳

平成 X6年		摘 要	収 入	支 出	残 高
6	1	前月繰越	50,000		50,000
	3	杉田商店へ売上 小切手受領	10,000		60,000
	8	帳簿・伝票購入		2,000	58,000
	17	南台商店から仲介手数料 送金小切手受領	8,000		66,000
	25	本月分給料支払い		5,000	61,000
	30	次月繰越		61,000	
			68,000	68,000	
7	1	前月繰越	61,000		61,000

【解 説】

現金出納帳は，仕訳で借方「現金」のとき，その金額を収入欄に記入し，貸方「現金」のとき，その金額を支出欄に記入する。

◆問題3◆

	借 方	金 額	貸 方	金 額
(1)	現 金	6,000	現 金 過 不 足	6,000
(2)	現 金 過 不 足	3,000	受 取 手 数 料	3,000
(3)	現 金 過 不 足	2,000	通 信 費	2,000
(4)	現 金 過 不 足	1,000	雑 益	1,000

【解 説】

(1) 帳簿残高を実際有高に合わせるため，現金を増加させる。

(3) 現金過剰額の原因は，「(借) 通信費2,000 (貸) 現金2,000」という仕訳を二重に行ったことによるので，通信費の二重計上を取り消すため，貸方「通信費」とする。

(4) 現金過剰額の原因が決算日までに判明しなかったときは，雑益勘定または雑収入勘定で処理する。

第9章

15

◆問題4◆

		借　　方	金　額	貸　　方	金　額
(1)		現　金　過　不　足	3,000	現　　　　　金	3,000
(2)		交　　通　　費	2,000	現　金　過　不　足	2,000
(3)		雑　　　　　損	1,000	現　金　過　不　足	1,000
(4)		交　　通　　費	22,000	受　取　家　賃	5,000
		雑　　　　　損	3,000	現　金　過　不　足	20,000

【解　説】

(1)　帳簿残高を実際有高に合わせるため，現金を減少させる。

(3)　現金不足の原因が決算日までに判明しなかったときは，雑損勘定または雑損失勘定で処理する。

(4)　雑損の金額は，借方「交通費」，貸方「受取家賃」「現金過不足」と仕訳した後の貸借差額によって求める。

◆問題5◆

	借　　方	金　額	貸　　方	金　額
(1)	当　座　預　金	50,000	売　　　　　上	50,000
(2)	仕　　　　　入	30,000	当　座　預　金	30,000
(3)	当　座　預　金	40,000	売　　　　　上	40,000
(4)	備　　　　　品	50,000	現　　　　　金	50,000
(5)	当　座　預　金	30,000	売　　　　　上	30,000

【解　説】

　受け取った小切手が，(1)のように他店振り出しのときは借方「現金」とするが，(5)のように当店振り出しのときは借方「当座預金」とする。

◆問題6◆

	借　　方	金　額	貸　　方	金　額
3／5	当　座　預　金	100,000	現　　　　　金	100,000
8	仕　　　　　入	70,000	当　座　預　金	70,000
12	当　座　預　金	20,000	売　　　　　上	20,000
15	通　　信　　費	5,000	当　座　預　金	5,000
20	買　　掛　　金	60,000	当　座　預　金	60,000
25	当　座　預　金	10,000	売　　掛　　金	10,000
31	当　座　預　金	5,000	当　座　借　越	5,000
4／1	当　座　借　越	5,000	当　座　預　金	5,000

当　座　預　金　出　納　帳

平成X6年		摘　　　　要	預　　入	引　　出	借または貸	残　　高
3	5	現金預け入れ　　当座預金口座開設	100,000		借	100,000
	8	品川商店から仕入　　　小切手＃1		70,000	〃	30,000
	12	横浜商店へ売上	20,000		〃	50,000
	15	電話料金引き落し		5,000	〃	45,000
	20	関東商店に買掛金支払い　　小切手＃2		60,000	貸	15,000
	25	新橋商店から売掛金回収	10,000		〃	5,000
	31	次月繰越	5,000			
			135,000	135,000		
4	1	前月繰越		5,000	貸	5,000

【解　説】

①　当座預金口座への預け入れや引き出しなどは，すべて当座預金勘定で処理する。

②　当座預金出納帳の借または貸欄は，預金残高が当座預金のときは「借」と記入し，当座借越のときは「貸」と記入する。仕訳で借方「当座預金」のとき「借」，貸方「当座預金」のとき「貸」と記入するのは誤りである。また，預入欄に金額を記入したとき「借」，引出欄に金額を記入したとき「貸」とするのも誤りである。

③　当座借越勘定を用いずに，借入金勘定としても良いが，検定試験では使用勘定科目が指定されているので注意すること。

④　もし，当座借越契約をせずに当座預金の残高を超えて小切手を振り出した場合は，その支払いは拒絶されてしまう。これを不渡りといい，このような小切手を不渡小切手という。

◆問題7◆

	借　　　方	金　　額	貸　　　方	金　　額
(1)	当 座 預 金 新 宿 銀 行 支 払 手 数 料	80,000 200	普 通 預 金 上 野 銀 行	80,200
(2)	現　　　　　　　金	10,000	普 通 預 金 原 宿 銀 行	10,000
(3)	普 通 預 金 品 川 銀 行	81,000	定 期 預 金 品 川 銀 行 受 　 取 　 利 　 息	80,000 1,000

【解　説】

①　普通預金や定期預金などの預貯金も，当座預金の預け入れや引き出しと同じように処理する。

②　口座種別と銀行名を組み合わせた勘定科目を使用する場合もあるので，問題文に注意すること。

◆問題8◆

借　　　方	金　　額	貸　　　方	金　　額
通　　信　　費 消　耗　品　費 雑　　　　　費	5,000 3,000 1,000	当　座　預　金	9,000

【解　説】

次の仕訳でも良い。

（借）通　信　費　　5,000　　（貸）小 口 現 金　　9,000

　　　消 耗 品 費　　3,000

　　　雑　　　費　　1,000

（借）小 口 現 金　　9,000　　（貸）当 座 預 金　　9,000

◆問題9◆

小 口 現 金 出 納 帳

受 入	平成X8年		摘　　要	支 払	内　　訳				残 高
					交通費	通信費	消耗品費	雑　　費	
20,000	9	5	前 週 繰 越						20,000
	〃		郵 便 切 手	2,000		2,000			18,000
		6	文 房 具 代	4,500			4,500		13,500
		7	バ ス 回 数 券	3,000	3,000				10,500
		8	電 話 料 金	3,600		3,600			6,900
		〃	新 聞 代	1,200				1,200	5,700
		9	タ ク シ ー 代	3,300	3,300				2,400
			合　　計	17,600	6,300	5,600	4,500	1,200	
17,600		9	本 日 補 給						20,000
		〃	次 週 繰 越	20,000					
37,600				37,600					
20,000	9	12	前 週 繰 越						20,000

	借　　　　方	金　　額	貸　　　方	金　　額
9／9	交　　通　　費	6,300	当 座 預 金	17,600
	通　　信　　費	5,600		
	消　耗　品　費	4,500		
	雑　　　　費	1,200		

【解　説】

① 支払欄の合計額￥17,600と内訳欄の各項目の合計額の合算額￥17,600（＝￥6,300＋￥5,600＋￥4,500＋￥1,200）とが一致することを確認する。

② 支払報告を受け，ただちに補給しているため，補給後の残高￥20,000が次週繰越の金額となる。

③ 小口現金勘定を用いて9月9日の仕訳を行う場合は，次のようになる。

（借）交　　通　　費　　6,300　　　　（貸）小 口 現 金　　17,600
　　　通　　信　　費　　5,600
　　　消　耗　品　費　　4,500
　　　雑　　　　費　　1,200
（借）小 口 現 金　　17,600　　　　（貸）当 座 預 金　　17,600

◆問題10◆

小 口 現 金 出 納 帳

受　入	平成X8年		摘　　要	支払	内　　　　　訳				残　高
					交通費	通信費	消耗品費	雑　費	
2,000	9	5	前 週 繰 越						2,000
18,000	〃		本 日 補 給						20,000
	〃		茶 菓 子 代	1,500				1,500	18,500
	6		電 話 料 金	5,400		5,400			13,100
	〃		筆 記 用 具 代	2,700			2,700		10,400
	7		タ ク シ ー 代	3,800	3,800				6,600
	8		帳 簿 代	2,900			2,900		3,700
	9		郵 便 切 手	2,000		2,000			1,700
			合　　　計	18,300	3,800	7,400	5,600	1,500	
	9		**次 週 繰 越**	**1,700**					
20,000				20,000					
1,700	9	12	前 週 繰 越						1,700
18,300	〃		本 日 補 給						20,000

	借　　　方	金　　額	貸　　　方	金　　額
9／5	小 口 現 金	18,000	当 座 預 金	18,000
9	交 通 費	3,800	小 口 現 金	18,300
	通 信 費	7,400		
	消 耗 品 費	5,600		
	雑 費	1,500		
12	小 口 現 金	18,300	当 座 預 金	18,300

【解　説】

資金の補給が翌週月曜日のため，残高¥1,700が次週繰越の金額となる。

第10章　商品売買取引

◆問題1◆

	借　　方	金　額	貸　　方	金　額
(1)	仕　　　　　入	40,000	当　座　預　金 買　　掛　　金	30,000 10,000
(2)	買　　掛　　金	1,000	仕　　　　　入	1,000
(3)	現　　　　　金 売　　掛　　金	50,000 20,000	売　　　　　上	70,000
(4)	売　　　　　上	2,000	売　　掛　　金	2,000
(5)	仕　　　　　入	50,000	現　　　　　金	50,000
(6)	現　　　　　金	10,000	仕　　　　　入	10,000

【解　説】

　返品は，仕入時または売上時の逆仕訳となるので，貸方「仕入」・借方「売上」とする。指示がなければ仕入勘定と買掛金勘定，売上勘定と売掛金勘定をそれぞれ減少させる。(6)のように現金で返金されることもあるので注意すること。

◆問題2◆

	借　　方	金　額	貸　　方	金　額
(1)	仕　　　　　入	41,000	買　　掛　　金 現　　　　　金	40,000 1,000
(2)	売　　掛　　金 発　　送　　費	60,000 1,000	売　　　　　上 現　　　　　金	60,000 1,000
(3)	売　　掛　　金	61,000	売　　　　　上 現　　　　　金	60,000 1,000

【解　説】

(1)　商品を仕入れたときの仕入諸掛は，商品の仕入原価に含めるため仕入勘定で処理する。

(2)　商品を売り上げたときに支払った発送費は，指示がなければ費用処理（発送費勘定）する。

(3)　発送費で，相手が負担するものは，売掛金勘定または立替金勘定で処理するが，検定試験では使用勘定科目が指定されているので，例えば，売掛金勘定のみが指定勘定科目のときは，売掛金勘定で処理しなければならない。

◆問題3◆

	借　　方	金　額	貸　　方	金　額
(1)	商　　　　　品	20,000	買　　掛　　金	20,000
(2)	買　　掛　　金	3,000	商　　　　　品	3,000
(3)	売　　掛　　金	15,000	商　　　　　品 商　品　売　買　益	10,000 5,000
(4)	商　　　　　品 商　品　売　買　益	1,000 500	売　　掛　　金	1,500

【解　説】

(4)　売上返品は，(3)の売上時の逆仕訳を行う。この場合も商品の売価を仕入原価と商品売買益に分けて記帳する。

◆問題4◆

	借　　方	金　額	貸　　方	金　額
7／7	仕　　　　　入	90,000	当　座　預　金 買　　掛　　金	40,000 50,000
8	買　　掛　　金	6,000	仕　　　　　入	6,000
15	仕　　　　　入	103,000	買　　掛　　金 現　　　　　金	100,000 3,000
25	仕　　　　　入	170,000	買　　掛　　金	170,000

仕　　入　　帳

平成 X6年		摘　　　　　要	内　訳	金　額
（7）	（7）	（大　崎　商　店）　　（小　切　手・掛）		
		（A　　商　　品）　（30個）　（＠¥3,000）		（　90,000）
	（8）	（大　崎　商　店）　　（掛　　戻　　し）		
		（A　　商　　品）　（2個）　（＠¥3,000）		（　6,000）
	（15）	（上　野　商　店）　　（　　掛　　　）		
		（B　　商　　品）　（20個）　（＠¥5,000）	（　100,000）	
		（引取運賃現金払い）	（　3,000）	（　103,000）
	（25）	（横　浜　商　店）　　（　　掛　　　）		
		（A　　商　　品）　（40個）　（＠¥3,000）	（　120,000）	
		（B　　商　　品）　（10個）　（＠¥5,000）	（　50,000）	（　170,000）
	（31）	（総　仕　入　高）		（　363,000）
	（〃）	（仕　入　戻　し　高）		（　6,000）
		（純　仕　入　高）		（　357,000）

【解　説】

① 商品を2種類以上仕入れた場合や仕入諸掛がある場合は，いったん内訳欄に記入して，その合計額を金額欄に記入する。

② 仕訳の仕入勘定の金額と仕入帳の金額欄の金額は一致するので確認すること。

◆問題5◆

	借　　方	金　額	貸　　方	金　額
7／8	売　　掛　　金 発　　送　　費	100,000 1,000	売　　　　　上 現　　　　　金	100,000 1,000
9	売　　　　　上	12,000	売　　掛　　金	12,000
12	現　　　　　金	140,000	売　　　　　上	140,000
26	売　　掛　　金	122,000	売　　　　　上 現　　　　　金	120,000 2,000

売　　上　　帳

平成 X6年		摘　　　　　要	内　訳	金　額
（7）	（8）	（渋　谷　商　店）　　（　　掛　　　）		
		（A　　商　　品）　（25個）　（＠¥4,000）		（　100,000）
	（9）	（渋　谷　商　店）　　（掛　　戻　　り）		
		（A　　商　　品）　（3個）　（＠¥4,000）		（　12,000）
	（12）	（神　田　商　店）　　（小　　切　　手）		
		（A　　商　　品）　（20個）　（＠¥4,000）	（　80,000）	
		（B　　商　　品）　（10個）　（＠¥6,000）	（　60,000）	（　140,000）
	（26）	（東　京　商　店）　　（　　掛　　　）		
		（A　　商　　品）　（30個）　（＠¥4,000）		（　120,000）
	（31）	（総　売　上　高）		（　360,000）
	（〃）	（売　上　戻　り　高）		（　12,000）
		（純　売　上　高）		（　348,000）

第10章

【解　説】

① 発送運賃を支払っても，売上には影響しないので売上帳には記入しない。

② 仕訳の売上勘定の金額と売上帳の金額欄の金額は一致するので確認すること。

◆問題6◆

商 品 有 高 帳

（先入先出法）　　　　　　　　　　　B商品

平成 X8年		摘　要	受　入			払　出			残　高		
			数量	単価	金額	数量	単価	金額	数量	単価	金額
6	1	前 月 繰 越	10	500	5,000				10	500	5,000
	8	仕　　　入	20	503	10,060				20	503	10,060
	12	売　　　上				10	500	5,000			
						15	503	7,545	5	503	2,515
	16	仕　　　入	35	510	17,850				35	510	17,850
	25	売　　　上				5	503	2,515			
						25	510	12,750	10	510	5,100

商 品 有 高 帳

（移動平均法）　　　　　　　　　　　B商品

平成 X8年		摘　要	受　入			払　出			残　高		
			数量	単価	金額	数量	単価	金額	数量	単価	金額
6	1	前 月 繰 越	10	500	5,000				10	500	5,000
	8	仕　　　入	20	503	10,060				30	502	15,060
	12	売　　　上				25	502	12,550	5	502	2,510
	16	仕　　　入	35	510	17,850				40	509	20,360
	25	売　　　上				30	509	15,270	10	509	5,090

【解　説】

1　先入先出法

① 仕入単価が異なるものが残高としてある場合や仕入単価の異なるものを同時に払い出した場合は，別々の行に記入してカッコする。

② 先に仕入れた商品から先に払い出されるものと仮定するので，6月12日の払出数量25個は，6月1日の繰越分の10個と6月8日に仕入れたうちの15個となる。このように，先に記入されているものから先に払い出される。

③ 6月16日の仕入単価　（¥17,500＋¥350)÷35個＝¥510

2　移動平均法

① 6月8日の平均単価　（¥5,000＋¥10,060)÷(10個＋20個)＝¥502

② 6月16日の平均単価　（¥2,510＋¥17,850)÷(5個＋35個)＝¥509

なお，どちらの方法でも，払出欄を売価で記入しないようにすること。

◆問題7◆

商 品 有 高 帳
（先入先出法）　　Tシャツ

平成 X8年		摘　要	受　入			払　出			残　高		
			数量	単価	金額	数量	単価	金額	数量	単価	金額
7	1	前月繰越	20	300	6,000				20	300	6,000
	3	大崎商店	30	310	9,300				30	310	9,300
	7	横浜商店				20	300	6,000			
						20	310	6,200	10	310	3,100
	19	品川商店	20	309	6,180				20	309	6,180
	22	川崎商店				10	310	3,100			
						5	309	1,545	15	309	4,635

先入先出法によるTシャツの7月中の売上総利益の計算

売上高（¥27,500）−売上原価（¥16,845）＝売上総利益（¥10,655）

商 品 有 高 帳
（移動平均法）　　Tシャツ

平成 X8年		摘　要	受　入			払　出			残　高		
			数量	単価	金額	数量	単価	金額	数量	単価	金額
7	1	前月繰越	20	300	6,000				20	300	6,000
	3	大崎商店	30	310	9,300				50	306	15,300
	7	横浜商店				40	306	12,240	10	306	3,060
	19	品川商店	20	309	6,180				30	308	9,240
	22	川崎商店				15	308	4,620	15	308	4,620

移動平均法によるTシャツの7月中の売上総利益の計算

売上高（¥27,500）−売上原価（¥16,860）＝売上総利益（¥10,640）

【解　説】

商品有高帳は，商品ごとに記録する。本問題では，Tシャツについて記録する。

1　先入先出法

① 　7月3日の仕入単価　（¥9,150＋¥150）÷30個＝¥310

② 　売　上　高　7/7 ¥20,000＋7/22 ¥7,500＝¥27,500

③ 　売　上　原　価　月初商品棚卸高¥6,000＋当月商品仕入高¥15,480[注]−月末商品棚卸高¥4,635

　　　　　　＝¥16,845

　　　（注）　7/3 ¥9,300＋7/19 ¥6,180＝¥15,480

　　　　　　また，売上原価は，払出欄の**払出合計額¥16,845**（＝¥6,000＋¥6,200＋¥3,100 ＋¥1,545）である。

④ 　売上総利益　売上高¥27,500−売上原価¥16,845＝¥10,655

2　移動平均法

① 　7月3日の平均単価　（¥6,000＋¥9,300）÷（20個＋30個）＝¥306

② 　7月19日の平均単価　（¥3,060＋¥6,180）÷（10個＋20個）＝¥308

③ 　売　上　高　¥27,500

④ 　売　上　原　価　月初商品棚卸高¥6,000＋当月商品仕入高¥15,480−月末商品棚卸高¥4,620

　　　　　　＝¥16,860

　　　　　　また，売上原価は，払出欄の**払出合計額¥16,860**（＝¥12,240＋¥4,620）である。

⑤ 　売上総利益　売上高¥27,500−売上原価¥16,860＝¥10,640

第 10 章

◆問題8◆

商 品 有 高 帳

（先入先出法）　　　　　　　　　　　　　ブラウス

平成 X8年		摘　　要	受　　入			払　　出			残　　高		
			数量	単価	金額	数量	単価	金額	数量	単価	金額
9	1	前 月 繰 越	10	6,880	68,800				10	6,880	68,800
	5	南 野 商 店	50	7,000	350,000				50	7,000	350,000
	6	南野商店掛返品				10	7,000	70,000	10	6,880	68,800
									40	7,000	280,000
	12	杉 田 商 店				10	6,880	68,800	20	7,000	140,000
						20	7,000	140,000			
	22	北 野 商 店	20	7,100	142,000				20	7,100	142,000
	27	磯 子 商 店				20	7,000	140,000	15	7,100	106,500
						5	7,100	35,500			

先入先出法によるブラウスの９月中の売上総利益の計算

売上高（¥497,500）－売上原価（¥384,300）＝売上総利益（¥113,200）

商 品 有 高 帳

（移動平均法）　　　　　　　　　　　　　ブラウス

平成 X8年		摘　　要	受　　入			払　　出			残　　高		
			数量	単価	金額	数量	単価	金額	数量	単価	金額
9	1	前 月 繰 越	10	6,880	68,800				10	6,880	68,800
	5	南 野 商 店	50	7,000	350,000				60	6,980	418,800
	6	南野商店掛返品				10	7,000	70,000	50	6,976	348,800
	12	杉 田 商 店				30	6,976	209,280	20	6,976	139,520
	22	北 野 商 店	20	7,100	142,000				40	7,038	281,520
	27	磯 子 商 店				25	7,038	175,950	15	7,038	105,570

移動平均法によるブラウスの９月中の売上総利益の計算

売上高（¥497,500）－売上原価（¥385,230）＝売上総利益（¥112,270）

【解　説】

1　先入先出法

①　９月６日の返品は，払出欄に記入し，残高欄は，９月１日の繰越分を書き直して，９月５日の
　　仕入分から返品分を差し引いたものを次の行に記入してカッコする。

③　売　上　高　　9/12 ¥270,000＋9/27 ¥227,500＝¥497,500

④　売　上　原　価　　月初商品棚卸高¥68,800＋当月商品仕入高¥422,000(注)
　　　　　　　　　－月末商品棚卸高¥106,500＝¥384,300

　　　（注）　9/5 ¥350,000－9/6 ¥70,000＋9/22 ¥142,000＝¥422,000

　　　　　　　また，売上原価は，払出欄の仕入返品を除いた**払出合計額¥384,300**（＝¥68,800
　　　　　　＋¥140,000＋¥140,000＋¥35,500）である。

⑤　売上総利益　　売上高¥497,500－売上原価¥384,300＝¥113,200

2　移動平均法

①　９月５日の平均単価　　（¥68,800＋¥350,000）÷（10個＋50個）＝¥6,980

②　９月６日の平均単価　　（¥418,800－¥70,000）÷（60個－10個）＝¥6,976

③　９月22日の平均単価　　（¥139,520＋¥142,000）÷（20個＋20個）＝¥7,038

④　売　上　高　　¥497,500

⑤ 売 上 原 価　月初商品棚卸高￥68,800＋当月商品仕入高￥422,000－月末商品棚卸高￥105,570
　　　　　　　　　＝￥385,230

　　　　　　　　　また，売上原価は，払出欄の仕入返品を除いた払出合計額￥385,230（＝￥209,280
　　　　　　　　　＋￥175,950）である。

⑥ 売上総利益　売上高￥497,500－売上原価￥385,230＝￥112,270

◆問題9◆

	借　　　　方	金　　額	貸　　　　方	金　　額
(1)	仕　　　　　　　　入	3,000	繰　越　商　品	3,000
	繰　越　商　品	5,000	仕　　　　　　入	5,000
(2)	売　　　　　　　上	80,000	損　　　　　　益	80,000
	損　　　　　　　益	47,000	仕　　　　　　入	47,000

繰　越　商　品

1／1　前　期　繰　越	3,000	12／31（仕　　　　入）	（3,000）
12／31（仕　　　入）	（5,000）	〃　（次　期　繰　越）	（**5,000**）
	（8,000）		（8,000）
1／1（前　期　繰　越）	（5,000）		

仕　　　　入

	50,000		1,000
12／31（繰　越　商　品）	（3,000）	12／31（繰　越　商　品）	（5,000）
		〃　（損　　　益）	（47,000）
	（53,000）		（53,000）

売　　　　上

	2,000		82,000
12／31（損　　　益）	（80,000）		
	（82,000）		（82,000）

損　　　　益

12／31（仕　　　入）	（47,000）	12／31（売　　　上）	（80,000）

売 上 原 価 の 計 算		売 上 総 利 益 の 計 算	
期首商品棚卸高	（3,000）	売　　上　　高	（80,000）
当期商品仕入高	（49,000）	売　上　原　価	（47,000）
合　　　計	（52,000）	売　上　総　利　益	（33,000）
期末商品棚卸高	（5,000）		
売　上　原　価	（47,000）		

【解　説】

① 決算整理仕訳は，期首商品棚卸高￥3,000を繰越商品勘定から仕入勘定へ振り替え，期末商品棚卸高￥5,000を仕入勘定から繰越商品勘定へ振り替える。

② 決算振替仕訳の売上勘定の金額は，売上勘定残高￥80,000（＝￥82,000－￥2,000），つまり純売上高である。また，仕入勘定の金額は，決算整理仕訳を振り替えた後の仕入勘定残高￥47,000（＝￥50,000－￥1,000＋￥3,000－￥5,000），つまり売上原価である。

③ 当期商品仕入高は，決算整理仕訳を振り替える前の仕入勘定残高￥49,000（＝￥50,000－￥1,000），つまり純仕入高である。

第10章

◆問題10◆

繰　越　商　品

1／1	前　期　繰　越	5,000	12／31	（仕　　　　　入）	（ 5,000）
12／31	（仕　　　　　入）	（ 7,000）	〃	（次　期　繰　越）	（ **7,000**）
		（ 12,000）			（ 12,000）
1／1	前　期　繰　越	7,000			

仕　　　　入

		70,000	12／31	（繰　越　商　品）	（ 7,000）
12／31	（繰　越　商　品）	（ 5,000）	〃	（損　　　　　益）	（ 68,000）
		（ 75,000）			（ 75,000）

売　　　　上

12／31	（損　　　　　益）	（ 90,000）		90,000

損　　　　益

12／31	（仕　　　　　入）	（ 68,000）	12／31	（売　　　　　上）	（ 90,000）

【解　説】

① 決算整理仕訳は，次のとおりである。

（借）仕　　　　　入　　　5,000　　　（貸）繰　越　商　品　　　5,000

　　　繰　越　商　品　　　7,000(注)　　　　仕　　　　　入　　　7,000

（注）　繰越商品勘定の締め切り後の前期繰越高

② 決算振替仕訳は，次のとおりである。

（借）売　　　　　上　　　90,000　　　（貸）損　　　　　益　　　90,000

　　　損　　　　　益　　　68,000(注)　　　　仕　　　　　入　　　68,000

（注）　決算整理仕訳を振り替えた後の仕入勘定残高

◆問題11◆

精　算　表

勘　定　科　目	残高試算表		修　正　記　入		損益計算書		貸借対照表	
	借　方	貸　方	借　方	貸　方	借　方	貸　方	借　方	貸　方
⋮								
繰　越　商　品	6,000		（ 5,000）	（ 6,000）			（ 5,000）	
売　　　　上		80,000				（ 80,000）		
仕　　　　入	60,000		（ 6,000）	（ 5,000）	（ 61,000）			

【解　説】

① 決算整理仕訳は，次のとおりである。

（借）仕　　　　　入　　　6,000　　　（貸）繰　越　商　品　　　6,000

　　　繰　越　商　品　　　5,000　　　　　　仕　　　　　入　　　5,000

② 残高試算表欄の借方に金額がある勘定は，修正記入欄の借方金額を加算し，貸方金額を減算して勘定残高を算出する。また，残高試算表欄の貸方に金額がある勘定は，修正記入欄の借方金額を減算し，貸方金額を加算して勘定残高を算出する。

◆問題12◆

精 算 表

勘 定 科 目	残高試算表 借 方	残高試算表 貸 方	修 正 記 入 借 方	修 正 記 入 貸 方	損益計算書 借 方	損益計算書 貸 方	貸借対照表 借 方	貸借対照表 貸 方
:								
繰 越 商 品	5,000		7,000	5,000			7,000	
売 上		90,000				90,000		
仕 入	70,000		5,000	7,000	68,000			

【解 説】

決算整理仕訳は，次のとおりである。

（借）仕 入 5,000 （貸）繰 越 商 品 5,000

繰 越 商 品 7,000 仕 入 7,000

◆問題13◆

	借 方	金 額	貸 方	金 額
(1)	雑 損	50	現 金 過 不 足	50
(2)	仕 入	3,000	繰 越 商 品	3,000
	繰 越 商 品	4,000	仕 入	4,000

精 算 表

勘 定 科 目	残高試算表 借 方	残高試算表 貸 方	修 正 記 入 借 方	修 正 記 入 貸 方	損益計算書 借 方	損益計算書 貸 方	貸借対照表 借 方	貸借対照表 貸 方
現 金	48,750						48,750	
現 金 過 不 足	50			50				
売 掛 金	23,000						23,000	
繰 越 商 品	3,000		4,000	3,000			4,000	
土 地	70,000						70,000	
買 掛 金		25,000						25,000
未 払 金		35,000						35,000
資 本 金		78,000						78,000
繰越利益剰余金		2,000						2,000
売 上		100,000				100,000		
仕 入	90,000		3,000	4,000	89,000			
給 料	5,200				5,200			
	240,000	240,000						
雑 損			50		50			
当 期 純 （利益）					5,750			5,750
			7,050	7,050	100,000	100,000	145,750	145,750

【解 説】

① 決算整理仕訳を修正記入欄に記入後，修正記入欄の借方合計額と貸方合計額が一致することを確認する。

② 残高試算表欄の金額に修正記入欄の金額を加減して損益計算書または貸借対照表に記入する。修正記入欄に金額がない勘定は，残高試算表欄の金額をそのまま損益計算書または貸借対照表に記入する。

③ 損益計算書の借方合計額と貸方合計額を計算し，その差額を少ない方に記入する。借方記入は当期純利益，貸方記入は当期純損失を示す。本問題の場合は，借方に記入するため，当期純利益を示す。

④ 貸借対照表に当期純利益の金額を貸方に記入して，借方合計額と貸方合計額が一致することを確認する。

◆問題14◆

	借　　　方	金　　額	貸　　　方	金　　額
(1)	雑　　　　　　損	1,000	現　　　　　　金	1,000
(2)	仕　　　　　　入	6,000	繰　越　商　品	6,000
	繰　越　商　品	8,000	仕　　　　　　入	8,000

精　算　表

平成Ｘ8年3月31日

勘 定 科 目	残高試算表		修 正 記 入		損益計算書		貸借対照表	
	借　方	貸　方	借　方	貸　方	借　方	貸　方	借　方	貸　方
現　　　　　　金	58,000			1,000			57,000	
売　　掛　　金	23,000						23,000	
繰　越　商　品	6,000		8,000	6,000			8,000	
土　　　　　　地	100,000						100,000	
買　　掛　　金		42,000						42,000
借　　入　　金		50,000						50,000
資　　本　　金		90,000						90,000
繰越利益剰余金		10,000						10,000
売　　　　　　上		200,000				200,000		
受 取 手 数 料		8,000				8,000		
仕　　　　　　入	180,000		6,000	8,000	178,000			
給　　　　　　料	32,600				32,600			
支　払　利　息	400				400			
	400,000	400,000						
雑　　　　　　損			1,000		1,000			
当 期 純 （損失）						4,000	4,000	
			15,000	15,000	212,000	212,000	192,000	192,000

損　益　計　算　書				貸　借　対　照　表			
平成Ｘ7年4月1日から平成Ｘ8年3月31日まで				平成Ｘ8年3月31日			
費　　　用	金　　額	収　　　益	金　　額	資　　　産	金　　額	負債・純資産	金　　額
売 上 原 価	178,000	売　上　高	200,000	現　　　　金	57,000	買　掛　金	42,000
給　　　料	32,600	受 取 手 数 料	8,000	売　掛　金	23,000	借　入　金	50,000
支 払 利 息	400	当 期 純 損 失	4,000	商　　　品	8,000	資　本　金	90,000
雑　　　損	1,000			土　　　地	100,000	繰越利益剰余金	6,000
	212,000		212,000		188,000		188,000

【解　説】

① 現金不足額　帳簿残高￥58,000－実際有高￥57,000＝￥1,000

② 損益計算書では，仕入と売上を記入する場合は，その内容を示すため，仕入は**売上原価**，売上は**売上高**として表示する。

③ 貸借対照表では，繰越商品は**商品**として表示する。

④ 貸借対照表の繰越利益剰余金￥6,000は，貸借差額で算出するが，繰越利益剰余金勘定残高￥10,000から当期純損失￥4,000を差し引いた金額でもある。

第11章　売掛金・買掛金

◆問題1◆

売 掛 金 元 帳
杉 田 商 店

平成X8年		摘　　　　　要	借　　方	貸　　方	借または貸	残　　高
5	1	前　月　繰　越	20,000		借	20,000
	3	売　　　　　上	60,000		〃	80,000
	5	返　　　　　品		5,000	〃	75,000
	16	現 金 受 け 取 り		70,000	〃	5,000
	31	次　月　繰　越		5,000		
			80,000	80,000		
6	1	前　月　繰　越	5,000		借	5,000

売 掛 金 明 細 表

	5月1日	5月31日
杉 田 商 店	¥　20,000	¥　　5,000
磯 子 商 店	10,000	20,000
	¥　30,000	¥　25,000

【解　説】

①　売掛金元帳は，得意先ごとに記入する。本問題では，杉田商店の掛け取引のみ記入する。

②　売掛金は借方残高となるので，借または貸欄は「借」と記入する。

③　売上戻りの記入は，赤で書かないので注意する。

④　磯子商店の5月31日の残高　¥10,000＋¥50,000－¥40,000＝¥20,000

◆問題2◆

買 掛 金 元 帳
伊 豆 商 店

平成X8年		摘　　　　　要	借　　方	貸　　方	借または貸	残　　高
5	1	前　月　繰　越		18,000	貸	18,000
	8	仕　　　　　入		50,000	〃	68,000
	9	返　　　　　品	4,000		〃	64,000
	20	小 切 手 振 り 出 し	55,000		〃	9,000
	31	次　月　繰　越	9,000			
			68,000	68,000		
6	1	前　月　繰　越		9,000	貸	9,000

買 掛 金 明 細 表

	5月1日	5月31日
伊 豆 商 店	¥　18,000	¥　　9,000
静 岡 商 店	14,000	11,000
	¥　32,000	¥　20,000

【解　説】

①　買掛金元帳は，仕入先ごとに記入する。本問題では，伊豆商店の掛け取引のみ記入する。

②　買掛金は貸方残高となるので，借または貸欄は「貸」と記入する。

第11章

③　仕入返品の記入は，赤で書かないので注意する。

④　静岡商店の５月31日の残高　￥14,000＋￥47,000－￥50,000＝￥11,000

◆問題３◆

	借　　方	金　額	貸　　方	金　額
(1)	クレジット売掛金 支　払　手　数　料	97,000 3,000	売　　　　　　　上	100,000
(2)	当　座　預　金	97,000	クレジット売掛金	97,000
(3)	クレジット売掛金	300,000	売　　　　　　　上	300,000

【解　説】

(1)　信販会社への手数料は販売時に計上すると指示されているため，支払手数料￥3,000（＝￥100,000×３％）を計上する。また，売上代金から信販会社に対する手数料を差し引いた手取金がクレジット売掛金の金額となる。

(3)　信販会社への手数料は入金時に計上すると指示されているため，クレジット売掛金は￥300,000計上する。

　　　入金時に支払手数料￥6,000（￥300,000×２％）が差し引かれた手取金￥294,000が入金される。入金時の仕訳は，次のとおりである。なお，手取金は当座預金口座に振り込まれたものとする。

　　（借）当　座　預　金　　294,000　　　　（貸）クレジット売掛金　　300,000
　　　　　支　払　手　数　料　　6,000

◆問題４◆

	借　　方	金　額	貸　　方	金　額
(1)	群　馬　商　店	47,000	売　　　　　　　上	47,000
(2)	売　　　　　　　上	3,000	杉　田　商　店	3,000
(3)	伊　豆　商　店	20,000	当　座　預　金	20,000

【解　説】

　人名勘定で仕訳を行う場合は，売掛金勘定と買掛金勘定の代わりに人名勘定（商店名）で処理する。

◆問題５◆

借　　方	金　額	貸　　方	金　額
貸　倒　損　失	20,000	売　　掛　　金	20,000

【解　説】

　貸倒れは，回収不能額だけ売掛金の減少となり，その金額を貸倒損失として計上する。

◆問題６◆

借　　方	金　額	貸　　方	金　額
貸　倒　引　当　金　繰　入	4,000	貸　倒　引　当　金	4,000

【解　説】

①　貸倒見積額　￥200,000×２％＝￥4,000

②　この貸倒見積額は，決算日現在まだ実際に貸倒れたわけではないので，売掛金を直接減額せずに，貸倒引当金勘定に計上する。

◆問題7◆

	借　　　方	金　額	貸　　　方	金　額
(1)	貸　倒　損　失	20,000	売　　掛　　金	20,000
(2)	貸 倒 引 当 金 繰 入	5,000	貸　倒　引　当　金	5,000
(3)	貸　倒　引　当　金	20,000	売　　掛　　金	20,000
(4)	貸　倒　引　当　金 貸　倒　損　失	35,000 5,000	売　　掛　　金	40,000
(5)	貸　倒　損　失	30,000	売　　掛　　金	30,000
(6)	貸　倒　引　当　金 貸　倒　損　失	40,000 10,000	売　　掛　　金	50,000
(7)	現　　　　　金	6,000	償 却 債 権 取 立 益	6,000
(8)	現　　　　　金	20,000	貸　倒　引　当　金	20,000
(9)	現　　　　　金	10,000	償 却 債 権 取 立 益	10,000

【解　説】

(2) 貸倒見積額　￥500,000×1％＝￥5,000

(3)・(4) 貸倒れとなった売掛金がいつ発生したものか不明の場合は，前期末残高のものとして処理する。

(5) 貸倒れとなった売掛金は当期に売り上げたものであるので，貸倒引当金で処理することはできない。つまり，貸倒引当金で処理することができるのは，前期末残高のものが貸倒れた場合である。

(7)・(9) 過年度において貸倒れ処理していた売掛金を回収した場合は，償却債権取立益で処理する。

(8) 前期ではなく当期に貸倒れ処理しているので，償却債権取立益とせずに，貸倒引当金を戻し入れる。

◆問題8◆

	借　　　方	金　額	貸　　　方	金　額
(1)	貸 倒 引 当 金 繰 入	4,000	貸　倒　引　当　金	4,000
(2)	貸　倒　引　当　金	1,000	貸 倒 引 当 金 戻 入	1,000

【解　説】

(1) 貸倒引当金繰入額　￥200,000×3％－￥2,000＝￥4,000

(2) 貸倒見積額￥9,000(＝￥300,000×3％)より貸倒引当金勘定の残高の方が多いので，差額￥1,000(＝￥10,000－￥9,000)だけ貸倒引当金を減少させるとともに，貸倒引当金戻入勘定の貸方に記入する。

◆問題9◆

精　算　表

勘　定　科　目	残高試算表		修　正　記　入		損益計算書		貸借対照表	
	借　方	貸　方	借　方	貸　方	借　方	貸　方	借　方	貸　方
：								
売　掛　金	60,000						(60,000)	
貸 倒 引 当 金		500		(700)				(1,200)
貸 倒 引 当 金 繰 入			(700)		(700)			

【解　説】

決算整理仕訳は，次のとおりである。

　　　(借) 貸倒引当金繰入　　　　　700　　　(貸) 貸倒引当金　　　　　700

　　　￥60,000×2％－￥500＝￥700

◆問題10◆

精　算　表

勘定科目	残高試算表		修正記入		損益計算書		貸借対照表	
	借　方	貸　方	借　方	貸　方	借　方	貸　方	借　方	貸　方
⋮								
売　掛　金	70,000						70,000	
貸倒引当金		600		1,500				2,100
貸倒引当金繰入			1,500		1,500			

【解　説】

決算整理仕訳は，次のとおりである。

　　（借）貸倒引当金繰入　　　　1,500　　　　（貸）貸倒引当金　　　　1,500

　　¥70,000×3％－¥600＝¥1,500

◆問題11◆

	借　　方	金　額	貸　　方	金　額
(1)	交　通　費	100	現　金　過　不　足	100
(2)	貸倒引当金繰入	600	貸　倒　引　当　金	600
(3)	仕　　　　入	4,000	繰　越　商　店	4,000
	繰　越　商　品	6,000	仕　　　　入	6,000

精　算　表

勘定科目	残高試算表		修正記入		損益計算書		貸借対照表	
	借　方	貸　方	借　方	貸　方	借　方	貸　方	借　方	貸　方
現　　　　　金	38,800						38,800	
現　金　過　不　足	100			100				
売　　掛　　金	50,000						50,000	
繰　越　商　品	4,000		6,000	4,000			6,000	
土　　　　　地	80,000						80,000	
買　　掛　　金		25,000						25,000
借　　入　　金		50,000						50,000
貸　倒　引　当　金		400		600				1,000
資　　本　　金		70,000						70,000
繰越利益剰余金		10,000						10,000
売　　　　　上		150,000				150,000		
仕　　　　　入	120,000		4,000	6,000	118,000			
給　　　　　料	10,000				10,000			
交　　通　　費	2,300		100		2,400			
支　払　利　息	200				200			
	305,400	305,400						
貸倒引当金繰入			600		600			
当期純（利益）					18,800			18,800
			10,700	10,700	150,000	150,000	174,800	174,800

【解　説】

(2)　貸倒引当金繰入額　　¥50,000×2％－¥400＝¥600

第12章 手 形 取 引

◆問題1◆

	借　　方	金　額	貸　　方	金　額
(1)	仕　　　入	10,000	支　払　手　形	10,000
(2)	受　取　手　形	30,000	売　　　上	30,000
(3)	支　払　手　形	10,000	当　座　預　金	10,000
(4)	当　座　預　金	30,000	受　取　手　形	30,000
(5)	仕　　　入	51,000	支　払　手　形 買　掛　金 現　　　金	40,000 10,000 1,000
(6)	受　取　手　形 売　掛　金 発　送　費	40,000 50,000 1,500	売　　　上 現　　　金	90,000 1,500
(7)	買　掛　金	60,000	支　払　手　形 現　　　金	20,000 40,000

【解 説】

① 約束手形の振り出しは，手形債務が発生するため貸方「支払手形」とし，手形金額の支払いにより手形債務が消滅するため借方「支払手形」とする。

② 約束手形の受け取りは，手形債権が発生するため借方「受取手形」とし，手形金額の入金により手形債権が消滅するため貸方「受取手形」とする。

◆問題2◆

	借　　方	金　額	貸　　方	金　額
5／2	受　取　手　形	70,000	売　掛　金	70,000
15	受　取　手　形	50,000	売　　　上	50,000
6／1	当　座　預　金	70,000	受　取　手　形	70,000

受 取 手 形 記 入 帳

平成X8年		摘 要	金 額	手形種類	手形番号	支払人	振出人または裏書人	振出日		満期日		支払場所	てん末		
													日付	摘 要	
5	2	売掛金	70,000	約手	8	東海商店	東海商店	5	2	6	1	近畿銀行	6	1	入 金
	15	売 上	50,000	約手	5	南台商店	南台商店	5	15	6	30	東国銀行			

【解 説】

① 振出人（支払人）が取引相手のため，支払人欄と振出人または裏書人欄は，振出人を記入する。

② てん末欄は，手形債権の消滅した理由を記入する。

◆問題3◆

	借　　方	金　　額	貸　　方	金　　額
6／5	仕　　　　　入	60,000	支　払　手　形	60,000
7／5	支　払　手　形	60,000	当　座　預　金	60,000
8	買　　掛　　金	20,000	支　払　手　形	20,000

支 払 手 形 記 入 帳

平成 X8年		摘　要	金　額	手形 種類	手形 番号	受取人	振出人	振出 日		満期 日		支払場所	てん　末			
													日付		摘　要	
6	5	仕　　入	60,000	約手	5	山形商店	当　　店	6	5	7	5	東西銀行	7	5	支　　払	
7	8	買　掛　金	20,000	約手	6	青森商店	当　　店	7	8	8	8	〃				

【解　説】

①　振出人欄は，当店が振り出したので「当店」と記入する。

②　てん末欄は，手形債務の消滅した理由を記入する。

◆問題4◆

帳簿の名称（受取手形記入帳）

	借　　方	金　　額	貸　　方	金　　額
8／7	受　取　手　形	40,000	甲　府　商　店	40,000
19	受　取　手　形	50,000	売　　　　　上	50,000
20	受　取　手　形	80,000	仙　台　商　店	80,000
9／7	当　座　預　金	40,000	受　取　手　形	40,000

【解　説】

①　支払人欄があること，摘要欄に売掛金・売上があることから，この帳簿は受取手形記入帳であることがわかる。

②　日付欄からてん末欄の前までの記入は，仕訳で借方「受取手形」のとき，てん末欄の記入は，貸方「受取手形」のとき行われる。

③　売掛金は，人名勘定を用いるため，商店名によって仕訳する。

◆問題5◆

帳簿の名称　（支払手形記入帳）

	借　　方	金　　額	貸　　方	金　　額
6／2	岡　山　商　店	30,000	支　払　手　形	30,000
8	山　口　商　店	80,000	支　払　手　形	80,000
7／2	支　払　手　形	30,000	当　座　預　金	30,000

【解　説】

①　受取人欄があること，摘要欄に買掛金があることから，この帳簿は支払手形記入帳であることがわかる。

②　日付欄からてん末欄の前までの記入は，仕訳で貸方「支払手形」のとき，てん末欄の記入は，借方「支払手形」のとき行われる。

③　買掛金は，人名勘定を用いるため，取引相手である受取人欄に記入された商店名によって仕訳する。

◆問題6◆

	借　　方	金　額	貸　　方	金　額
(1)	買　　掛　　金	100,000	電 子 記 録 債 務	100,000
(2)	電 子 記 録 債 務	100,000	当 座 預 金	100,000
(3)	電 子 記 録 債 権	50,000	売　　掛　　金	50,000
(4)	普 通 預 金	50,000	電 子 記 録 債 権	50,000
(5)	電 子 記 録 債 権	80,000	売　　掛　　金	80,000
(6)	買　　掛　　金	70,000	電 子 記 録 債 務	70,000
(7)	当 座 預 金	30,000	電 子 記 録 債 権	30,000
(8)	未　　払　　金	200,000	電 子 記 録 債 務	200,000
(9)	受 取 手 形	60,000	売　　　　　上	60,000
(10)	当 座 預 金	60,000	受 取 手 形	60,000
(11)	仕　　　　　入	50,000	支 払 手 形	50,000
(12)	支 払 手 形	50,000	当 座 預 金	50,000

【解　説】

　債務者が発生記録を請求するときは，取引銀行を通じて電子債権記録機関に請求するだけだが，債権者が取引銀行を通じて電子債権記録機関に債権の発生記録を請求する場合は，債務者の承諾が必要になる。このように電子記録債権は，取引銀行を通じての発生記録の請求などの手続きが分かりにくいが，仕訳処理は約束手形と類似しているので，併せて覚えると良い。

　なお，発生記録の請求をどちらが行っても，売掛金や未収入金などを回収する債権者は，借方・電子記録債権で処理し，支払期日が到来したときは，貸方・電子記録債権で処理する。逆に，買掛金や未払金などを支払う債務者は，貸方・電子記録債務で処理し，支払期日が到来したときは，借方・電子記録債務で処理する。

第13章　その他の債権・債務

◆問題1◆

	借　　　方	金　額	貸　　　方	金　額
(1)	貸　付　金	200,000	現　　　金	200,000
(2)	現　　　金	206,000	貸　付　金 受　取　利　息	200,000 6,000
(3)	現　　　金	400,000	借　入　金	400,000
(4)	借　入　金 支　払　利　息	400,000 8,000	現　　　金	408,000

【解　説】

借用証書によって金銭の貸し借りをしたときは，貸付金勘定または借入金勘定で処理する。

(2) 貸付期間1年分の利息を算出する。また，貸付金に対する利息は，受取利息勘定で処理する。

$¥200,000 × 3\% = ¥6,000$

(4) 借入期間100日分の利息を算出する。また，借入金に対する利息は，支払利息勘定で処理する。

$¥400,000 × 7.3\% × \dfrac{100日}{365日} = ¥8,000$

◆問題2◆

	借　　　方	金　額	貸　　　方	金　額
(1)	当　座　預　金 支　払　利　息	295,200 4,800	手　形　借　入　金	300,000
(2)	手　形　借　入　金	300,000	当　座　預　金	300,000
(3)	手　形　貸　付　金	200,000	当　座　預　金 受　取　利　息	196,000 4,000

【解　説】

振り出された約束手形によって金銭の貸し借りをしたときは，手形貸付金勘定または手形借入金勘定で処理する。しかし，検定試験では使用勘定科目が指定されるので注意すること。例えば，借入金勘定のみが指定勘定科目のとき，(1)の仕訳は，貸方「借入金」としなければならない。

(1) 担保にした国債については，日商簿記検定3級では仕訳を行う必要はない。

借入期間80日分の利息を算出する。また，手取金は手形金額から利息を差し引いたものとなり，利息は借入時に支払利息として計上する。

$¥300,000 × 7.3\% × \dfrac{80日}{365日} = ¥4,800$

(3) 貸付期間4カ月分の利息を算出する。また，手取金は手形金額から利息を差し引いたものとなり，利息は貸付時に受取利息として計上する。

$¥200,000 × 6\% × \dfrac{4カ月}{12カ月} = ¥4,000$

◆問題3◆

	借　　　方	金　額	貸　　　方	金　額
(1)	建　　　物	4,000,000	現　　　金 未　払　金	1,000,000 3,000,000
(2)	未　払　金	3,000,000	当　座　預　金	3,000,000
(3)	未　収　入　金	1,000	雑　　　益	1,000
(4)	現　　　金	150,000	未　収　入　金	150,000
(5)	備　　　品	80,000	未　払　金	80,000
(6)	売　掛　金	80,000	売　　　上	80,000

【解　説】

　債権・債務については，商品の売買によって発生する売掛金勘定・買掛金勘定と，商品以外の売買によって発生する未収入金勘定・未払金勘定とは区別して処理しなければならない。

(4)　前月に備品を売却したときに発生した未収入金の受け取りのため，貸方「未収入金」となる。

(6)　関東家具店は，机を販売することが，主たる営業取引になるので，掛け売り上げの処理をすることになる。

◆問題4◆

	借　方	金　額	貸　方	金　額
(1)	現　　　　　金	50,000	前　受　金	50,000
(2)	前　　受　　金 受　取　手　形	50,000 100,000	売　　上	150,000
(3)	現　　　　　金	80,000	受　取　手　付　金	80,000
(4)	仕　　入	320,000	支　払　手　付　金 買　　掛　　金	70,000 250,000

【解　説】

①　商品の注文は，商品の引き渡しが行われたわけではないので簿記上の取引とはならない。従って，売上・仕入を計上することはできない。

②　商品の注文時に，代金の一部を内金として授受した場合は，前払金勘定・前受金勘定で処理し，手付金として授受した場合は，支払手付金勘定・受取手付金勘定で処理する。

③　注文による取引の場合は，(2)と(4)のように実際に商品売買取引が行われたときに，売上・仕入を計上する。

④　検定試験では，手付金も内金の処理と同様に行うこと。

◆問題5◆

	借　方	金　額	貸　方	金　額
(1)	従　業　員　立　替　金	17,000	現　　　　　金	17,000
(2)	給　　　料	300,000	所　得　税　預　り　金 社　会　保　険　料　預　り　金 従　業　員　立　替　金 現　　　　　金	27,000 24,000 17,000 232,000
(3)	所　得　税　預　り　金	27,000	現　　　　　金	27,000
(4)	社　会　保　険　料　預　り　金 法　定　福　利　費	24,000 24,000	現　　　　　金	48,000
(5)	買　　掛　　金 立　　替　　金	150,000 2,000	仕　　入 現　　　　　金	150,000 2,000
(6)	従　業　員　立　替　金	20,000	現　　　　　金	20,000
(7)	給　　　料	450,000	所　得　税　預　り　金 社　会　保　険　料　預　り　金 従　業　員　立　替　金 現　　　　　金	33,000 29,000 20,000 368,000
(8)	所　得　税　預　り　金	33,000	現　　　　　金	33,000
(9)	社　会　保　険　料　預　り　金 法　定　福　利　費	29,000 29,000	現　　　　　金	58,000

【解　説】

①　預り金と立替金は，取引先に対するものと従業員に対するものとを区別して処理する。

②　健康保険料と厚生年金保険料はまとめて社会保険料預り金勘定で処理する。

③　健康保険料と厚生年金保険料を納付するさい，会社は従業員負担額と同額を負担し，法定福利費勘定で処理する。

④　(6)の従業員に対する給料の前貸しは，一時的なものであるので貸付金勘定で処理しない。

⑤ 検定試験では使用勘定科目が指定されるので注意すること。例えば、預り金勘定のみが指定勘定科目のとき、(2)の所得税預り金と社会保険料預り金の仕訳は、まとめて貸方「預り金」としなければならない。

◆問題6◆

	借 方	金 額	貸 方	金 額
(1)	仮 払 金	40,000	現 金	40,000
(2)	旅 費 現 金	35,000 5,000	仮 払 金	40,000
(3)	旅 費	73,000	仮 払 金 現 金	70,000 3,000
(4)	当 座 預 金	60,000	仮 受 金	60,000
(5)	仮 受 金	60,000	売 掛 金	60,000

【解 説】

① 旅費は従業員が出張から帰り、精算したときに金額が確定するので、(1)では旅費を計上しないこと。

② 金銭の収支の内容または金額が確定していない場合は、一時的に仮払金勘定・仮受金勘定に記入し、後日その内容または金額が確定した場合は、該当する勘定に振り替える。

◆問題7◆

	借 方	金 額	貸 方	金 額
(1)	受 取 商 品 券	30,000	売 上	30,000
(2)	受 取 商 品 券	32,000	売 上 現 金	31,500 500
(3)	普 通 預 金	80,000	受 取 商 品 券	80,000

【解 説】

他社発行の商品券を受け取ったときは、受取商品券勘定の借方に記入し、商品券を換金請求したときは、受取商品券勘定の貸方に記入する。

◆問題8◆

借 方	金 額	貸 方	金 額
支 払 家 賃 差 入 保 証 金 支 払 手 数 料	30,000 40,000 20,000	現 金	90,000

【解 説】

敷金を支払ったときは、差入保証金勘定で処理する。

38

◆問題9◆

第13章

精　算　表

勘定科目	残高試算表 借方	残高試算表 貸方	修正記入 借方	修正記入 貸方	損益計算書 借方	損益計算書 貸方	貸借対照表 借方	貸借対照表 貸方
現　　　　　金	56,000						56,000	
現 金 過 不 足	300			300				
売 　掛 　金	30,000			5,000			25,000	
繰 越 商 品	6,000		8,000	6,000			8,000	
土 　　　地	70,000						70,000	
買 　掛 　金		17,500						17,500
借 　入 　金		40,000						40,000
未 　払 　金		9,500						9,500
仮 　受 　金		8,000	8,000					
貸 倒 引 当 金		300		450				750
資 　本 　金		70,000						70,000
繰越利益剰余金		3,000						3,000
売 　　　上		180,000				180,000		
受 取 手 数 料		6,000		1,200		7,200		
仕 　　　入	145,000		6,000	8,000	143,000			
給 　　　料	16,000				16,000			
広 告 宣 伝 費	2,000				2,000			
交 　通 　費	900				900			
支 払 家 賃	8,000				8,000			
支 払 利 息	100		500		600			
	334,300	334,300						
雑 　　　損			1,000		1,000			
前 　受 　金				3,000				3,000
貸 倒 引 当 金 繰 入			450		450			
当 期 純 (利 益)					15,250			15,250
			23,950	23,950	187,200	187,200	159,000	159,000

【解　説】

　未処理事項の仕訳および決算整理事項の仕訳は，次のようになる。

(1)　(借)仮　受　金　　　8,000　　　(貸)売　掛　金　　　5,000
　　　　　　　　　　　　　　　　　　　　前　受　金　　　3,000

　　　手付金の受け取りであるが，精算表では前受金が記載されているため，前受金で処理しなければならない。

(2)　(借)支 払 利 息　　　500　　　(貸)現 金 過 不 足　　　300
　　　　　雑　　　損　　 1,000　　　　　受 取 手 数 料　　 1,200

　　　ここでの現金過不足¥300は，一つの原因によるものではなく，複数の原因によるため金額そのものにはあまり意味がない。

　　　借方残高の現金過不足¥300を精算するため，貸方「現金過不足」とし，支払利息は費用のため借方とし，また，受取手数料は収益のため貸方とする。そして，貸借差額によって雑損¥1,000を求める。

(3)　(借)貸 倒 引 当 金 繰 入　　　450　　　(貸)貸 倒 引 当 金　　　450
　　　(¥30,000－¥5,000)× 3 ％－¥300＝¥450

(4)　(借)仕　　　入　　　6,000　　　(貸)繰 越 商 品　　　6,000
　　　　　繰 越 商 品　　 8,000　　　　　仕　　　入　　 8,000

第14章　固 定 資 産

◆問題1◆

	借　　　方	金　　額	貸　　　方	金　　額
(1)	車 両 運 搬 具	530,000	未　　払　　金 現　　　　　金	500,000 30,000
(2)	土　　　　　地	30,900,000	当 座 預 金	30,900,000
(3)	備　　　　　品	304,000	当 座 預 金 現　　　　　金	300,000 4,000
(4)	修　　繕　　費	10,000	現　　　　　金	10,000
(5)	建　　　　　物	4,180,000	当 座 預 金 現　　　　　金	4,000,000 180,000
(6)	備　　　　　品	260,000	当 座 預 金	260,000
(7)	建　　　　　物	7,230,000	未　　払　　金 当 座 預 金	7,000,000 230,000
(8)	建　　　　　物	250,000	現　　　　　金	250,000
(9)	修　　繕　　費	13,000	現　　　　　金	13,000
(10)	車 両 運 搬 具	800,000	未　　払　　金 現　　　　　金	700,000 100,000

【解　説】

　有形固定資産の購入代金に登録手数料・整地費用・仲介手数料・据付費などの付随費用を加えたものが取得原価となる。

(2)　取得原価　＠¥60,000×500㎡＋¥900,000＝¥30,900,000

(3)　取得原価　¥100,000×3台＋¥4,000＝¥304,000

(4)・(9)　所有の有形固定資産について，部品の交換費用や定期点検費用などは修繕費とする。

(8)・(10)　有形固定資産を使用するまでに要した費用は，当該有形固定資産の取得原価に含める。

◆問題2◆

借　　　方	金　　　額	貸　　　方	金　　　額
減 価 償 却 費	14,400	備品減価償却累計額	14,400

備　　　　　品

4／1 前 期 繰 越	80,000		

備品減価償却累計額

		4／1 前 期 繰 越	14,000
		3／31 減 価 償 却 費	14,400

減 価 償 却 費

3／31 備品減価償却累計額	14,400		

【解　説】

①　減価償却費の算出

$$\frac{¥80,000-(¥80,000×0.1)}{5年}=¥14,400$$

　減価償却費は，次のように算出することもできる。

　¥80,000×0.9（＝1−0.1）÷5年＝¥14,400

②　間接法は，減価償却額を備品勘定から直接減額せずに，備品減価償却累計額勘定の貸方に計上する。

◆問題３◆

	借　　方	金　　額	貸　　方	金　　額
(1)	減 価 償 却 費	900,000	建物減価償却累計額	900,000
(2)	減 価 償 却 費	50,000	備品減価償却累計額	50,000
(3)	減 価 償 却 費	40,000	備品減価償却累計額	40,000
(4)	減 価 償 却 費	50,000	建物減価償却累計額	50,000

【解　説】

(1) 減価償却費は１年分（X7.4/1〜X8.3/31）を計上する。

$¥20,000,000×0.9÷20年＝¥900,000$

(2) 減価償却費は10カ月分（X7.6/1〜X8.3/31）を計上する。

$¥800,000×0.9÷12年×\dfrac{10カ月}{12カ月}＝¥50,000$

(3) 減価償却費は８カ月分（X7.8/1〜X8.3/31）を計上する。

$¥600,000÷10年×\dfrac{8カ月}{12カ月}＝¥40,000$

(4) 月次決算は月単位で行う決算で，経営管理や年次決算の作業負担の軽減などを目的としている。
減価償却費は１カ月分を計上する。

$¥600,000÷12カ月＝¥50,000$

◆問題４◆

精　算　表

勘 定 科 目	残高試算表 借　方	残高試算表 貸　方	修 正 記 入 借　方	修 正 記 入 貸　方	損 益 計 算 書 借　方	損 益 計 算 書 貸　方	貸借対照表 借　方	貸借対照表 貸　方
：								
備　　　　　品	600,000						(600,000)	
備品減価償却累計額		90,000		(30,000)				(120,000)
減 価 償 却 費			(30,000)		(30,000)			

【解　説】

① 備品減価償却累計額勘定が記載されていることで，間接法によって記帳されていることが分かる。

② 決算整理仕訳は，次のとおりである。

（借）減 価 償 却 費　　30,000　　　（貸）備品減価償却累計額　　30,000

$¥600,000÷20年＝¥30,000$

◆問題5◆

精 算 表

勘 定 科 目	残高試算表		修 正 記 入		損益計算書		貸借対照表	
	借 方	貸 方	借 方	貸 方	借 方	貸 方	借 方	貸 方
⋮								
建 物	600,000						600,000	
建物減価償却累計額		270,000		27,000				297,000
減 価 償 却 費			27,000		27,000			

【解 説】

① 建物減価償却累計額勘定が記載されていることで，間接法によって記帳されていることが分かる。

② 決算整理仕訳は，次のとおりである。

(借) 減 価 償 却 費　　27,000　　　　(貸) 建物減価償却累計額　　27,000

(¥600,000 − ¥60,000) ÷ 20年 = ¥27,000

◆問題6◆

建 物 台 帳

所在地　品川区大崎3−2−1　　　　　耐用年数　20年
構　造　木　造　　　　　　　　　　残存価額　取得原価の10%
用　途　店　舗　　　　　　　　　　償却方法　定額法

年月日	摘　要	取得原価	減価償却費	減価償却累計額	現 在 高	備 考
X1 4 1	購　入	400,000			400,000	
X2 3 31	減価償却費		18,000	18,000	382,000	
X3 3 31	減価償却費		18,000	36,000	364,000	

【解 説】

毎期の減価償却費

¥400,000 × 0.9 ÷ 20年 = ¥18,000

◆問題7◆

	借　　　　　方	金　　額	貸　　　　　方	金　　額
(1)	建物減価償却累計額 未　収　入　金	2,600,000 420,000	建　　　　　物 固 定 資 産 売 却 益	3,000,000 20,000
(2)	備品減価償却累計額 現　　　　　　金 固 定 資 産 売 却 損	378,000 300,000 22,000	備　　　　　　品	700,000
(3)	備品減価償却累計額 減 価 償 却 費 現　　　　　　金	650,000 15,000 160,000	備　　　　　　品 固 定 資 産 売 却 益	800,000 25,000

【解 説】

(1) 帳簿価額　¥3,000,000 − ¥2,600,000 = ¥400,000

売却価額が帳簿価額より高いので，固定資産売却益¥20,000(= ¥420,000 − ¥400,000)となる。

(2) 減価償却累計額　¥700,000 × 0.9 ÷ 5年 × 3年(X6.10/1〜X9.9/30) = ¥378,000

帳簿価額　¥700,000 − ¥378,000 = ¥322,000

売却価額が帳簿価額より低いので，固定資産売却損¥22,000(= ¥322,000 − ¥300,000)となる。

(3) 帳簿価額　¥800,000 − ¥650,000 − ¥15,000 = ¥135,000

売却価額が帳簿価額より高いので，固定資産売却益¥25,000(= ¥160,000 − ¥135,000)となる。

当期の減価償却費も併せて計上する。

◆問題8◆

精　算　表

勘 定 科 目	残高試算表 借 方	残高試算表 貸 方	修 正 記 入 借 方	修 正 記 入 貸 方	損 益 計 算 書 借 方	損 益 計 算 書 貸 方	貸借対照表 借 方	貸借対照表 貸 方
現　　　　　金	78,000		4,000				82,000	
受 取 手 形	25,000						25,000	
売 　掛 　金	38,000			3,000			35,000	
繰 越 商 品	12,000		10,000	12,000			10,000	
備　　　　　品	200,000						200,000	
支 払 手 形		33,000						33,000
買 　掛 　金		26,000						26,000
未 　払 　金		10,000						10,000
貸 倒 引 当 金		400		800				1,200
備品減価償却累計額		60,000		30,000				90,000
資 　本 　金		180,000						180,000
繰越利益剰余金		20,000						20,000
売　　　　　上		300,000				300,000		
受 取 手 数 料		14,000				14,000		
仕　　　　　入	240,000		12,000	10,000	242,000			
給　　　　　料	32,000				32,000			
通 　信 　費	6,600				6,600			
支 払 家 賃	11,800				11,800			
	643,400	643,400						
（雑　　　　益）				1,000		1,000		
（貸倒引当金繰入）			800		800			
（減 価 償 却 費）			30,000		30,000			
			56,800	56,800	323,200	315,000	352,000	360,200
当 期 純 （損 失）						8,200	8,200	
					323,200	323,200	360,200	360,200

【解　説】

決算整理事項の仕訳は，次のとおりである。

(1)　（借）現　　　　　金　　4,000　　（貸）売　掛　金　　3,000
　　　　　　　　　　　　　　　　　　　雑　　　益　　1,000
(2)　（借）貸倒引当金繰入　　800　　（貸）貸 倒 引 当 金　　800
　　（¥25,000＋¥38,000－¥3,000）× 2 ％－¥400＝¥800
(3)　（借）仕　　　　　入　　12,000　　（貸）繰 越 商 品　　12,000
　　　　　繰 越 商 品　　10,000　　　　仕　　　入　　10,000
(4)　（借）減 価 償 却 費　　30,000　　（貸）備品減価償却累計額　　30,000
　　　¥200,000×0.9÷ 6 年＝¥30,000

第15章　株式会社会計

◆問題1◆

	借　　方	金　　額	貸　　方	金　　額
(1)	当　座　預　金	1,000,000	資　　本　　金	1,000,000
(2)	当　座　預　金	600,000	資　　本　　金	600,000
(3)	当　座　預　金	1,200,000	資　　本　　金	1,200,000

【解　説】

(1)　資本金　￥500×2,000株＝￥1,000,000

(2)　資本金への組入額の指示が無くても，原則として全額を資本金に組み入れる。

(3)　資本金　￥400×3,000株＝￥1,200,000

◆問題2◆

借　　方	金　　額	貸　　方	金　　額
損　　　　　益	60,000	繰越利益剰余金	60,000

【解　説】

　株式会社では，損益勘定で算出した当期純利益は，繰越利益剰余金勘定の貸方に振り替える。

◆問題3◆

	借　　方	金　　額	貸　　方	金　　額
(1)	損　　　　　益	60,000	繰越利益剰余金	60,000
(2)	繰越利益剰余金	55,000	未　払　配　当　金 利　益　準　備　金	50,000 5,000
(3)	未　払　配　当　金	50,000	当　座　預　金	50,000
(4)	繰越利益剰余金	77,000	未　払　配　当　金 利　益　準　備　金	70,000 7,000
(5)	当　座　預　金	1,600,000	資　　本　　金	1,600,000
(6)	当　座　預　金	1,000,000	資　　本　　金	1,000,000

【解　説】

(4)　未払配当金　￥70×1,000株＝￥70,000

(5)　資本金　￥800×2,000株＝￥1,600,000

第16章　税　　　　金

◆問題1◆

	借　　方	金　額	貸　　方	金　額
(1)	租　税　公　課	25,000	現　　　　金	25,000
(2)	租　税　公　課	6,000	現　　　　金	6,000
(3)	租　税　公　課	80,000	現　　　　金	80,000

【解　説】

固定資産税の納付や収入印紙を購入したときは，租税公課勘定で処理する。

◆問題2◆

	借　　方	金　額	貸　　方	金　額
(1)	仮　払　法　人　税　等	50,000	現　　　　金	50,000
(2)	法人税，住民税及び事業税	120,000	仮　払　法　人　税　等 未　払　法　人　税　等	50,000 70,000
(3)	未　払　法　人　税　等	70,000	現　　　　金	70,000

【解　説】

(2) 法人税，住民税及び事業税　税引前当期純利益￥480,000×25％＝￥120,000

未払法人税等　法人税等￥120,000－仮払法人税等￥50,000＝￥70,000

◆問題3◆

	借　　方	金　額	貸　　方	金　額
(1)	仕　　　　入 仮　払　消　費　税	20,000 2,000	買　　掛　　金	22,000
(2)	売　　掛　　金	33,000	売　　　　上 仮　受　消　費　税	30,000 3,000
(3)	備　　　　品 仮　払　消　費　税	5,000 500	未　　払　　金	5,500
(4)	仮　受　消　費　税	86,000	仮　払　消　費　税 未　払　消　費　税	75,000 11,000

【解　説】

(1) 仕入　￥22,000÷(1＋0.1)＝￥20,000

仮払消費税　仕入￥20,000×0.1＝￥2,000

なお，消費税額は一般的には，$￥22,000×\dfrac{0.1}{(1＋0.1)}＝￥2,000$　と計算する。

(2) 仮受消費税　売上￥30,000×0.1＝￥3,000

(3) 仮払消費税　$￥5,500×\dfrac{0.1}{(1＋0.1)}＝￥500$

第17章　費用・収益の前払・前受と未収・未払の計上

◆問題1◆

	借　　　方	金　　額	貸　　　方	金　　額
3／1	支 払 保 険 料	24,000	現　　　　　　金	24,000
12／31	前 払 保 険 料	4,000	支 払 保 険 料	4,000
〃	損　　　　　　益	20,000	支 払 保 険 料	20,000
1／1	支 払 保 険 料	4,000	前 払 保 険 料	4,000

【解　説】

12／31　前払分を支払保険料勘定より差し引き，前払保険料勘定に振り替える。

$$¥24,000 \times \frac{2 \text{カ月}（1\text{月}〜2\text{月}）}{12 \text{カ月}} = ¥4,000$$

　　〃　　支払保険料勘定の残高　¥24,000 − ¥4,000 = ¥20,000

1／1　再振替仕訳は，12月31日の振替仕訳の逆仕訳をする。

◆問題2◆

	借　　　方	金　　額	貸　　　方	金　　額
8／1	前 払 保 険 料	18,000	現　　　　　　金	18,000
3／31	支 払 保 険 料	12,000	前 払 保 険 料	12,000

【解　説】

3／31　時の経過した分を前払保険料勘定より差し引き，支払保険料勘定に振り替える。

$$¥18,000 \times \frac{8 \text{カ月}（8\text{月}〜3\text{月}）}{12 \text{カ月}} = ¥12,000$$

支払時に前払保険料勘定で処理している場合は，再振替仕訳を行う必要はない。

◆問題3◆

	借　　　方	金　　額	貸　　　方	金　　額
4／1	現　　　　　　金	36,000	受 取 家 賃	36,000
12／31	受 取 家 賃	9,000	前 受 家 賃	9,000
〃	受 取 家 賃	27,000	損　　　　　　益	27,000
1／1	前 受 家 賃	9,000	受 取 家 賃	9,000

【解　説】

12／31　前受分を受取家賃勘定より差し引き，前受家賃勘定に振り替える。

$$¥36,000 \times \frac{3 \text{カ月}（1\text{月}〜3\text{月}）}{12 \text{カ月}} = ¥9,000$$

　　〃　　受取家賃勘定の残高　¥36,000 − ¥9,000 = ¥27,000

◆問題４◆

精　算　表

勘 定 科 目	残高試算表		修 正 記 入		損 益 計 算 書		貸借対照表	
	借　方	貸　方	借　方	貸　方	借　方	貸　方	借　方	貸　方
⋮								
受 取 地 代		24,000	(6,000)			(18,000)		
保 険 料	45,000			(12,500)	(32,500)			
前 受 地 代				(6,000)				(6,000)
前 払 保 険 料			(12,500)				(12,500)	

【解　説】

決算整理事項の仕訳は，次のとおりである。

(1)　（借）受 取 地 代　　　6,000　　　　（貸）前 受 地 代　　　6,000

$$¥24,000 × \frac{3カ月（4月〜6月）}{12カ月} = ¥6,000$$

(2)　（借）前 払 保 険 料　　12,500　　　（貸）保 険 料　　　12,500

$$¥30,000 × \frac{5カ月（4月〜8月）}{12カ月} = ¥12,500$$

◆問題５◆

精　算　表

勘 定 科 目	残高試算表		修 正 記 入		損 益 計 算 書		貸借対照表	
	借　方	貸　方	借　方	貸　方	借　方	貸　方	借　方	貸　方
⋮								
前 払 保 険 料	15,600			(13,000)			(2,600)	
支 払 保 険 料			(13,000)		(13,000)			

【解　説】

残高試算表欄に前払保険料の金額が記載されているため，支払時に資産処理していることが分かる。よって，時の経過分¥13,000（＝¥15,600−¥2,600）を費用として計上する。この仕訳は，次のとおりである。

　　　　（借）支 払 保 険 料　　　13,000　　　　（貸）前 払 保 険 料　　　13,000

◆問題６◆

精　算　表

勘 定 科 目	残高試算表		修 正 記 入		損 益 計 算 書		貸借対照表	
	借　方	貸　方	借　方	貸　方	借　方	貸　方	借　方	貸　方
⋮								
貸 付 金	200,000						200,000	
受 取 利 息		6,000	3,500			2,500		
保 険 料	36,400			5,200	31,200			
（前 受）利 息				3,500				3,500
（前 払）保 険 料			5,200				5,200	

【解　説】

決算整理事項の仕訳は，次のとおりである。

(1)　（借）受 取 利 息　　　3,500　　　　（貸）前 受 利 息　　　3,500

$$¥6,000 × \frac{7カ月（1月〜7月）}{12カ月} = ¥3,500$$

(2)　（借）前 払 保 険 料　　　5,200　　　　（貸）保 険 料　　　5,200

$$¥2,600 × 2カ月（1月〜2月） = ¥5,200$$

第17章

◆問題7◆

	借　　方	金　額	貸　　方	金　額
2／31	支　払　地　代	5,000	未　払　地　代	5,000
〃	損　　　　益	12,000	支　払　地　代	12,000
1／1	未　払　地　代	5,000	支　払　地　代	5,000

【解　説】

12／31　未払分￥5,000を支払地代勘定に加えるとともに，未払地代勘定に計上する。

◆問題8◆

	借　　方	金　額	貸　　方	金　額
9／1	貸　　付　　金	300,000	現　　　　　金	300,000
2／28	現　　　　　金	7,500	受　取　利　息	7,500
3／31	未　収　利　息	1,250	受　取　利　息	1,250
〃	受　取　利　息	8,750	損　　　　　益	8,750
4／1	受　取　利　息	1,250	未　収　利　息	1,250
8／31	現　　　　　金	307,500	貸　　付　　金	300,000
			受　取　利　息	7,500

【解　説】

2／28　6カ月分（9月～2月）の利息を計上する。

$$￥300,000 × 5\% × \frac{6カ月}{12カ月} = ￥7,500$$

3／31　時の経過により発生しているが，利払日が到来していないため，まだ受け取っていない1
　　　カ月分（3月）の利息を受取利息勘定に加えるとともに，未収利息勘定に計上する。

$$￥300,000 × 5\% × \frac{1カ月}{12カ月} = ￥1,250$$

　〃　　受取利息勘定の残高　￥7,500 ＋ ￥1,250 ＝ ￥8,750

◆問題9◆

精　算　表

勘　定　科　目	残高試算表 借　方	残高試算表 貸　方	修　正　記　入 借　方	修　正　記　入 貸　方	損益計算書 借　方	損益計算書 貸　方	貸借対照表 借　方	貸借対照表 貸　方
：								
借　入　金		300,000						300,000
受　取　家　賃		27,000		9,000		36,000		
受　取　地　代		45,000	8,000			37,000		
支　払　利　息	10,000		4,500		14,500			
（未　払）利　息				4,500				4,500
（未　収）家　賃			9,000				9,000	
（前　受）地　代				8,000				8,000

【解　説】

決算整理事項の仕訳は，次のとおりである。

(1)　（借）支　払　利　息　　　4,500　　　（貸）未　払　利　息　　　4,500

$$￥300,000 × 3\% × \frac{6カ月（7月～12月）}{12カ月} = ￥4,500$$

(2)　（借）未　収　家　賃　　　9,000　　　（貸）受　取　家　賃　　　9,000

$$￥3,000 × 3カ月（10月～12月）＝ ￥9,000$$

(3)　（借）受　取　地　代　　　8,000　　　（貸）前　受　地　代　　　8,000

◆問題10◆

		借 方	金 額		貸 方	金 額
12／10	通 信 費		8,000	現 金		8,000
31	貯 蔵 品		2,000	通 信 費		2,000
〃	損 益		6,000	通 信 費		6,000
1／1	通 信 費		2,000	貯 蔵 品		2,000

【解 説】

12／31　郵便切手の未使用分を貯蔵品勘定に振り替える。

　〃　　通信費勘定の残高　￥8,000－￥2,000＝￥6,000

◆問題11◆

精　算　表

勘定科目	残高試算表		修正記入		損益計算書		貸借対照表	
	借　方	貸　方	借　方	貸　方	借　方	貸　方	借　方	貸　方
現　　　　金	48,000						48,000	
売　掛　金	42,000			6,000			36,000	
繰　越　商　品	21,000		23,000	21,000			23,000	
前　払　金	9,800						9,800	
貸　付　金	150,000						150,000	
備　　　　品	240,000						240,000	
買　掛　金		45,000						45,000
仮　受　金		6,000	6,000					
貸　倒　引　当　金		600		120				720
備品減価償却累計額		81,000		27,000				108,000
資　本　金		250,000						250,000
繰越利益剰余金		50,000						50,000
売　　　　上		430,000				430,000		
受　取　利　息		800		1,000		1,800		
仕　　　　入	280,000		21,000	23,000	278,000			
給　　　　料	46,400				46,400			
租　税　公　課	13,800			500	13,300			
保　　険　　料	12,400			2,400	10,000			
	863,400	863,400						
(貸倒引当金繰入)			120		120			
(減　価　償　却　費)			27,000		27,000			
(貯　　蔵　　品)			500				500	
(前　払　保　険　料)			2,400				2,400	
(未　収　利　息)			1,000				1,000	
当　期　純　(利　益)					56,980			56,980
			81,020	81,020	431,800	431,800	510,700	510,700

【解　説】

未処理事項および決算整理事項の仕訳は，次のとおりである。

(1)　(借)仮　受　金　6,000　(貸)売　掛　金　6,000

(2)　(借)貸倒引当金繰入　120　(貸)貸倒引当金　120

$(¥42,000 - ¥6,000) \times 2\% - ¥600 = ¥120$

(3)　(借)仕　　　入　21,000　(貸)繰　越　商　品　21,000

　　　　　繰　越　商　品　23,000　　　　　仕　　　　入　23,000

(4)　(借)減価償却費　27,000　(貸)備品減価償却累計額　27,000

$¥240,000 \times 0.9 \div 8 年 = ¥27,000$

(5)　(借)貯　蔵　品　500　(貸)租　税　公　課　500

(6)　(借)前払保険料　2,400　(貸)保　険　料　2,400

$¥9,600 \times \dfrac{3 カ月 (4 月～6 月)}{12 カ月} = ¥2,400$

(7)　(借)未　収　利　息　1,000　(貸)受　取　利　息　1,000

$¥100,000 \times 3\% \times \dfrac{4 カ月 (12 月～3 月)}{12 カ月} = ¥1,000$

第18章 決 算 Ⅱ

◆問題1◆

仕 訳 帳   8

平成 X8年		摘　　　　　　　　要	元 丁	借　　方	貸　　方
		決 算 仕 訳			
12	31	(仕　　　　　　入)	14	900	
		(繰 越 商 品)	3		900
		期首商品棚卸高の振替			
	〃	(繰 越 商 品)	3	800	
		(仕　　　　入)	14		800
		期末商品棚卸高の振替			
	〃	(貸 倒 引 当 金 繰 入)	16	4	
		(貸 倒 引 当 金)	8		4
		貸倒引当金の計上			
	〃	(減 価 償 却 費)	17	300	
		(備品減価償却累計額)	9		300
		減価償却費の計上			
	〃	(法 人 税 等)　　　諸　　　口	18	180	
		(仮 払 法 人 税 等)	4		80
		(未 払 法 人 税 等)	7		100
		法人税等の計上			
	〃	諸　　　　　口　　(損　　　　益)	19		5,810
		(売　　　　　　上)	12	5,600	
		(受 取 手 数 料)	13	210	
		収益を損益勘定に振替			
	〃	(損　　　　　益)　　諸　　　口	19	5,254	
		(仕　　　　入)	14		4,500
		(給　　　　料)	15		450
		(貸 倒 引 当 金 繰 入)	16		4
		(減 価 償 却 費)	17		300
		(法 人 税 等)	18		180
		費用を損益勘定に振替			
	〃	(損　　　　　益)	19	376	
		(繰 越 利 益 剰 余 金)	11		376
		当期純利益を繰越利益剰余金勘定に振替			
				13,804	13,804

総 勘 定 元 帳

現　　　金   1

平成 X8年		摘　　要	仕 丁	借　　方	平成 X8年		摘　　要	仕 丁	借　　方
1	1	前 期 繰 越	✓	1,440					5,130
				5,610	12	31	次 期 繰 越	✓	1,920
				7,050					7,050
1	1	前 期 繰 越	✓	1,920					

売　　掛　　金   2

平成 X8年		摘　　要	仕 丁	借　　方	平成 X8年		摘　　要	仕 丁	借　　方
1	1	前 期 繰 越	✓	500					2,800
				3,000	12	31	次 期 繰 越	✓	700
				3,500					3,500
1	1	前 期 繰 越	✓	700					

繰越商品　　　　3

平成X8年		摘　要	仕丁	借方	平成X8年		摘　要	仕丁	借方
1	1	前 期 繰 越	✓	900	12	31	仕　　　　　入	8	900
12	31	仕　　　　　入	8	800		〃	次 期 繰 越	✓	**800**
				1,700					1,700
1	1	前 期 繰 越	✓	800					

仮払法人税等　　　　4

8	18	現　　　　　金	4	80	12	31	法 人 税 等	8	80

備　品　　　　5

1	1	前 期 繰 越	✓	3,000	12	31	次 期 繰 越	✓	**3,000**
1	1	前 期 繰 越	✓	3,000					

買　掛　金　　　　6

				3,100	1	1	前 期 繰 越	✓	630
12	31	次 期 繰 越	✓	**430**					2,900
				3,530					3,530
					1	1	前 期 繰 越	✓	430

未払法人税等　　　　7

12	31	次 期 繰 越	✓	100	12	31	法 人 税 等	8	100
					1	1	前 期 繰 越	✓	100

貸倒引当金　　　　8

12	31	次 期 繰 越	✓	14	1	1	前 期 繰 越	✓	10
					12	31	貸 倒 引 当 金 繰 入	8	4
				14					14
					1	1	前 期 繰 越	✓	14

備品減価償却累計額　　　　9

12	31	次 期 繰 越	✓	1,500	1	1	前 期 繰 越	✓	1,200
					12	31	減 価 償 却 費	8	300
				1,500					1,500
					1	1	前 期 繰 越	✓	1,500

資　本　金　　　　10

12	31	次 期 繰 越	✓	3,500	1	1	前 期 繰 越	✓	3,500
					1	1	前 期 繰 越	✓	3,500

繰越利益剰余金　　　　11

12	31	次 期 繰 越	✓	876	1	1	前 期 繰 越	✓	500
					12	31	損　　　　　益	8	376
				876					876
					1	1	前 期 繰 越	✓	876

売　上　　　　12

12	31	損　　　　　益	8	5,600					5,600

受取手数料　　　　13

12	31	損　　　　　益	8	210					210

仕　　　入　　　　　　　　14

平成X8年		摘　要	仕丁	借　方	平成X8年		摘　要	仕丁	借　方
				4,400	12	31	繰　越　商　品	8	800
12	31	繰　越　商　品	8	900	〃		損　　　益	〃	4,500
				5,300					5,300

給　　　料　　　　　　　　15

				450	12	31	損　　　益	8	450

貸倒引当金繰入　　　　　　　16

12	31	貸　倒　引　当　金	8	4	12	31	損　　　益	8	4

減　価　償　却　費　　　　　　　17

12	31	備品減価償却累計額	8	300	12	31	損　　　益	8	300

法　人　税　等　　　　　　　18

12	31	諸　　　口	8	180	12	31	損　　　益	8	180

損　　　益　　　　　　　　19

平成X8年		摘　要	仕丁	借　方	平成X8年		摘　要	仕丁	借　方
12	31	仕　　　入	8	4,500	12	31	売　　　上	8	5,600
	〃	給　　　料	〃	450		〃	受　取　手　数　料	〃	210
	〃	貸倒引当金繰入	〃	4					
	〃	減　価　償　却　費	〃	300					
	〃	法　人　税　等	〃	180					
	〃	繰　越　利　益　剰　余　金	〃	376					
				5,810					5,810

繰　越　試　算　表
平成X8年12月31日

勘　定　科　目	元丁	借　方	勘　定　科　目	元丁	貸　方
現　　　金	1	1,920	買　掛　金	6	430
売　掛　金	2	700	未　払　法　人　税　等	7	100
繰　越　商　品	3	800	貸　倒　引　当　金	8	14
備　　　品	5	3,000	備品減価償却累計額	9	1,500
			資　本　金	10	3,500
			繰　越　利　益　剰　余　金	11	876
		6,420			6,420

【解　説】

① 貸倒引当金繰入額の計算は，次のとおりである。

売掛金残高¥700（＝¥500＋¥3,000－¥2,800）×2％－¥10＝¥4

② 備品の減価償却額の計算は，次のとおりである。

¥3,000×0.9÷9年＝¥300

◆問題2◆

	借　　　方	金　　額	貸　　　方	金　　額
(1)	貸 倒 引 当 金 繰 入	200	貸 倒 引 当 金	200
(2)	仕　　　　　　　入 繰 越 商 品	14,000 16,000	繰 越 商 品 仕　　　　　　　入	14,000 16,000
(3)	減 価 償 却 費	19,800	建物減価償却累計額 備品減価償却累計額	10,800 9,000
(4)	未 収 利 息	1,000	受 取 利 息	1,000
(5)	支 払 地 代	900	未 払 地 代	900
(6)	前 払 保 険 料	300	支 払 保 険 料	300
(7)	法人税, 住民税及び事業税	7,500	仮 払 法 人 税 等 未 払 法 人 税 等	3,000 4,500

決算整理後残高試算表
平成Ｘ9年3月31日

借　　　方	勘 定 科 目	貸　　　方
33,400	現　　　　　　金	
45,000	売 　掛　　 金	
16,000	繰 越 商 品	
60,000	貸 　付　　 金	
1,000	未 収 利 息	
300	前 払 保 険 料	
300,000	建　　　　　　物	
100,000	備　　　　　　品	
	買 　掛　　 金	47,800
	支 払 手 形	33,000
	未 払 地 代	900
	未 払 法 人 税 等	4,500
	貸 倒 引 当 金	900
	建物減価償却累計額	97,200
	備品減価償却累計額	54,000
	資 　本　　 金	270,000
	繰 越 利 益 剰 余 金	30,000
	売　　　　　　上	375,000
	受 取 手 数 料	13,000
	受 取 利 息	1,400
270,000	仕　　　　　　入	
39,600	給　　　　　　料	
4,300	広 告 宣 伝 費	
200	貸 倒 引 当 金 繰 入	
19,800	減 価 償 却 費	
28,900	支 払 地 代	
1,700	支 払 保 険 料	
7,500	法人税, 住民税及び事業税	
927,700		927,700

損　益　計　算　書
平成Ｘ8年4月1日から平成Ｘ9年3月31日まで

費　　　　用	金　　額	収　　　　益	金　　額
売　上　原　価	270,000	売　　上　　高	375,000
給　　　　料	39,600	受　取　手　数　料	13,000
広　告　宣　伝　費	4,300	受　取　利　息	1,400
貸倒引当金繰入	200		
減　価　償　却　費	19,800		
支　払　地　代	28,900		
支　払　保　険　料	1,700		
法人税,住民税及び事業税	7,500		
当　期　純　利　益	17,400		
	389,400		389,400

貸　借　対　照　表
平成Ｘ9年3月31日

資　　　　産	金　　額		負債および純資産	金　　額
現　　　　金		33,400	買　　掛　　金	47,800
売　　掛　　金	45,000		支　払　手　形	33,000
貸　倒　引　当　金	900	44,100	未　払　費　用	900
商　　　　品		16,000	未　払　法　人　税　等	4,500
貸　　付　　金		60,000	資　　本　　金	270,000
未　収　収　益		1,000	繰越利益剰余金	47,400
前　払　費　用		300		
建　　　　物	300,000			
減価償却累計額	97,200	202,800		
備　　　　品	100,000			
減価償却累計額	54,000	46,000		
		403,600		403,600

【解　説】

(1) 貸倒引当金繰入額の計算
貸倒見積額　¥45,000×2％＝¥900　　貸倒引当金繰入額　¥900−¥700＝¥200
貸倒引当金は，売掛金から控除する形式で記載する。

(2) 繰越商品は商品として表示する。
売上原価　期首商品¥14,000＋当期仕入れ¥272,000−期末商品¥16,000＝¥270,000

(3) 減価償却額の計算
建　物　¥300,000×0.9÷25年＝¥10,800　　備　品　¥100,000×0.9÷10年＝¥9,000
減価償却累計額は，建物と備品からそれぞれ控除する形式で記載する。また，減価償却累計額の金額は，各減価償却累計額勘定の残高に当期の減価償却額を加算したものを記載する。

(4) 未収利息は未収収益として表示する。
未収利息の計算　$¥50,000×4％×\dfrac{6カ月（10月～3月）}{12カ月}＝¥1,000$

(5) 未払地代は未払費用として表示する。

(6) 前払保険料は前払費用として表示する。
前払保険料の計算　$¥1,800×\dfrac{2カ月（4月～5月）}{12カ月}＝¥300$

(7) 繰越利益剰余金　決算整理前の繰越利益剰余金勘定残高¥30,000＋当期純利益¥17,400
＝¥47,400

第18章

第19章 伝 票

◆問題1◆

入 金 伝 票			
平成X7年5月7日			
科　目	売　　　上	金　額	15,000

入 金 伝 票			
平成X7年5月8日			
科　目	売　掛　金	金　額	21,000

【解 説】

入金伝票の科目欄は，次の仕訳の貸方科目を記入する。

5月7日　（借）現　　　　　金　　15,000　　（貸）売　　　　　上　　15,000

　　8日　（借）現　　　　　金　　21,000　　（貸）売　掛　　金　　21,000

◆問題2◆

出 金 伝 票			
平成X7年5月4日			
科　目	仕　　　入	金　額	24,000

出 金 伝 票			
平成X7年5月5日			
科　目	買　掛　金	金　額	16,000

【解 説】

出金伝票の科目欄は，次の仕訳の借方科目を記入する。

5月4日　（借）仕　　　　　入　　24,000　　（貸）現　　　　　金　　24,000

　　5日　（借）買　掛　　金　　16,000　　（貸）現　　　　　金　　16,000

◆問題3◆

	借　　　方	金　　額	貸　　　方	金　　額
7／2	消　耗　品　費	4,000	現　　　　　金	4,000
3	現　　　　　金	2,000	受　取　利　息	2,000

【解 説】

入金伝票は，借方「現金」となり，出金伝票は，貸方「現金」となる。

◆問題4◆

振 替 伝 票			
平成X7年5月7日			
借方科目	金　額	貸方科目	金　額
売　掛　金	27,000	売　　　上	27,000

振 替 伝 票			
平成X7年5月9日			
借方科目	金　額	貸方科目	金　額
備　　　品	34,000	未　払　金	34,000

【解 説】

振替伝票は，仕訳と同様に借方科目と貸方科目を記入する。

◆問題5◆

(1)

出 金 伝 票	
（仕　　　　　入）	（　10,000）

振 替 伝 票			
借方科目	金　額	貸方科目	金　額
（仕　　　　　入）	（　30,000）	（買　掛　金）	（　30,000）

(2)

出 金 伝 票	
（買　掛　金）	（　10,000）

振 替 伝 票			
借方科目	金　額	貸方科目	金　額
（仕　　　　　入）	（　40,000）	（買　掛　金）	（　40,000）

【解　説】

この取引の仕訳を示すと次のようになる。

　　（借）仕　　　　　入　　40,000　　　（貸）現　　　　　金　　10,000
　　　　　　　　　　　　　　　　　　　　　　買　掛　金　　30,000

この仕訳を次のように置き換えて伝票に記入する。

(1)　（借）仕　　　　　入　　10,000　　　（貸）現　　　　　金　　10,000…（出金伝票）
　　　　　仕　　　　　入　　30,000　　　　　買　掛　金　　30,000…（振替伝票）
(2)　（借）仕　　　　　入　　40,000　　　（貸）買　掛　金　　40,000…（振替伝票）
　　　　　買　掛　金　　10,000　　　　　　現　　　　　金　　10,000…（出金伝票）

◆問題6◆

(1)

入　金　伝　票	
売　　　上	30,000

振　替　伝　票			
借方科目	金　額	貸方科目	金　額
売　掛　金	40,000	売　　　上	40,000

(2)

入　金　伝　票	
売　掛　金	30,000

振　替　伝　票			
借方科目	金　額	貸方科目	金　額
売　掛　金	70,000	売　　　上	70,000

【解　説】

この取引の仕訳を示すと次のようになる。

　　（借）現　　　　　金　　30,000　　　（貸）売　　　　　上　　70,000
　　　　　売　掛　金　　40,000

この仕訳を次のように置き換えることで，伝票への記入ができる。

(1)　（借）現　　　　　金　　30,000　　　（貸）売　　　　　上　　30,000…（入金伝票）
　　　　　売　掛　金　　40,000　　　　　売　　　　　上　　40,000…（振替伝票）
(2)　（借）売　掛　金　　70,000　　　（貸）売　　　　　上　　70,000…（振替伝票）
　　　　　現　　　　　金　　30,000　　　　　売　掛　金　　30,000…（入金伝票）

◆問題7◆

借　　　方	金　額	貸　　　方	金　額
仕　　　入	80,000	現　　　金	30,000
		買　掛　金	50,000

【解　説】

出金伝票と振替伝票をそのまま仕訳し，仕入の金額をまとめる。

出金伝票　（借）仕　　　　　入　　30,000　　　（貸）現　　　　　金　　30,000
振替伝票　（借）仕　　　　　入　　50,000　　　（貸）買　掛　金　　50,000

第19章

◆問題8◆

(1)

出　金　伝　票	
（未　払　金）	（　20,000）

振　替　伝　票			
借方科目	金　　額	貸方科目	金　　額
備　　　　品	70,000	（未　払　金）	（　　70,000）

(2)

出　金　伝　票	
備　　　　品	（　20,000）

振　替　伝　票			
借方科目	金　　額	貸方科目	金　　額
（備　　　　品）	（　50,000）	（未　払　金）	（　　50,000）

【解　説】

　この取引の仕訳を示すと次のようになる。

```
    （借）備　　　　品　　70,000　　　（貸）現　　　　　金　　20,000
                                        未　払　金　　50,000
```

　この仕訳を次のように置き換えることで，伝票への記入ができる。

```
(1)  （借）備　　　　品　　70,000　　　（貸）未　払　金　　70,000… （振替伝票）
          未　払　金　　20,000　　　　   現　　　　金　　20,000… （出金伝票）
(2)  （借）備　　　　品　　20,000　　　（貸）現　　　　金　　20,000… （出金伝票）
          備　　　　品　　50,000　　　    未　払　金　　50,000… （振替伝票）
```

◆問題9◆

仕 訳 日 計 表

平成Ｘ7年4月1日　　　　　　　1

借　方	元丁	勘 定 科 目	元丁	貸　方
14,000	1	現　　　　金	1	13,000
2,000		受 取 手 形		
8,000		売 　掛　 金		10,000
3,000		買 　掛　 金		7,000
		売　　　　上		14,000
13,000		仕　　　　入		
4,000		交 　通　 費		
44,000				44,000

総 勘 定 元 帳

現　　金　　　　　　　　　1

平成Ｘ7年		摘　　要	仕丁	借　方	貸　方	借/貸	残　高
4	1	前 期 繰 越	✓	70,000		借	70,000
	〃	仕 訳 日 計 表	1	14,000		〃	84,000
	〃	〃	〃		13,000	〃	71,000

得 意 先 元 帳

大 崎 商 店　　　　　　　　得1

平成Ｘ7年		摘　　要	仕丁	借　方	貸　方	借/貸	残　高
4	1	前 月 繰 越	✓	30,000		借	30,000
	〃	振 替 伝 票	302	8,000		〃	38,000
	〃	入 金 伝 票	102		3,000	〃	35,000

仕 入 先 元 帳

仙 台 商 店　　　　　　　　仕1

平成Ｘ7年		摘　　要	仕丁	借　方	貸　方	借/貸	残　高
4	1	前 月 繰 越	✓		20,000	貸	20,000
	〃	振 替 伝 票	301		7,000	〃	27,000
	〃	出 金 伝 票	201	3,000		〃	24,000

【解　説】

① 入金伝票の科目欄は，仕訳の貸方科目を意味する。

② 出金伝票の科目欄は，仕訳の借方科目を意味する。

③ 総勘定元帳と得意先元帳および仕入先元帳の摘要欄と仕丁欄の記入内容に注意すること。

第19章

模 擬 問 題 Ⅰ

第1問（20点）

	借　　方	金　額	貸　　方	金　額
1	クレジット売掛金 支　払　手　数　料	48,500 1,500	売　　　　　　上	50,000
2	消　耗　品　費 交　　通　　費 雑　　　　　　費	13,000 24,000 4,000	当　座　預　金	41,000
3	仕　　　　　　入	177,000	前　　払　　金 支　払　手　形 現　　　　　金	40,000 135,000 2,000
4	当　座　預　金	600,000	資　　本　　金	600,000
5	受　取　商　品　券	30,000	売　　　　　上 現　　　　　金	29,600 400

【解　説】

1　支払手数料　売上￥50,000×3％＝￥1,500
2　消耗品費，交通費，雑費を計上し，小切手で資金の補給をしているため，貸方「当座預金」とする。なお，小口現金勘定が指定勘定としてないので，小口現金は使用できない。
3　引取運賃￥2,000は，仕入に含めて計上する。手付金は指定勘定に前払金勘定しかないので，これを使用する。
4　払込金額￥600,000（＝￥200×3,000株）を資本金に組み入れる。
5　自治体が発行した商品券の受け取りは，受取商品券として処理する。

第2問（8点）

	借　　方	金　額	貸　　方	金　額
(1)	売　　掛　　金	52,000	売　　　　　上 現　　　　　金	50,000 2,000
(2)	備　　　　　品	52,000	未　　払　　金	52,000
(3)	未　　払　　金 支　払　手　数　料	52,000 100	当　座　預　金	52,100
(4)	普　通　預　金	52,000	売　　掛　　金	52,000

仕訳1組につき2点。合計8点

【解　説】

(1)　納品書兼請求書に送料が記載されているので，送料も売掛金に含める。
(2)　梅澤生花店は，事務用として机を購入したので備品となる。請求額は未払金で処理する。
(3)　当座勘定照合表のため，当座預金での支払と分かる。
(4)　納品書兼請求書の振込先が普通となっているので，普通預金口座に振り込まれたことが分かる。

第3問（30点）

残 高 試 算 表

借	方	勘 定 科 目	貸	方
4月30日現在の勘 定 残 高	4月1日現在の勘 定 残 高		4月1日現在の勘 定 残 高	4月30日現在の勘 定 残 高
56,500	50,000	現　　　　　金		
21,300	42,000	当 座 預 金		
20,000	25,000	受 取 手 形		
10,500	15,000	売 掛 金		
36,600	20,000	電 子 記 録 債 権		
12,000	12,000	繰 越 商 品		
	1,200	前 払 保 険 料		
200,000	200,000	備　　　　　品		
		支 払 手 形	24,400	17,000
		買 掛 金	20,000	19,000
		電 子 記 録 債 務	15,000	23,000
		未 払 法 人 税 等	10,000	10,000
		借 入 金	70,000	40,000
		貸 倒 引 当 金	800	800
		備品減価償却累計額	25,000	25,000
		資 本 金	180,000	180,000
		繰 越 利 益 剰 余 金	20,000	20,000
		売　　　　　上		124,000
		受 取 手 数 料		3,000
81,600		仕　　　　　入		
12,000		給　　　　　料		
8,000		支 払 家 賃		
1,500		交 通 費		
600		支 払 利 息		
1,200		支 払 保 険 料		
461,800	365,200		365,200	461,800

☐ 1つにつき3点。合計30点

【解　説】

　4月中の取引を仕訳し，4月1日の各勘定に加減して残高試算表に記入する。

　4月中の取引を仕訳すると次のようになる。

1　現金取引

① （借）現　　　　　金　20,000　（貸）売　　　　　上　20,000

② （借）現　　　　　金　3,000　（貸）受 取 手 数 料　3,000

③ （借）現　　　　　金　5,000　（貸）当 座 預 金　5,000

④ （借）給　　　　　料　12,000　（貸）現　　　　　金　12,000

⑤ （借）支 払 家 賃　8,000　（貸）現　　　　　金　8,000

⑥ （借）交 通 費　1,500　（貸）現　　　　　金　1,500

2　当座取引

① （借）当 座 預 金　43,000　（貸）売　　　　　上　43,000

② （借）仕　　　　　入　18,000　（貸）当 座 預 金　18,000

③ 1③と同じ取引のため，仕訳しない。

④ （借）当 座 預 金　32,000　（貸）受 取 手 形　32,000

模擬 I

⑤	（借）当 座 預 金	17,000		（貸）売 掛 金	17,000
⑥	（借）支 払 手 形	35,000		（貸）当 座 預 金	35,000
⑦	（借）買 掛 金	29,000		（貸）当 座 預 金	29,000
⑧	（借）当 座 預 金	4,900		（貸）電 子 記 録 債 権	4,900
⑨	（借）借 入 金	30,000		（貸）当 座 預 金	30,600
	支 払 利 息	600			

3　商品売上取引

① 　1①と同じ取引のため，仕訳しない。

② 　2①と同じ取引のため，仕訳しない。

③	（借）売 掛 金	34,000		（貸）売 上	34,000
④	（借）受 取 手 形	27,000		（貸）売 上	27,000

4　商品仕入取引

① 　2②と同じ取引のため，仕訳しない。

②	（借）仕 入	36,000		（貸）買 掛 金	36,000
③	（借）仕 入	27,600		（貸）支 払 手 形	27,600

5　その他の取引

①	（借）支 払 保 険 料	1,200		（貸）前 払 保 険 料	1,200
②	（借）電 子 記 録 債 権	21,500		（貸）売 掛 金	21,500
③	（借）買 掛 金	8,000		（貸）電 子 記 録 債 権	8,000

第4問（10点）

固定資産管理台帳　　　　　　平成31年3月31日現在

取得年月日	用途	期末数量	耐用年数	期首(期中取得)取得原価	期首減価償却累計額	差引期首(期中取得)帳簿価額	当 期減価償却費
備品							
平成28.4.1	備品A	1	5年	300,000	120,000	180,000	（ 60,000 ）
平成29.7.1	備品B	3	5年	450,000	67,500	382,500	（ 90,000 ）
平成30.8.1	備品C	1	5年	360,000	0	360,000	（ 48,000 ）
小　　計				1,110,000	187,500	922,500	（ 198,000 ）

備品減価償却累計額

日 付			摘 要	借 方	日 付			摘 要	借 方
31	3	31	（次期繰越）	（ 385,500 ）	30	4	1	前 期 繰 越	（ 187,500 ）
					31	3	31	（減価償却費）	（ 198,000 ）
				（ 385,500 ）					（ 385,500 ）

□ 1つにつき2点。合計10点

【解　説】

備品Aの当期減価償却費　　¥300,000 ÷ 5年 ＝ ¥60,000

備品Bの当期減価償却費　　¥450,000 ÷ 5年 ＝ ¥90,000

備品Cの当期減価償却費　　8月から3月までの8カ月分を計算する。

$$¥360,000 ÷ 5年 × \frac{8カ月}{12カ月} = ¥48,000$$

前期繰越は，備品AとBの期首減価償却累計額の合計額である。

第5問 (32点)

精 算 表

勘 定 科 目	残高試算表 借方	残高試算表 貸方	修正記入 借方	修正記入 貸方	損益計算書 借方	損益計算書 貸方	貸借対照表 借方	貸借対照表 貸方
現　　　　　金	35,800						35,800	
現 金 過 不 足		1,500	1,500					
受 取 手 形	33,000						33,000	
売 　 掛 　 金	24,000			1,000			23,000	
仮 払 法 人 税 等	2,000			2,000				
繰 越 商 品	20,000		16,000	20,000			16,000	
仮 　 払 　 金	2,500			2,500				
貸 　 付 　 金	180,000						180,000	
建 　 　 　 物	300,000						300,000	
備 　 　 　 品	200,000						200,000	
支 払 手 形		46,000						46,000
買 　 掛 　 金		35,000						35,000
貸 倒 引 当 金		800		320				1,120
建物減価償却累計額		108,000		13,500				121,500
備品減価償却累計額		60,000		15,000				75,000
資 　 本 　 金		450,000						450,000
繰越利益剰余金		50,000						50,000
売 　 　 　 上		646,000				646,000		
受 取 利 息		800		1,750		2,550		
仕 　 　 　 入	470,000		20,000	16,000	474,000			
給 　 　 　 料	77,500				77,500			
旅 　 　 　 費	6,000		2,500		8,500			
支 払 家 賃	34,000				34,000			
租 税 公 課	2,000			400	1,600			
保 　 険 　 料	11,300			1,400	9,900			
	1,398,100	1,398,100						
(雑　　　　益)				500		500		
(貸倒引当金繰入)			320		320			
(減 価 償 却 費)			28,500		28,500			
(貯 　 蔵 　 品)			400				400	
(前 払 保 険 料)			1,400				1,400	
(未 　 収 利 息)			1,750				1,750	
(法 　 人 税 等)			4,100		4,100			
(未 払 法 人 税 等)				2,100				2,100
当 期 純 (利 益)					10,630			10,630
			76,470	76,470	649,050	649,050	791,350	791,350

□ 1つにつき3点。 □ 2点。合計32点

模擬 I

解答・解説 編

【解 説】

未処理事項および決算整理事項の仕訳は，次のとおりである。

1　（借）旅　　　　費　　2,500　　（貸）仮　払　金　　2,500

2　（借）現金過不足　　1,500　　（貸）売　掛　金　　1,000
　　　　　　　　　　　　　　　　　　　雑　　益　　　　500

3　（借）貸倒引当金繰入　　320　　（貸）貸倒引当金　　320
　　（¥33,000＋¥24,000−¥1,000）×2%−¥800＝¥320

4　（借）仕　　　　入　　20,000　　（貸）繰越商品　　20,000
　　　　　繰越商品　　16,000　　　　仕　　入　　16,000

5　（借）減価償却費　　28,500　　（貸）建物減価償却累計額　　13,500
　　　　　　　　　　　　　　　　　　　備品減価償却累計額　　15,000

　　　　建　物　¥300,000×0.9÷20年＝¥13,500
　　　　備　品　¥200,000×0.9÷12年＝¥15,000

6　（借）貯　蔵　品　　400　　（貸）税　務　公　課　　400
　　収入印紙の未使用分は貯蔵品として処理する。

7　（借）前払保険料　　1,400　　（貸）保　険　料　　1,400

$$¥8,400×\frac{2カ月（4月〜5月）}{12カ月}＝¥1,400$$

8　（借）未　収　利　息　　1,750　　（貸）受　取　利　息　　1,750

$$¥100,000×3\%×\frac{7カ月（9月〜3月）}{12カ月}＝¥1,750$$

9　（借）法　人　税　等　　4,100　　（貸）仮払法人税等　　2,000
　　　　　　　　　　　　　　　　　　　未払法人税等　　2,100

模 擬 問 題 Ⅱ

第1問（20点）

	借　　方	金　額	貸　　方	金　額
1	備品減価償却累計額 減　価　償　却　費 現　　　　　　　金	216,000 72,000 330,000	備　　　　　　　品 固 定 資 産 売 却 益	600,000 18,000
2	繰 越 利 益 剰 余 金	110,000	未　払　配　当　金 利　益　準　備　金	100,000 10,000
3	買　　掛　　金	45,000	売　　　　　　　上	45,000
4	給　　　　　　料	250,000	預　　り　　金 従 業 員 立 替 金 現　　　　　　　金	16,000 32,000 202,000
5	仕　　　　　　入 仮　払　消　費　税	40,000 4,000	買　　掛　　金	44,000

仕訳1組につき4点。合計20点

【解　説】

1　売却価額が帳簿価額より高いので，固定資産売却益￥18,000（＝￥330,000－￥312,000）となる。

　　備品減価償却累計額　￥600,000×0.9÷5年×2年（X7.4／1～X9.3／31）＝￥216,000

　　減価償却費　$￥600,000×0.9÷5年×\dfrac{8カ月（4月～11月）}{12カ月}＝￥72,000$

　　帳簿価額　￥600,000－￥216,000－￥72,000＝￥312,000

2　繰越利益剰余金の処分は，繰越利益剰余金を減少（借方記入）させる。

3　売上代金は杉田商店に対する買掛金と相殺されるので，杉田商店に対する買掛金が減少することになる。

4　指定勘定科目により，従業員の所得税の源泉徴収額は預り金勘定で処理し，従業員への立替分は従業員立替金勘定で処理する。

5　仮払消費税　$￥44,000×\dfrac{0.1}{1+0.1}＝￥4,000$

第2問（10点）

	借　　方	金　額	貸　　方	金　額
4／1	備　　　　　　品 仮　払　消　費　税	200,000 20,000	当　座　預　金	220,000
2	売　　掛　　金	165,000	売　　　　　　　上 仮　受　消　費　税	150,000 15,000
20	当　座　預　金	165,000	売　　掛　　金	165,000
21	買　　掛　　金 支　払　手　数　料 仮　払　消　費　税	88,000 100 10	当　座　預　金	88,110
22	当　座　預　金	135,000	受　　取　　手　　形	135,000

仕訳1組につき2点。合計10点

【解 説】

4月1日　仮払消費税　￥200,000×0.1＝￥20,000

　2日　仮受消費税　￥150,000×0.1＝￥15,000

　20日　預り高欄に記入されているので，売掛金の回収と分かる。

　21日　支払高欄に記入されているので，買掛金の支払いと分かる。

　　　　支払手数料　￥110÷（1＋0.1）＝￥100

　　　　仮払消費税　￥110－￥100＝￥10

　22日　小切手（No.117）の引落は，振り出した4月1日に処理しているので仕訳不要である。

　　　　現在高欄の金額に「－」，つまり，当座繰越を表しているが，仕訳処理上は当座預金勘定

のみで処理する。

第3問（30点）

合 計 残 高 試 算 表
平成X8年4月30日

借方残高	借方合計	勘　定　科　目	貸方合計	貸方残高
25,400	85,000	現　　　　金	59,600	
	978,000	当　座　預　金	978,200	200
47,000	974,000	受　取　手　形	927,000	
73,000	1,037,000	売　　掛　・金	964,000	
45,000	45,000	繰　越　商　品		
600,000	600,000	備　　　　品		
	648,000	支　払　手　形	730,000	82,000
	704,200	買　　掛　　金	766,000	61,800
	30,000	借　　入　　金	80,000	50,000
		備品減価償却累計額	52,000	52,000
		資　　本　　金	400,000	400,000
		繰越利益剰余金	61,000	61,000
	19,000	売　　　　上	977,000	958,000
701,800	716,000	仕　　　　入	14,200	
103,000	103,000	給　　　　料		
8,000	8,000	減　価　償　却　費		
60,000	60,000	支　払　家　賃		
1,800	1,800	支　払　利　息		
1,665,000	6,009,000		6,009,000	1,665,000

	売掛金明細表				買掛金明細表	
	4月25日	4月30日			4月25日	4月30日
杉田商店 ￥	20,000	￥ （ 60,000 ）		大宮商店 ￥	26,000	￥ （ 30,800 ）
横浜商店	17,000	￥ （ 13,000 ）		上野商店	24,000	￥ （ 31,000 ）
￥	37,000	￥ （ 73,000 ）		￥	50,000	￥ （ 61,800 ）

　　　1つにつき3点。合計30点

【解 説】

① 4月26日から30日までの仕訳をする。次に4月25日現在の合計試算表の各勘定の借方欄の金額に仕訳の借方金額を加算したものを合計残高試算表の借方合計欄に記入する。また,4月25日現在の合計試算表の各勘定の貸方欄の金額に仕訳の貸方金額を加算したものを合計残高試算表の貸方合計欄に記入する。

② 合計残高試算表の残高欄は,①で算出した借方合計額と貸方合計額との差額を,借方合計額と貸方合計額のどちらか多い方に記入する。

③ 売掛金明細表と買掛金明細表は,4月25日現在の各商店の金額に仕訳の金額を加減する。

4月30日の売掛金明細表の合計額と合計残高試算表の売掛金の借方残高欄,4月30日の買掛金明細表の合計額と合計残高試算表の買掛金の貸方残高欄がそれぞれ一致することを確認する。

④ 平成X8年4月26日から4月30日までの諸取引の仕訳は,次のようになる。

26日	(借)	売 掛 金(杉田)	18,000	(貸)	売 上	33,000		
		売 掛 金(横浜)	15,000					
	(借)	給 料	23,000	(貸)	現 金	23,000		
	(借)	買 掛 金(大宮)	20,000	(貸)	支 払 手 形	20,000		
27日	(借)	仕 入	36,000	(貸)	買 掛 金(大宮)	14,000		
					買 掛 金(上野)	22,000		
	(借)	売 上	1,000	(貸)	売 掛 金(杉田)	1,000		
	(借)	当 座 預 金	21,000	(貸)	売 掛 金(横浜)	21,000		
28日	(借)	売 掛 金(杉田)	23,000	(貸)	売 上	49,000		
		売 掛 金(横浜)	26,000					
	(借)	買 掛 金(上野)	25,000	(貸)	支 払 手 形	25,000		
	(借)	支 払 家 賃	15,000	(貸)	当 座 預 金	15,000		
	(借)	借 入 金	30,000	(貸)	当 座 預 金	30,200		
		支 払 利 息	200					
29日	(借)	仕 入	22,000	(貸)	買 掛 金(大宮)	12,000		
					買 掛 金(上野)	10,000		
	(借)	受 取 手 形	24,000	(貸)	売 掛 金(横浜)	24,000		
	(借)	支 払 手 形	18,000	(貸)	当 座 預 金	18,000		
30日	(借)	買 掛 金(大宮)	1,200	(貸)	仕 入	1,200		
	(借)	当 座 預 金	17,000	(貸)	受 取 手 形	17,000		
	(借)	減価償却累費	2,000	(貸)	備品減価償却累計額	2,000		

⑤ 当座預金は,貸方残高に¥200となるが,これは当座借越を意味する。

模擬Ⅱ

第4問（10点）

	当座預金出納帳	商　品有高帳	得意先元　　帳	仕入先元　　帳	受取手形記入帳	支払手形記入帳	仕入帳	売上帳	固定資産台　　帳
(1)	○								○
(2)		○		○				○	
(3)	○				○				
(4)		○	○					○	
(5)		○				○	○		

取引1つにつき2点。合計10点

【解　説】

　商品売買は，返品取引も含め商品有高帳に記入する。

(1)　同じ未払でも，商品は買掛金で処理し，商品以外は未払金で処理する。

(2)　掛代金との相殺とあるので，買掛金で処理するため，仕入帳元帳（買掛金元帳）に記入する。

(3)　取り立てを依頼した約束手形は受取手形の消滅となるため，受取手形記入帳に記入する。

(4)　商品を販売したさいの未回収分は，売掛金で処理するため，得意先元帳（売掛金元帳）に記入する。

(5)　約束手形の振り出しは支払手形で処理するため，支払手形記入帳に記入する。

第5問 （30点）

決算整理後残高試算表
平成Ｘ7年3月31日

借　　方	勘 定 科 目	貸　　方
47,200	現　　　　　金	
50,000	売　掛　　金	
13,000	繰　越　商　品	
800	（前　払　　金）	
400	貯　蔵　　品	
130,000	土　　　　　地	
100,000	備　　　　　品	
	買　掛　　金	40,000
	借　入　　金	65,000
	（未　払　利　息）	450
	未 払 法 人 税 等	5,000
	貸 倒 引 当 金	1,000
	備品減価償却累計額	30,000
	資　本　　金	150,000
	繰 越 利 益 剰 余 金	10,000
	売　　　　　上	300,000
	受 取 手 数 料	1,100
212,000	仕　　　　　入	
20,000	給　　　　　料	
1,100	通　信　　費	
12,000	支　払　家　賃	
5,000	減 価 償 却 費	
700	貸 倒 引 当 金 繰 入	
1,350	支　払　利　息	
9,000	法人税, 住民税及び事業税	
602,550		602,550

　　□　1つにつき3点。合計30点

【解　説】

決算整理仕訳の仕訳は，次のとおりである。

1　（借）前　　払　　金　　　　800　　　（貸）仮　　払　　金　　　　800
2　（借）当　座　預　金　　　5,000　　　（貸）借　　入　　金　　　5,000
3　（借）仕　　　　　入　　　15,000　　　（貸）繰　越　商　品　　　15,000
　　　　　繰　越　商　品　　　13,000　　　　　　仕　　　　　入　　　13,000
4　（借）貸倒引当金繰入　　　　700　　　（貸）貸　倒　引　当　金　　　700
　　　　　¥50,000×2％−¥300=¥700
5　（借）減　価　償　却　費　　5,000　　　（貸）備品減価償却累計額　　5,000
　　　　　¥100,000÷20年=¥5,000
6　（借）支　払　利　息　　　　450　　　（貸）未　払　利　息　　　　450

$$¥60,000×3％×\frac{3カ月（1月〜3月）}{12カ月}=¥450$$

7　（借）貯　　蔵　　品　　　　400　　　（貸）通　　信　　費　　　　400
8　（借）法人税, 住民税及び事業税　　9,000　　　（貸）仮　払　法　人　税　等　　4,000
　　　　　　　　　　　　　　　　　　　　　　　未　払　法　人　税　等　　5,000

さ　く　い　ん

著 者 略 歴

城　　冬　彦（じょう　ふゆひこ）

昭和58年３月　高千穂商科大学　商学部卒業
平成13年３月　高千穂商科大学大学院　経営学研究科修士課程修了

昭和59年４月より村田簿記学校の専任講師となる。
平成18年４月より立正大学経営学部の専任講師，平成23年４月より
准教授となり，平成30年４月より教授となる。

著者との契約により検印省略

平成21年２月１日	初　版第１刷発行	
平成24年12月１日	第２版第１刷発行	
平成25年５月１日	第２版第２刷発行	
平成27年４月１日	第３版第１刷発行	
平成29年３月１日	第４版第１刷発行	
平成30年４月１日	第４版第２刷発行	
令和３年５月１日	第５版第１刷発行	

簿 記 原 理
－日商簿記３級－
〔第５版〕

著　者　城　　　冬　　彦
発 行 者　大　坪　克　行
印 刷 所　税経印刷株式会社
製 本 所　牧製本印刷株式会社

発 行 所　〒161-0033 東京都新宿区
下落合２丁目５番13号　　　株式会社 税務経理協会

振　替　00190-2-187408
ＦＡＸ　(03)3565-3391
電話　(03)3953-3301（編集部）
　　　(03)3953-3325（営業部）
URL　http://www.zeikei.co.jp/
乱丁・落丁の場合は，お取替えいたします。

© 城　冬彦 2021　　　　　　　　　　　　Printed in Japan

ISBN978-4-419-06791-5　C3063